幼儿园教师教育丛书

幼儿园语言教育与活动设计

许卓娅／主编　张玉敏／编著

长春出版社

全国百佳图书出版单位

图书在版编目(CIP)数据

幼儿园语言教育与活动设计 / 张玉敏编著. —长春: 长春出版社,2013.8
(幼儿园教师教育丛书 / 许卓娅主编)
ISBN 978-7-5445-3020-0

Ⅰ.①幼…　Ⅱ.①张…　Ⅲ.①语言教学–学前教育–教学参考资料　Ⅳ.①G613.2

中国版本图书馆 CIP 数据核字(2013)第 178317 号

幼儿园语言教育与活动设计

编　　著:张玉敏
责任编辑:齐秀娟
封面设计:庄宝仁

出版发行:**长春出版社**		总编室电话:0431-88563443
发行部电话:0431-88561180		邮购零售电话:0431-88561177

地　　址:吉林省长春市建设街 1377 号
邮　　编:130061
网　　址:www.cccbs.net
制　　版:渲彩工作室
印　　刷:吉林省吉育印业有限公司
经　　销:新华书店

开　　本:787 毫米×1092 毫米　1/16
字　　数:208 千字
印　　张:16.75
版　　次:2013 年 8 月第 1 版
印　　次:2013 年 8 月第 1 次印刷
定　　价:33.50 元

前　言

　　本套教材的宗旨在于力争将这些年来幼儿园教育教学改革的一些理论理想落实到教师的具体教育教学的行为中，将这些年来幼儿园教育教学改革的一些实际经验与理论理想相互衔接成为一体。

　　在本教材中，我们重点要体现的理论理想有：

　　1. 将学科或领域教学全面整合于促进幼儿学科或领域知识技能、社会情感和学习品质全面发展的核心目标之下。

　　2. 将以上全面发展的教育贯穿渗透于幼儿园的一日生活之中。

　　3. 用"学以致用"的原则统领学科或领域之间的自然整合，并使学科或领域的知识技能自然应用于幼儿的真实生活。

　　4. 将观察模仿学习、探究创造学习、问题解决学习和反思批判学习和谐结合，形成相互支持相互促进的关系。

　　5. 将说理和案例自然结合，帮助在职学习者更好地学以致用。

　　我们的教育信念和相关的实践经验，都已经体现在这套教材的整体结构以及其中的说理和案例之中，希望学习者不但能够反复对照理论和案例来理解教材中的观点，而且还同时能够通过自己的亲身体验和独立思考来验证和进一步完善自己的教育教学实践。

分册前言

　　20世纪70年代末80年代初，心理语言学家古德曼开始倡导将儿童语言教育置于社会文化环境中进行再思考，开展了"全语言"的语言教育改革运动。从20世纪90年代起，"全语言"运动波及国际学前教育界。什么是全语言教育？古德曼最早给的定义是："全语言教育是一种视儿童语言发展和语言学习为整体的思维方式。"诸多幼儿教育研究者在推广全语言教育时均认可了这一点。全语言教育不是某一种具体的教育教学方法，而是一种新的语言教育观念。它始于老师对以技能训练为目标的语言课程产生的怀疑，融合了杜威"以学习者为中心"的课程观及维果茨基所探讨的学习的社会因素等精义，超越了单一语言课程论。

　　20世纪90年代末期，全语言教育思想逐步传入我国。从1989年6月国家教委发布《幼儿园工作规程(试行)》，至2001年7月教育部颁布《幼儿园教育指导纲要（试行)》，我国的幼教改革已经走过了近20年的历程。这20年，是引进新的教育观念和理论的重要阶段，同时也是中国幼儿教育与国际幼儿教育接轨的时期。从语言教育的角度来看，中国学前语言教育受到全语言理念影响不可谓不深，在当前幼儿园语言教育的基本观念中，强调儿童语言学习的完整性、整合性、整体性，就借鉴了全语言的教育理念。

　　首先，在目标上趋向完整语言的要求。近年来，在幼儿园语言教育研究中，人们关注语言教育目标的问题，提出在培养幼儿的听、说能力和良好的听、说行为习惯的同时，要注意"培养幼儿对生活中常见的简单标记和文字符号的兴趣"，"利用图书、绘画和其他多种方式，引发幼儿对书籍、阅读和书写的兴趣，培养前阅读和前书写技能"等等。

其次，在内容上表现出整合的倾向。将语言教育视为学前教育整体中的一部分，加强幼儿语言教育与其他方面教育之间的联系，同时也注意到儿童语言学习内部的整合，在选择和编排语言教育内容时，把语言学习内容视为一个整体。

再次，教育过程呈现出整体性倾向。《纲要》明确指出，"发展幼儿语言的重要途径是通过互相渗透的各领域的教育"，要"在丰富多彩的活动中去扩展幼儿的经验，提供促进语言发展的条件"。在组织活动时注意为幼儿创设具有真实语言运用机会的交流情景，使语言教育活动的过程成为教师与幼儿共同建设的、积极互动的过程。

在2012年教育部颁行的《3-6岁儿童学习与发展指南》的"语言"部分，也再次提出了"幼儿语言的发展贯穿于各个领域"，"幼儿的语言能力是在交流和运用的过程中发展起来的"，"幼儿的语言学习需要相应的社会经验支持"等富含全语言发展概念的语言教育命题。

由上可知，全语言理念已经被纳入了学前儿童语言教育纲领性文件，并且也引起了研究者的广泛关注。但是，如何将这一西方语言教育理论与中国幼儿园的教育实践有效结合，成就中国自身适用性的幼儿园语言教育，仍然需要大量本土化的深入探讨，本教材的编写即是基于这样的一种尝试。

教材参考引用了国内外许多专家、学者的著述，特别是将全语言理念最早引入我国学前儿童教育领域并始终在积极推介的周兢教授的大作，在此深表敬意。编写队伍汇集了南京市优秀的教师群体，他们有着丰富的幼儿园语言教育教学的经验，亦有不少相关研究成果与心得，他们在学前儿童语言教育领域进行着专题研究并取得成果，使教材内容所体现的教育理念与学前教育实践密切接轨。同时，本套教材得到了长春出版社的鼎力支持，在此一并表示衷心的感谢。由于编者水平及占有资源有限，难免存在许多不足，敬请同行专家和读者指正。

编　者

目 录

第一章 概　述

第一节　语言教育与儿童发展

幼儿期是语言发展,特别是口语发展的重要时期。幼儿语言的发展贯穿于各个领域,也对其他领域的学习与发展有着重要的影响:幼儿在运用语言进行交流的同时,也在发展着人际交往能力、理解他人和判断交往情境的能力、组织自己思想的能力。通过语言获取信息,幼儿的学习逐步超越个体的直接感知。

——《3—6岁儿童学习与发展指南》

语言发展一直是世界各国儿童发展不可或缺的重要内容,但是语言发展并不仅仅意味着语言能力的提高,它和儿童的认知发展、社会性发展等都有着密不可分的联系。[①]

在心理学史上,语言与认知发展的关系更是一个经久不衰的主题。早在半个多世纪之前,皮亚杰曾提出过语言与认知发展相互作用的观点:一方面,幼儿的认知发展水平决定语言发展水平;另一方面,语言一旦被个体理解和掌握,就会作为一种心理表征符号对认知发展起推动和加速作用。维果茨基也曾指出,语言对幼儿的思维活动起指导和调节作用:当儿童面临要求意识活动和反映活动的困难时,自我中心言语便会突然增强。如今,语言学习对认知发展的作用已为众多研究所证实。[②] 迈克·坎迪利斯等在对学习人工语言时大脑活动的特点研究发现,学习前和学习后大脑对新词汇的加工有显著差异。有研究者发现,语调学习会激活左脑 BA42 和右脑 BA44 区,从而使大脑皮层重新进行组织。诸多研究表明,脑功能的可塑性是语言学习的基础,也是改进和完善认知功能的基础。

① 华希颖.幼儿园全语言课程建构的叙事研究[D].南京:南京师范大学,2012:1—3.
② 彭聃龄,陈宝国.汉语儿童语言发展与促进[M].北京:人民教育出版社,2008:325.

儿童语言发展与社会性发展也是相互促进、相互影响的。众所周知，观点采择是社会认知的重要组成部分。研究发现，观点采择能力较强的儿童对涵盖社会文化观念的阅读材料会产生更深刻的理解。他们能够更好地理解书中人物的不同立场、人物的行为和动机，从而更深刻地理解人物的个性及故事情节。很多学者还对阅读理解能力与儿童移情能力发展的关系进行了研究。他们发现，移情能力较强的儿童更能体验作品人物的情绪、情感，对文本的理解往往更深刻；而阅读理解能力也同时会影响儿童移情能力的发展，尤其是对叙事性文本的理解会大大促进移情能力的发展。一项有关文本体裁与阅读者社会能力关系的研究发现：叙事性、想象性文本（小说、戏剧、诗歌）的阅读量与移情能力呈正相关，对这些文本的阅读可以提高并维持他们的社会推断能力；而非想象性文本（说明文、议论文）的阅读量与移情能力呈负相关，并且对解释说明性文本的大量阅读会削弱他们的社会技能。

语言发展不仅与儿童的观点采择能力、移情能力、道德认知等社会认知发展密切相关，同时也影响着儿童社会性关系、社会性行为、社会性情感以及自我意识的发展。有关亲子关系与阅读之间相互作用的大量研究表明，亲子关系中亲子依恋的水平、依恋图式和类型等对儿童阅读及学业成绩均有不同程度的影响。一些理论认为，依恋图式能影响读者对小说中人物的心理认同过程；而对小说中人物及人物关系的理解体现出读者的内部工作模式，这种模式就是从读者早期依恋经验和其他成长因素相互作用的过程中发展起来的。

此外，亲子关系中的依恋类型也会影响儿童的阅读过程。一些研究发现，不同依恋类型的人对阅读文本的反应存在显著不同，安全依恋比不安全依恋的儿童对故事有更强烈的情感反应，对主要角色更能产生移情；不安全依恋的读者利用文本增强自我意识和促进自我改变的能力弱于安全依恋的读者。

国外学者还对同伴关系与阅读之间的相互影响和作用进行了很多研究。一项有关六年级儿童的学业价值观、同伴价值观和社会偏好的研究表明，无论同伴价值观和经济地位怎样，同伴地位的总体得分与阅读成绩呈显著相关，而且阅读成绩与同伴威信也呈现出显著相关。

儿童语言发展与社会性行为之间也是有联系的。国外一些研究证明，从阅读困难儿童中可以预测其攻击性行为。一项持续 6 年的追踪研究显示，儿童读写能力与攻击性行为呈显著负相关，而且此种相关会随着年龄的增长而加强。

很多研究还发现，儿童在小学初期的攻击性行为可以预测小学后期和中学阶段的语文（阅读）成绩。此外，语言发展与社会技能及行为的关系还得到神经心理科学的研究支持。其中，阅读文本中的语言，尤其是行为方面的词语（如跑、跳、踢、说、笑等）激活了与这些词语相应的身体运动时对应的脑区，尤其是那些做出激烈行为时所体现的相关身体部位的脑区。而这类脑区的激活有利于儿童社会技能及动作技能的发展。

在日常生活中，儿童语言发展的水平会影响其社会交往的质量。两三岁左右的孩子时常和同伴发生冲突，一个重要原因就是他们还不太会用言语，而倾向于用动作与他人交往。从语言教育的角度出发，成人可以引导孩子学习用简单的话语说出自己的感受和需要，并用它来调节自己的行为。当幼儿不断通过语言达到良好的个人或社会调节时，对其性格的形成和发展也会带来积极的影响。

综上所述，语言发展与人的整体发展密切相关。正因如此，儿童语言教育一直都是幼儿教育的重要内容之一。无论哪个国家的幼儿教育，语言教育都是不可缺少的基本内容。

第二节　儿童语言教育模式的发展历程

过去没有任何一个时期像现在一样，如此专注于幼儿的阅读和书写成就，以及教室里的阅读和书写教学。

——迈克吉（McGee）

一、20 世纪早期的儿童语言教育模式

20 世纪早期，受心理学家格塞尔等人的成熟发展理论影响，人们相信应该等到幼儿生理及心理发展自然成熟，儿童已掌握必备的学习技巧时，才能进行正式的语言教学。所以，当儿童在六岁半左右，其听觉、视觉辨别能力、大肌肉动作和手眼协调等能力均做好准备之时，语言教育方可开始。如 1925 年美国国家阅读委员会（National Committee on Reading）提出"阅读准备观"，认为 0—6 岁学前阶段是"为读写做准备的时期"。与此种教育观一致，其相应的语言教育被称之为"传统保育学校课程模式"。持这种观念的人们相信后天的教育只能影响儿童语言发展成熟的速度，因此在儿童语言学习中的作用是次要和辅助性的。

随着行为主义思潮的日渐盛行，强调后天环境作用的"教养说"与"天性说"引发了对儿童语言教学的持续争论。行为主义教育者认为在早期阅读学习中掌握"拼写—发音"和"字母—发音"的关系是儿童构建阅读能力的基础。因此，他们主张在阅读教学的早期阶段集中、系统地教授儿童学习字母和读音的关系。行为主义教育者认为，直接、系统地教儿童学习从字母到读音，从读音到单词的解码可以使单词与每个儿童的口语词汇匹配。一旦儿童掌握了解码，借助对单词意义和口

语的知识,儿童就会从书面印刷文字中获得意义。

进步主义教育运动的理论家杜威的语言观与其工具哲学思想相一致,认为语言是社会交往的工具和手段,借助语言的中介作用,人们才能够将社会生活经验的"目的"和"手段"进行有机整合。可以看出,杜威的语言观虽有其工具哲学的个人色彩,但他对语言本质的理解已经超越了语言封闭的自然形式特征,更加重视语言的社会功能在儿童发展中的作用。在语言教育方面,杜威从"生活即教育""教育即生长"的理念出发,认为对儿童进行语言教育就是要帮助儿童了解生活中事物和情境的意义,理解事物与情境之间的关系。在让儿童用语言对生活中的事件描述和表达的过程中,儿童不断习得新的词汇及表达方式,并丰富和协调生活经验。此时,语言不仅是参与社会活动的工具,同时也是促进其思维、理智发展,培养情感的工具。儿童就是在这一过程中发展为具有社会性的独特个体。

可以看出,20世纪早期西方国家的儿童语言教育,受到儿童心理学中的成熟论、行为主义的语言学习理论及进步主义教育思想的共同影响。但由于行为主义对儿童语言发展的研究更为深入、自觉,而代表当时语言学发展方向的结构主义语言学更以其作为心理学基础,再加之一大批行为主义教育者在教学实践中发展出一套成熟的拼音教学法,这一切使得以行为主义为基础的儿童语言教育课程模式(即直接教授课程模式)在20世纪30年代至60年代,对西方国家儿童语言教育实践的影响最大。

二、20世纪中后期的儿童语言教育模式

20世纪六七十年代,西方儿童语言教育界发生了一个重大改变,幼儿开始被认为会从个体经验中建构自己的语言知识。相互作用论(interactionist)认为,语言的发展基于先天因素与后天环境的相互影响。教学活动设计者把相互作用论的观点进一步推演为建构主义理论(constructivist theory),并相信社会和环境的互动有助于幼儿创造内在知识。皮亚杰把这种互动关系称之为同化、顺应及平衡的过程;维果茨基的社会建构理论(social constructivist theory)则强调语言和社会性分享的重要性。

1969～1989年,美国曾对68位接受过"开端计划"(Project Head Start)中不同课程模式教育的3～4岁贫困家庭儿童进行了长达20年的追踪研究。该研究在1997年最终发布的报告表明:"与过分强调儿童中心或教师权威的传统保育学校课程模式、直接讲授课程模式相比,基于个体与环境相互作用的高瞻课程模式虽然对儿童学业成绩影响不大,却能使其在15岁之后的生活中'心理承受能力更强、实际工作表现更出色、更乐于服务社会',而直接讲授课程模式下的儿童在成年后的犯罪发生率比其他两类模式培育的群体竟高出两倍之多。"

三、20 世纪末以来的儿童语言教育模式

20 世纪 90 年代以来,出于对阅读困难问题的强烈批评,以及对学龄儿童学业成就的高度期待,美国社会各界都一致要求对儿童语言教育进行改革。

在这一形势下,美国国会于 1998 年通过了《卓越阅读方案》(Reading Excellence Act),并修改了《中小学教育法》的相关内容,将阅读教育正式纳入法制化轨道。2002 年,小布什总统还专门就儿童语言教育政策签署了"阅读优先"(Reading First)计划及"早期阅读优先"(Early Reading First)计划。与此同时,英国政府也在 1997 年启动国家读写战略计划,以全面提高国民的读写水平。2000 年 3 月,英国教育和就业部颁布了英国历史上第一个关于基础阶段教育(3~5 岁)的国家课程指南,并制定了相应的语言学习目标。西方语言教育研究者渐渐认识到,可以通过发展学龄前幼儿的读写技能来预防阅读困难,儿童语言教学的策略又再次发生重要改变。许多语言教育研究者致力于发展出一套平衡的教学方法,让儿童在丰富的语言环境中发展适宜的读写经验,提高读写技能,发展读写素养。可以看出,在预防阅读困难、提高国民文化素质的时代背景下,近年来西方国家儿童语言教育的重点已转向早期读写(early literacy)教学。

综上所述,心理语言学、社会语言学、认知语言学等对儿童阅读的心理认知过程研究、对语言环境创设的重视、对社会交往活动的强调以及对语言知识储备的理解等等,已经深深影响了当前西方国家儿童语言教育课程与教学的方方面面。与此同时,儿童语言教育者也抛弃了一百多年前对儿童语言发展的片面理解,认识到儿童的语言学习同时受到社会的、语言学的、生物的、认知的等多种因素的影响。这些因素虽然都在儿童语言发展中起作用,但并没有一个因素在逻辑上先于另一个因素。它们不仅相互作用,而且互为因果。整体的、整合的、完整的观念开始浸入到儿童语言教育的领域,这都促成了语言教育的范式向全语言教育转换。

第三节 全语言教育的理论基础

全语言(whole language),或译为"整体语言""全语文"。全语言是一种教育哲学观,它以坚实的有关学习、语言发展、语言学习、阅读和写作过程、课程的研究成果为依据,并在多元文化的教育情境中进行了一些实践研究。

——李连珠

一、全语言教育的理论渊源

作为一种教育哲学，全语言主张的自然学习观，其理论渊源可远溯自夸美纽斯、卢梭、裴斯泰洛齐、福禄贝尔的教育思想。

早在 17 世纪，捷克教育家夸美纽斯所撰写的《世界图解》中第一次出现"全语言"这一词语。诚然，夸美纽斯笔下的"全语言"与今天全语言的内涵不尽相同，但是他在《世界图解》中用图画书来联结语言与事物，将语言的内容与形式结合成一个整体，实际上已经孕育了全语言思想的萌芽。卢梭的自然教育理想以儿童为本位，强调幼儿的感官和实际经验；裴斯泰洛齐认为教育的目的是使人类的各项能力自然循序地均衡发展，主张教育应运用感官直接与实际事物接触，从而获得直接的经验；福禄贝尔主张教育的功能是天赋能力的展开，教育是一段自内向外的历程，幼儿园的首要目标是让幼儿凭借游戏与手工创造等自我活动，发展内在的本性与潜能。这些教育思想都不同程度地影响了全语言有关儿童语言学习历程的观点，即直接在生活情境中，自然而然地学习语言。

全语言的思想反映在具体的语言教学上，有学者认为是从贺拉斯·曼等人于 1840 年开创的"整词教学法"开始的。即先认知整个单词，再发出每一个字母的读音。这种教学法后来演变为先看整个句子与句子所包含的意义，然后学习认读单字，最后学习字母。

二、全语言教育受到多学科交叉影响

诸多学者认为，全语言受教育学、心理学、语言学、社会学等多门学科的交叉影响，而杜威、皮亚杰、维果茨基、韩礼德、肯·古德曼则被公认为影响全语言理论形成与发展的重要人物。

其中，全语言的课程观颇受杜威的影响。杜威认为学习者是课程建设的中心，课程应融合儿童的生活和经验，学习是以解决问题的方式重整经验，反思在教学中的意义等观点，逐渐形成了全语言有关学习者与学习、教师与教学，以及课程建设的原则。杜威认为不能把语言简单地理解为沟通的工具，只有通过语言去解决日常生活中的问题，理解语言及其蕴含其中的意义，这种经验对学习者而言才是真实的。"做中学"在儿童的语言学习中意味着，当幼儿需要使用语言时而学习语言，需要阅读时而学习阅读，而非孤立地教授语言技能。杜威还指出语言是儿童从事建构、创造和探究的工具，可将其整合于其他领域的学习中。儿童的口头语言、书面语言都可以在探究的过程中同时进行，这与全语言的语言学习观也是一致的。

此外，在杜威的《我们怎样思维·经验与教育》《学校与社会·明日之学校》

《经验与自然》等多部著作中都能找到他对语言与语言教育的思考。杜威认为,只有将学校与生活联系起来,把学校作为一个整体与作为一个整体的生活联系起来,才能真正地让儿童在运用语言中发展语言。全语言学者肯·古德曼进而指出,杜威追求整体、自然的语言教育思想,强调了经验、民主与活动在儿童语言教育中的重要作用,因而是全语言思想的重要来源之一。

全语言学习观的形成,更多地受到皮亚杰和维果茨基思想的影响。皮亚杰认为,儿童对外在世界的了解是建构的过程,而非被动传递的结果。皮亚杰在观察中发现:儿童无需任何正规训练,到 5 岁左右通常就能很好地掌握口头语言。儿童语言的发展,不仅表现为词汇量的增加,更多地表现在语言规则的应用上。儿童学习语言的过程就是能动地探索规则的过程,儿童语言的发展即是他们与外界环境相互作用的结果。全语言秉持的建构主义学习观就直接受到皮亚杰思想的启发。

维果茨基的理论广泛影响了包括全语言在内的西方当代儿童语言发展与教育的理论与实践研究。维果茨基认为,儿童的读写发展即是语言发展的一部分,语言发展又是表征发展的一部分,而表征发展又是社会文化发展的一部分。他又特别指出:幼儿的语言和思维发展,都被他所处的社会环境中的他人所支持或影响,因此,社会文化因素在儿童语言发展中具有重要的作用。维果茨基的这一观点,成为全语言的语言学习观的重要组成部分,也为当前西方语言教育界所普遍认同。维果茨基还指出游戏对儿童发展的作用,启发全语言教育者在实践中需重视教学活动组织形式的设计,并为儿童提供活动选择的重要性。维果茨基的社会文化学习理论,让后继学者再一次思考个体学习和社会文化脉络之间的关系,以及教师和同伴在儿童学习中的建设性作用[①]。全语言学者布莱迪对此表示赞同,他认为维果茨基对全语言的影响是深远的,"帮助全语言教育者研究个体学习与社会环境之间的联系。他的最近发展区理论强调了教师在学生学习中的重要作用。学生并非孤立地进行学习,学校环境中的其他人为其语言与思维的发展提供了支持"[②]。

20 世纪后半叶西方最有影响的语言学家,系统功能语言学的创始人韩礼德对全语言的语言学习观做出了重要贡献。他认为了解周围的世界是人类的本能,也是产生学习的主要动机,人们通常通过语言来达成这个目的。而就在人类逐步尝试了解、发现周遭世界的同时,他们的听、说、读、写能力也随之发展起来,从而建

① 维果茨基.思维与言语.维果茨基教育论著选[M].余震球,译.北京:人民教育出版社,1994:2.
② Brady,S. k. & Sills. T. M. Whole Language: History, Philosophy, Practice. Arlington[M]. VA:Kenal. Hunt Publishing Company. 1993:20.

立与语言相关的知识,这三者之间并无先后次序。20世纪70年代,韩礼德从社会学角度论述了语言发展和语言运用的学说,成为全语言的语言学习观的重要基础。他指出:1. 儿童语言的使用是功能性的,功能是儿童语言发展的动力;2. 情境影响着儿童的语言使用和学习;3. 语言学习是建立社会意符系统的过程;4. 学习语言、以语言学习事物及语言知识的学习,三者是同时发生的。这些观点成为全语言的语言学习观,乃至全语言课程观的重要理论基础。

素有"全语言之父"之称的肯·古德曼是另一位对全语言产生重要影响的心理语言学家。早在20世纪60年代,肯·古德曼提出的有关阅读过程的理论,即成为全语言的重要理论依据。他认为阅读不是一对一的符号解码,而是复杂得多的心理认知历程。"阅读是一种心理语言的猜测游戏",任何文章的意义都是由读者自己主动建构的。肯·古德曼强调阅读最重要的就是理解意义,而非割裂成片段去背诵、练习单字或只言片语。在阅读过程中,读者运用已有的语言知识、文本及个人经验所提供的信息,主动进行取样、预测、确认、调整、再确认所预测,从而建构文意。肯·古德曼还指出,语言学习既是社会性的也是个人性的。语言是人与人之间沟通的工具,当人们学会了一种语言,也就同时了解了该语言所代表的文化和价值观。

三、全语言教育受到当代教育思潮的影响

除上述学者的论述之外,全语言理论也深受当代教育思潮的影响。语言经验活动研究、儿童文学研究、写作过程研究、读写萌发理论都在不同程度上推动着全语言理论的发展与完善。其中,对幼儿阶段的全语言教育影响最为深远的,当属读写萌发理论的研究。现在,它已成为幼儿园全语言课程的理论基础;同时,也是当代国际语言教育界普遍认同的儿童语言与读写教育的基础理论之一。

在西方传统的语言教育观念中,人们认为儿童如果没有接受正式的语言文字教育,他们的读写能力也就不会发展。但是从1966年起,新西兰语言学者克蕾发现,儿童在发展口头语言的同时,便萌生了对周围环境中书面语言文字的兴趣和敏感性。当幼儿注意周围环境中的图案、标志、文字,并运用生活经验和知识去推测、辨认、思考这些资讯的意义时,阅读即已开始发展。换言之,儿童阅读能力的获得并非从认识大量规范的文字符号开始,他们在日常生活中感知抽象的文字和实际意义之间的联系、发现文字符号的特征、了解文字的沟通功能等也是阅读能力发展的表现。克蕾把儿童的这种书面语言学习现象称之为"读写萌发(Emergent Literacy)"。

苏兹比认为,"读写萌发的基本理念是建立在皮亚杰和维果茨基的认知理论之上的。"皮亚杰学派以认知发展的观点看待读写萌发行为,认为儿童会主动地以

自己的方式去建构阅读和书写的知识。语言学习既不必正式教导,也不必刻意规范。读写萌发的观点还和维果茨基社会文化理论中的认知发展观高度契合。维果茨基指出,假装游戏、画画和写字都是社会情境中认知发展的一部分。麦克兰与麦克纳米在研究中进一步发现:对绝大多数孩子而言,读写的发展一开始就出现在社会场景中,例如假装游戏、画画、读故事书、和成人对话、认识街道符号、认识广告内容等。

美国从 20 世纪 70 年代开始读写萌发方面的研究,到 20 世纪 80 年代迅速增加。美国国际教育百科全书把"读写萌发"定义为"儿童在他们学会正式的读写之前所表现出来的阅读和书写行为"。它认为幼儿学习读和写并不是从某一特定的时间突然开始的,而是有一个在生活中持续萌发展现的过程。读写萌发理论的研究,充实、丰富了全语言对儿童语言发展、语言学习历程的理解。这些研究彼此印证,形成"全语言的幼儿语言发展观",也成为全语言在幼儿阶段语言教育课程的部分理论基础。

综上所述,全语言的理论基础并非由某一学派或个人理论所得,而是集结不同时代、不同学科的教育思想、语言学研究的经验与智慧而成。虽然历经时代的考验,但却依然影响着当前的语言教育理论与实践。

第四节　全语言教育的原则与实践

学校把完整的(自然的)语言,拆成抽象而细碎的小片断,认为幼儿学习简单细小的事物会学得比较好。这样的想法,乍看似乎很有道理,于是我们把语言拆成单字、音节及单独的语音。不幸的是,这么一来,我们也同时把语言变成一些与儿童的需要和经验无关的抽象事物,而忽略了语言最重要的目的——意义的沟通。

在家中,我们不需要将语言切割成简单、零碎的片断,幼儿一样能学会口头语(oral language)。在他们必须用语言表达自己,了解他人,而且看到周围的人在有意义地、有目的地使用语言的情况下,孩子学习语言的能力是相当惊人的。

——肯·古德曼

一、全语言教育的原则

作为一种教育哲学,全语言是 20 世纪后半叶西方儿童语言教育界一种重要的理论思潮。它不仅促进了部分国家和地区儿童语言教育方方面面的改革,而且对幼儿园课程建设,乃至基础教育的课程改革也产生了很大影响。理解全语言,需要从最基本的几项原则开始。

第一，儿童的语言学习是整体性的学习。在吸收当代儿童语言发展研究诸多成果的基础上，研究者们认为，儿童从出生起就已经具备了学习作为人的全部语言的基本条件，儿童语言发展的过程是以完整的方式呈现出来的，因而儿童语言的学习应当是完整的学习，早期语言教育应当不仅重视儿童听说能力的发展，同时也要注意为他们的读写能力的发展作准备。

第二，儿童的语言学习是自然而然的学习。全语言的提倡者注重儿童语言发展的规律，认为儿童是通过与他人互动的方式学习和使用语言的，主动理解是儿童学习语言的特点，因此，有关教育机构要为幼儿提供各种学习语言的机会和资源，让幼儿被充满语言和文字信息的环境所包围，同时采用"自然学习模式"（即示范、参与、练习或扮演角色、创造表达）进行语言教育。

第三，儿童的语言学习是有效的和有用的学习。研究发现，有效的语言学习不是"正确的"或者是"标准的"，而是连接个人生活经验和社会的学习。对幼儿来说，只有当他们的语言学习是有用的，即能够用语言来沟通时，这种学习才能对他们产生意义。因此，教育者要注意引导幼儿在情景中学习语言，脱离了情景的语言对儿童来说是没有意义的。

第四，儿童的语言学习是整合的学习。全语言教育的新观念告诉人们，人的学习是符号的学习。从早期语言教育的角度来看，语言既是幼儿学习的对象也是幼儿学习其他内容的工具。全语言的研究者吸取了维果茨基的观点，认为任何符号系统学习的原理都是相通的，因而建议将不同的符号系统交叉运用到儿童学习的过程中来。例如，在语言学习中运用艺术、戏剧、音乐、舞蹈等手段。这种打破学科界限的学习，不仅有利于儿童的语言学习，而且有利于儿童其他相关领域内容的学习。

第五，儿童的语言学习是开放而平等的学习。在全语言教育观念中，教师和儿童是构建愉快学习过程的共同体。从教师方面来说，他们熟悉学习和教学理论，据此选择课程内容和教材，并设计教学活动。从儿童方面来说，在教育过程中儿童和教师是合作学习的关系。教师的责任是为儿童创设一个良好的语言学习环境，并在儿童之间营造一个非竞争的学习共同体。尤其要注意的是，当儿童有权去作自我选择的时候，学习的效果会更好。

第六，儿童的语言学习是创造性的学习。语言的学习和应用兼具守成与创新两方面的特点。守成是指语言是社会约定俗成的产物，一个特定的社会文化环境里的通行语言一定是有共同定义的。但是，语言也是不断创新的产物。在全语言研究者的眼里，儿童学习语言的过程是没有"错误"可言的，有的只是他们的"尝试"和"创新"。只有尝试了，才会获得正确的表达方式，尝试是创新的前奏和必由之路。教育工作者应当充分肯定和鼓励儿童语言学习的创新精神。

二、全语言理念对教育实践的推动

虽然全语言学者艾德斯金认为"全语言基本上就没有统一的一套（教育）实践"，但是西方一批全语言学者却从已有的研究中归纳出全语言课程的共同原则，他们从环境与材料、课程与学习活动的本质、班级经营和教室氛围、评价的本质等四个方面对全语言课程的特征做出总结，具体观点如下：

第一，环境与材料：全语言的教室读写环境（literate environment）应该是真实而有意义的，能促进幼儿使用语言，实现语言的沟通功能。其中环境文字（environmental print）用以帮助幼儿提供日常生活中的各种指引、标示和说明；阅读和书写材料要尽量接近日常生活中的运用和交往的目的。

第二，课程与学习活动的本质：全语言的课程与活动通常是以学习者为中心的、整合的、真实的、学生能够主动积极投入的。

第三，班级经营和教室氛围：全语言教师将教室经营成一个学习者社群，在其中通过社会互动与合作达成语言学习的目的。即全语言课程中的学生、教师或其他学习群体共同构成一个彼此尊重、合作、支持的社会交往环境，以此达成语言学习的沟通功能。

第四，评价的本质：全语言课程关注儿童语言学习的过程远甚于结果，评价采用持续性、非正式的质性评价方法。儿童观察及学习档案是其经常使用的评价概念。全语言评价的目的在于"帮助学生进行自我评价、建立学习者个人的发展史，也可以引导教室内的互动及教师的教学，并可作为与家长沟通的参考"。

全语言教育思潮已经在事实上推动了儿童语言教育不同层面的变革。在国际阅读协会的 15 条教学建议中，我们发现语言学习不仅意味着语言规则与技能的掌握，同时也是让幼儿在有意义的活动过程中了解语言的功能，学习理解和表达。此外，教师、家长为幼儿提供一个互动交往的全语言环境显得尤为重要。儿童听、说、读、写能力的发展不是孤立地进行的，而是相互关联的。当幼儿通过语言学习数学、艺术等各种事物时，同时也学会了听说读写，以及语言本身的形式、结构。

资料卡片

美阅读协会幼儿读写发展委员会给语言教育的建议

美国国际阅读协会幼儿读写发展委员会专门为幼儿园语言教育提出的 15 条教学建议，可以清晰地发现全语言教育理念的影响。

1. 将教学建立在幼儿已有的口语、阅读及书写知识上，并将重点放在有意义的经验及语言上，而非个别技能的发展。

2. 尊重幼儿已有的语言经验，并把它作为语言及读写活动动机的基础。

3. 让幼儿都能体验成功的感觉，帮助他们视自己为喜欢探索口语及书面语言的人。

4. 为幼儿提供阅读经验，并在沟通过程中进行整合，而沟通过程包括听、说、读、写及艺术、数学及音乐等方面。

5. 在幼儿最初尝试书写时鼓励他们自由发挥，而不必在意文字是否符合正式、传统或规范的写法。

6. 在幼儿最初尝试阅读及书写时鼓励他们去冒险，并接纳幼儿所呈现的错误，视之为自然成长及发展的一部分。

7. 使用幼儿熟悉或可预测的阅读材料，因为它们能提高幼儿的控制感和自信心。

8. 教师在幼儿面前应成为正确语言的示范者，聆听并回应幼儿的谈话，并参与到幼儿的阅读及书写活动中去。

9. 花时间定期地读书给幼儿听，书籍可包括各式各样的图书、故事及非故事类题材。

10. 提供固定的时间让幼儿独立地阅读及书写。

11. 为幼儿提供机会去沟通他们所知道的、思考的及感受到的事情，以促进幼儿的情感及认知发展。

12. 使用发展及文化适宜性的评价程序，这些评价必须基于课程目标且顾及幼儿的整体发展。

13. 让家长了解学校安排广泛的语言课程的原因，并提供在家中实施类似活动的建议。

14. 让家长了解对幼儿实施学前读写技巧的正式评价或标准化测验有哪些局限。

15. 鼓励幼儿在语言学习过程中成为主动的参与者，而非被动的接受者，并安排活动让幼儿在听、说、读、写各方面进行尝试。

三、全语言理念在中国的发展

早在 20 世纪 30 年代，由陈鹤琴主持制定的《幼稚园课程标准》里，就把语言教育目标渗透在音乐、游戏、工作活动之中，重视语言教育与其他领域教育的联系，提出"整个教学法"。这在我国 20 世纪以来幼儿园语言教育的观念上是一个重大的转变。为儿童创设一个支持性的、充满互动交往的丰富的语言环境，成为衡量一个幼儿园语言教育活动成功与否的重要标准。这表明,全语言的理念并不完全是引进的外来理念,我国的教育家对此也有过类似的思考。

但陈鹤琴的整个教学法的应用因为政治上的缘故发生了变化,一直到1981年颁布的《幼儿园教育指导纲要(试行草案)》才开始重新提及语言运用在儿童语言学习中的作用。到了2001年,新纲要明显强化了这一新的儿童语言教育观,它在语言领域的指导要求中明确指出:"语言能力是在运用的过程中发展起来的,发展幼儿语言的关键是创设一个能使他们想说、敢说、喜欢说、有机会说并能得到积极应答的环境。"因此,对幼儿教师而言,最为重要的是"创造一个自由、宽松的语言交往环境,支持、鼓励、吸引幼儿与教师、同伴或其他人交谈,体验语言交流的乐趣"。幼儿如果在社会语言交往中想说、敢说、喜欢说,并吸引他人与之交流,必然需要有一个积极参与语言活动的愿望及良好的社交礼仪。因此,新纲要特别提及语言教育中情感态度、交往习惯目标的培养:乐意与人交谈,讲话礼貌;注意倾听对方讲话;喜欢听故事、看图书。

至于语言的认知及社会文化功能的实现,语言发展与儿童整体发展的联系,新纲要则在指导要点中说明:"幼儿语言的发展与其情感、经验、思维、社会交往能力等其他方面的发展密切相关,因此,发展幼儿语言的重要途径是通过互相渗透的各领域的教育,在丰富多彩的活动中去扩展幼儿的经验,提供促进语言发展的条件。"所以,在新纲要的社会、科学、艺术等领域的"教育内容与要求"中,我们看到语言教育与其他领域有密不可分的联系。如"幼儿与成人、同伴之间的共同生活、交往、探索、游戏等,是其社会学习的重要途径。应为幼儿提供人际间相互交往和共同活动的机会和条件"以及"通过引导幼儿积极参加小组讨论、探索等方式,培养幼儿合作学习的意识和能力,学习用多种方式表现、交流、分享探索的过程和结果"。

自2001年新纲要颁布以来,我国幼儿园语言教育的方方面面进行了改革,并在某些方面取得了较大进展。在当前的幼儿园语言教育中,儿童在集体教学活动中运用语言的机会逐渐增加,不少幼儿园也开始重视在日常生活中为幼儿提供语言交流的机会。此外,幼儿园早期阅读活动受到了空前的重视,有关早期阅读的理论研究与实践探索层出不穷。在幼儿园教学中,早期阅读的课程建设与教学策略研究一再成为热点。而对语言教育活动的组织与实施,一些幼儿园开始加强儿童语言学习与其他领域教育内容的联系,并对课程整合进行了有益的尝试。

但是,目前我国的幼儿园语言教育也面临着一些问题。余珍有指出,语言教育活动的计划性有余而随机性明显不足。语言形式依然是教师关注的一个重点。有些教师依然将重点放在帮助幼儿丰富词汇、学习语句、学习完整和准确地说话等内容上,而忽视了幼儿利用语言表达自己当时的所想所感。在活动组织与实施

中,语言学习活动与其他领域学习活动的整合偏重形式,过多局限于"图书"(包括绘本及各种有插图的图书)这一种内容,致使不少幼儿园教师误以为"早期阅读活动"等于"早期图书阅读活动"。把"集体教学活动"作为最主要的教学组织形式,教学研究及上级行政评价也通常围绕它展开,在现实中一直忽略日常生活中的语言教育。

另有研究者以个案的方式对幼儿园的语言教育的实施进行了细致的研究,更为深入地展示了教师对语言教育理念的真实理解。就全语言所倡导的整体性来说,有的幼儿园更多重视阅读和书写的目标,忽视倾听目标。有的幼儿园最为强调的是幼儿倾听能力,其次是表述能力,而对前阅读能力注重较为忽视。就完整性来说,有的幼儿园教师在语言领域课程实施中课程内容仅仅包括了识字、阅读、谈话、故事、儿歌[①]。有的幼儿园阅读识字活动和文学作品活动较多,谈话活动和听说游戏活动较少,或者语言教学中教师有"走过程",为了活动形式多样化而追求活动形式多样化的倾向。就整合性来说,将语言与其他领域自然融合在一起,更是较为缺乏的观念[②]。所以我们虽然在观念上提倡整合的、完整的、整体的语言教育,但在教育实践中教师并不清楚如何转化为可操作的教育行为,需要大量本土化的研究与实践。

第二章 幼儿园语言教育目标

第一节 幼儿园语言教育目标

一切真正的教育是来自经验的，并不表明一切经验都具有真正的或同样的教育的性质。

——杜威《我们怎样思维》

有些经验对儿童的不断成长发展具有重大价值，有些经验的教育价值有限，还有些经验甚至会阻碍儿童的发展，所以，仅仅强调经验还不够，还要对经验进行筛选。

——郭元祥

一、幼儿园语言教育目标的三维体系

语言领域课程目标是语言课程的纲领、方向和准则，指明了该领域重点追求什么，是整个课程实施过程最为关键的准则。在过去相当长的时间内，我国幼儿园语言教育只提教育任务和教学要求，不提目标。80 年代以来，人们才开始探讨语言教育目标的问题。语言教育目标的研究，最先从整体课程的语言教育组成部分开始，继而由从事学前语言教育研究的专业工作者思考构建符合我国幼儿园语言教育实际的目标体系。

在 1993 年出版的《学前儿童语言教育》一书中，赵寄石等专家从目标制定的依据、目标的结构和目标的内容三个角度予以阐述，解决了这样几个问题：首先，学前儿童语言教育目标体系的纵向结构，即学前语言教育目标含有学期目标、年龄阶段目标和活动目标三个层次。其次，学前儿童语言教育目标体系的横向结构，则从语言教育目标分类组成的角度确立了学前阶段应对儿童进行倾听、表述、欣赏文学作品和早期阅读四种语言行为能力的培养。最后，受布鲁姆目标分类学说的启示，提出了由认识、情感态度和能力技能三种因素组合的目标内容。这一

框架仍然是我国当前学前儿童语言目标体系的主体框架。

新的教育思潮影响下的新课标,对于这一体系产生了重要影响,新课程将原有布鲁姆的分类体系进行了调整,课程(学教)目标分为知识与技能、过程与方法、情感态度价值观三个维度。三维教学目标不是三个目标,而是一个问题的三个方面。学前儿童语言教育学科的核心概念分为谈话、讲述、早期阅读、文学作品欣赏与听说游戏。在目标设定上,也围绕着这五个核心概念展开。

(一)谈话

知识与技能	过程与方法	情感态度价值观
1. 知道倾听在谈话中的意义、作用,知道倾听他人的谈话内容。 2. 知道与他人交谈时要围绕话题谈话不跑题,并且知道围绕中心话题不断拓展谈话内容。 3. 知道运用语言进行交谈的基本规则,并知道在谈话中运用这些基本规则进行交谈。 4. 能倾听他人的谈话,并能及时从中捕捉有效的语言信息。 5. 能围绕一定的话题谈话,会不断拓展谈话内容,充分表达个人见解。 6. 能在适当的场合主动热情地运用基本的交谈规则与他人进行交谈。	1. 能够尝试运用各种交谈规则进行谈话。 2. 他人表达时能够认真倾听,学会向他人学习并尝试反思与自我调整。 3. 能够探索、运用带有一定个人风格的谈话方式。 4. 能够尝试迁移已有的谈话经验进行新的谈话。 5. 能够有依据地回答问题,不胡乱猜测,敢于表达。 6. 在谈话受阻时能够用不同的表达方式从不同的角度来谈话。	1. 乐意和同伴、老师及他人用普通话进行交谈。 2. 积极与他人交谈,乐意说出自己的意见和感受。 3. 能有主动倾听别人谈话的愿望、态度和习惯。 4. 认真有礼貌地倾听他人说话,乐意根据谈话主题陈述自己的意见或作出相应的反应。 5. 主动用适合自己角色的语言、自觉地运用听说轮换等基本的交谈规则、方式进行交谈。

(二)讲述

知识与技能	过程与方法	情感态度价值观
1. 能够认真地观察与感知、理解讲述对象。 2. 能够独立构思与清楚完整地表述自己的观点和情感。 3. 能够在集体场合自然大方地讲话。 4. 能够使用正确的语言内容和形式进行讲述。 5. 能够有中心、有顺序、有重点地讲述。 6. 能够根据不同的语境和听者的反应来调节语言表达方式,具有对语言交流信息的调节技能。	1. 能够注意和努力追求有表现力的、与氛围相协调的、声音和谐的、情感默契的讲述。 2. 在讲述过程中就讲述的顺序、观点及重要程度进行尝试性反思与自我调整。 3. 在讲述过程中根据听者的反应尝试反思与自我调整。 4. 能够探索、运用带有一定创造性的讲述方式。 5. 能够有依据地讲述问题,敢于表达。	1. 愿意认真地观察与感知讲述对象。 2. 乐意在集体场合自然大方地讲话。 3. 体验并努力追求在与他人合作的讲述活动中获得交往、合作的快乐。

(三)听说游戏

知识与技能	过程与方法	情感态度价值观
1. 能初步学会按照一定规则进行口语表达的练习，表现为复习巩固发音、扩展练习词汇、尝试运用句型三个方面。 2. 能提高积极倾听的水平，表现为能听懂教师的讲解，理解游戏的规则；听懂游戏的指令，把握游戏的进程；准确把握和传递有细微区别的信息，提高倾听的精确程度。 3. 初步学习在语言交往中的机智性和灵活性，表现为迅速领悟游戏语言规则的能力、迅速调动个人已有语言经验编码的能力、迅速以符号规则要求的方式表达的能力。	1. 能够注意语言听说游戏中语言可以分解也可以重复的语言现象。 2. 积极领悟游戏语言规则，并注意运用有关的概念、知识，加强、深化自己的感知和理解。 3. 尝试探索将已知知识、信息与实际生活创造性地嵌套进游戏规则。	1. 体验在游戏中按指令活动的愉快心情。 2. 愿意养成注意倾听的态度和习惯。 3. 乐于遵守一定的游戏规则，按照规则进行游戏，并在活动中锻炼听说能力。 4. 喜欢与他人分享倾听、观赏及游戏表演的快乐。

(四)文学作品欣赏

知识与技能	过程与方法	情感态度价值观
1. 能丰富与作品相关的社会知识。 2. 能够知道文学作品有童话、诗歌、散文等体裁，了解语言的丰富性和多样性。 3. 能够理解文学作品内容，学会标准发音，拓展词汇，了解各种语言句式的表达。 4. 能够学会倾听，提高语言的理解能力。 5. 能够感知文学作品语言和结构的艺术表现特点，能创造性地运用语言，拓展个人经验和想象，尝试艺术性建构语言的能力。	1. 能够在文学作品欣赏的过程中积极运用想象、联想，积极独立地选择动作、语言等产生创造性的反应。 2. 能够在欣赏过程中注意运用有关的概念、知识加强、深化自己的感知和理解。 3. 初步了解应该如何从文学作品欣赏活动中获取各种艺术和非艺术的经验。 4. 初步养成有注意、情感参与的安静倾听、欣赏文学作品的习惯。	1. 能够对书面语言有浓厚的兴趣。 2. 能够喜欢文学作品，积极参加文学活动，乐意欣赏文学作品。 3. 能够体验文学作品中人物的真善美。 4. 能够感受文学作品的情感脉络和语言美，发展艺术想象能力和审美能力。

知识与技能	过程与方法	情感态度价值观
1. 能初步通过封面认识不同的图书，辨认周围环境中的一些印刷文字。 2. 能够说出一本书的组成部分及其不同功能，懂得不同形式印刷品可以用来表现不同功能的书面语言信息。 3. 能够在聆听故事时将故事里的人和事与自己的真实生活经验联系起来。 4. 能观察到画面细微的变化，并领会阅读材料的情节与简单寓意。 5. 熟悉一些不同的文体，分辨书面语言和口语的不同表达方式。 6. 能够根据故事的插图或部分情节预期故事的发展或结局。 7. 能复述、扮演或表演完整的或是部分的故事情节。 8. 能用适当的词汇，正确表达图书的内容。 9. 能分辨常见图示、标记、符号代表的意思，并能在实际生活中运用。 10. 感觉到书写与规范书写的差别。	1. 能够在早期阅读的过程中积极地将阅读内容当中的知识与信息与实际生活相联系。 2. 初步意识到阅读时以适合文体形式风格的语调、语速及语音阅读。 3. 初步养成阅读时积极运用观察、想象与思考一体式的阅读习惯。积极在内心建构阅读中没有表现的情节、对话与内心活动。 4. 能够在阅读过程中注意运用有关的概念、知识，加强、深化自己的感知和理解。	1. 热爱书籍，建立自觉阅读图书和其他阅读材料的良好习惯。 2. 乐于观察各种符号，对文字有好奇感和探索愿望。 3. 注意倾听老师给全班幼儿念的故事。喜欢阅读浅显的童话、寓言，向往童话中美好的情境。 4. 能与同伴分享自己制作的阅读材料，从中获得成功的愉悦。 5. 能运用阅读知识主动与同伴交往。

2012年新颁行的《3－6岁儿童学习与发展指南》的"语言"部分，则分成了"倾听与表达"和"阅读与写作准备"两个块面。与传统的以活动类型为第一分类以三维目标为第二分类的表达方式相比，《指南》首先从表述方式上进行了改变，不强调幼儿园语言教育活动的形式，而是强调儿童应用语言的层面，不强调幼儿园语言教育活动的目标分层，而是强调了应用层次之间的整体性发展，比如将倾听与表达合并，将阅读与写作准备合并。编者认为，《指南》可以有效地帮助幼儿教师把握特定年龄儿童的语言教育的基本力度，而在具体的教育操作过程中，如何实现相应的语言教育目标，三维目标体系仍然是教师更为切实的工作依据。

二、幼儿园语言教育目标的年龄段分层

第二个层次的语言教育目标是年龄阶段目标，即幼儿某一年龄（班）的教育目标。对幼儿所要达到的语言培养总目标总是需要一步一步地落实到不同年龄儿童的身上，所以总目标中的内容，在不同年龄的幼儿身上应当有不同的体现，这样才能在教育实践中循序渐进地促进儿童的语言发展。

(一)0 至 3 岁儿童语言教育目标

出生至 1 岁半	1 岁半至 3 岁	
	小托班	大托班
1. 喜欢听别人说话、唱歌、念儿歌,喜欢听音乐、鸟叫等好听的声音。 2. 听到别人对自己说话,能用声音、手势、表情、单词等做出反应。 3. 能说出常见物品的名称。 4. 能辨认并说出身体的某些部分,能辨认并说出图片上常见物体的名称。 5. 能理解常用的简短的语句,能执行简单的命令。 6. 能用单词、手势、表情等向成人表达自己的要求。 7. 喜欢听人讲述图书上的故事、儿歌等。对早期阅读有初步兴趣。	1. 喜欢听和谐、悦耳的声音,乐意听别人说话。 2. 喜欢听成人讲述玩具、其他实物以及图片上的物体。 3. 能安静地听成人念儿歌、讲简短的故事。 4. 喜欢翻阅感兴趣的图书。 5. 能说出自己的名字。 6. 能用"是"或"不"回答别人的问题。 7. 对本民族语言或方言的发音能使别人听懂。 8. 积极地尝试运用日常听到的词和句子。 9. 能听懂并执行生活常规方面的某些指令。	1. 喜欢听和谐、悦耳的声音,乐意听别人说话。 2. 能与成人交谈自己感兴趣的玩具、人或动物的动作以及图片上的物体等。 3. 能安静地倾听并参与成人念儿歌、讲简短的故事。 4. 能按顺序听成人讲述或独立阅读图画书上的故事。 5. 能说出自己的姓名年龄,能用简短语句回答别人的问题。 6. 对本民族语言或方言的发音基本清楚。 7. 积极地运用简短的语句与别人交谈。在游戏中喜欢与同伴交谈。 8. 能听懂并执行生活常规的指令。 9. 能主动积极地学习新词和新的句型。

(二)3 至 6 岁儿童语言教育目标

	3 岁至 6 岁		
	小班	中班	大班
谈话	1. 能安静地听同伴说话,不随便插嘴。 2. 喜欢与老师、同伴交谈,愿意在集体面前讲话。 3. 理解较简单的指令并去执行,如关于一日活动常规的指令。 4. 能听懂并愿意说普通话。 5. 乐意并能用简短的语言表达自己的心情与想法,及时向他人表达自己的愿望,讲述自己感兴趣的事,不大声喊叫着说话。 6. 初步学习常见的交往语言和礼貌用语。	1. 能集中注意力,耐心倾听别人谈话,不打断别人的话。 2. 能理解并执行多重指令。 3. 乐意与同伴交流,能大方地在集体面前说话。 4. 能说普通话,较连贯地表达自己的意思。 5. 学会围绕一定的话题谈话,不跑题。 6. 学会用轮流的方式谈话,不抢着讲,不乱插嘴。 7. 继续学习交往语言,能大胆、清楚地表达自己的请求、愿望、情感和需要等,提高语言交往能力。	1. 能主动、积极、专注地倾听别人谈话,迅速掌握别人谈话的主要内容,并从中获取有用的信息。 2. 理解较复杂的多重指令。 3. 集中注意力倾听教师布置活动任务,并坚持完成。 4. 能主动地用普通话与同伴交流,态度自然大方。 5. 能围绕话题谈话,会用轮流的方式交谈,并能用恰当的词、句、语段来表达意思,乐于参加讨论,敢于发表不同的意见。 6. 逐步学会用修补的方法延续谈话,进一步提高语言交往水平。

讲述	1. 能有兴趣地运用各种感官，按照要求去感知讲述内容。 2. 理解内容简单、特征鲜明的实物、图片和情景。 3. 愿意在集体面前讲述。 4. 能正确地说出讲述内容的主要特征或主要事件。 5. 能安静地听老师或同伴讲述，并用眼睛注视讲述者。	1. 养成先仔细观察，后表达讲述的习惯。 2. 逐步学会理解图片和情景中展示的事件顺序。 3. 能主动地在集体面前讲述，声音响亮，句式完整。 4. 学习按照一定的顺序讲述实物、图片和情景的内容。 5. 能积极地倾听别人的讲述内容，发现异同，并从中学习好的讲述方法。	1. 通过观察，理解图片、情景中蕴含的主要人物关系和思想感情倾向。 2. 能有重点地讲述实物、图片和情景，突出讲述的中心内容。 3. 在集体面前讲话态度自然大方，能根据场合的需要调节自己讲话的音量和语速。 4. 讲话时语言表达流畅，不停顿，用词用句较为准确。
文学作品欣赏	1. 喜欢欣赏文学作品，愿意参加文学活动，对文学作品的语言感兴趣。 2. 能初步感受文学作品的语言美，理解不同体裁的文学作品。 3. 学习理解文学作品的情节内容或画面情节，能用语言、动作、表情等方式表达自己对文学作品的理解。 4. 在文学作品原有基础上扩充想象，仿编诗歌、散文中的一句或续编故事结尾。	1. 喜欢不同形式的文学作品，主动积极地参加文学活动。 2. 知道文学作品语言与日常生活语言的不同，进一步感受文学作品的语言美。 3. 学习理解文学作品的人物形象，感受作品的情感基调，能运用较恰当的语言、动作、绘画形式表达自己的理解。 4. 能根据文学作品提供的线索，扩展想象，仿编或续编一个情节或一个画面。	1. 乐意欣赏不同体裁、不同风格的文学作品，在文学活动中积累文学语言，并尝试在适当场合运用。 2. 在理解文学作品人物、情节或画面情景的基础上，学习理解作品的主题或感受作品的情感脉络。 3. 初步感知文学作品语言和结构的艺术表现特点，开始接触文学作品的艺术语言构成方式。 4. 依据文学作品提供的想象线索，联系个人已有经验扩展想象，并创造性地进行表述。
早期阅读	1. 喜欢看书，知道看书的基本方法，能初步看懂单幅儿童图画书的主要内容。 2. 能用口头语言将儿童图画书的主要内容说出来，开始感受语言和其他符号的转换关系。 3. 对文字感兴趣，能在成人的启发下认读最简单的文字。 4. 在活动中以描画图形的方式练习基本笔画。	1. 能仔细观察图画书画面的人物情节、看懂单页多幅的儿童图画书的内容，增强预知故事情节发展和结局的能力。 2. 懂得爱护图书，知道图书的构成，有兴趣模仿制作图画书。 3. 在阅读过程中初步了解汉字的由来和简单的汉字认读的规律，并有主动探索汉字的愿望。 4. 喜欢描画，尝试用有趣的方式练习汉字基本笔画。	1. 能与同伴合作制作图画书，进一步了解图画书的构成。 2. 知道图画书中的画面与文字的对应关系，开始有兴趣阅读图画书中简单的文字。 3. 积极学认常见的汉字，进一步了解汉字认读的规律，提高观察模拟的能力，并能注意在生活中运用已获得的书面语言。 4. 掌握基本的书写姿势，在有趣的图形练习中做好写字的准备。

听说游戏	1. 乐于参加游戏活动，在游戏中大胆地说话。 2. 发准某些难发的音，初步掌握方位词及人称代词，学习正确运用动词。 3. 在游戏中尝试按照规则运用简单句说话。 4. 养成在集体活动中倾听别人讲话的习惯，能听懂并理解较简单的语言游戏规则。	1. 在游戏中巩固练习发音，正确运用代词、方位词、副词、动词、连词和介词等。 2. 能说简单而完整的合成句。 3. 能听懂并理解多重游戏规则。 4. 学习较迅速地领悟游戏中的语言规则，并能及时做出相应的反应。	1. 在游戏中学习正确运用反义词、量词和连词等，并能说完整的合成句。 2. 养成积极倾听的习惯，迅速把握和理解游戏中较复杂的多重指令。 3. 不断提高幼儿倾听的准确程度，准确掌握和传递有细微差别的信息。 4. 在游戏中按照规则迅速调动个人已有语言经验编码，并进行迅速的语言表达。

资料卡片

关键经验

关键经验最初来自于著名的认知发展课程——高瞻课程。关键经验是该课程的一个核心概念。高瞻课程的研究者与实践者认为，关键经验是幼儿发展必不可少的。这些经验是连续的，不是一次完成的，必须依靠幼儿主动操作物体、与他人交流以及经验的不断丰富来获得和发展。可见，关键经验最初的含义就是指幼儿发展过程中必不可少的经验。

另外，关键经验同时具有教育目标的属性。关键经验是课程设计者希望幼儿在活动中获得的、对达成教育目标至关重要的学习经验，是通向目标的桥梁。对教师而言，它是一种"提示物"，指明应努力促使儿童获得的学习经验，同时，为教师观察和支持幼儿学习、为幼儿计划活动、评价早期教育实践的有效性提供了指南。所以，有人把这种关键经验称为"二级目标"。

在幼儿园语言教育这一领域，高瞻课程列出了一系列关键经验。与我国现有的幼儿园语言教育目标体系有较大的不同。

1. 对别人讲述自己有意义的经验。

2. 描述物体、事件和关系。

3. 用语言表达自己的情感。

4. 把幼儿说的话记下来再读给他听。

5. 从语言的使用过程中得到乐趣。

光谱方案作为多元智力理论在实践中的一种课程方案，对于关键经验，与高瞻课程存在不同的内容。这一方案是由哈佛大学加德纳教授和塔伏茨大学（Tufts

University)的费尔德曼教授(David Henry Feldman)率领哈佛大学零岁方案(Project Zero)工作组和塔伏茨大学的研究小组合作完成的。光谱方案提出8套关键能力,提出不同的幼儿语言活动涉及三个方面的关键能力:

1.有创意地讲故事。

2.使用描述性语言报道。

3.运用诗歌的巧妙语言。

第二节　在全语言理念下实现语言教育目标

基本观念是贯穿幼儿语言教育全部过程始终的指导思想,直接影响着幼儿语言教育的效果,对语言教育起着决定性作用。

——周兢

围绕儿童语言教育目标,秉持全语言教育的基本原则,构建幼儿园语言教育,是本书倡导的教学思路。这一思路是由享有国际盛誉的高瞻课程而来。高瞻课程,围绕若干条基本关键经验与基本教学原则,在教师在灵活自主的探索过程当中,同时也是孩子灵活自主的探索过程当中建构实践性课程,由于对课程本身没有硬性的规定,只有关键经验与基本原则的潜在提示,所以使得课程有极大的弹性。在本教材中,同样持这一应用思路——在语言教育目标的实施过程中,无时无刻不铭记全语言的教育理念,将之用于教育目标的内容选择、实现方法以及过程设计。这些基本的理念有:

一、整合的:跨领域学习

周兢指出,语言学习的整合观,要求语言教育不再局限于单纯学科范式的教育内容方法框架之内。多维整合的态势要求我们在开展语言教育时,从不同的角度来关注儿童的学习。整合意味着把儿童语言学习看成一个整合的系统,充分意识到儿童语言发展与其他智能、情感等方面发展是整合一体的关系。在儿童语言发展过程中,他们对每一个新词、每一种句式的习得,都是整个学习系统调整、吸收与发展的结果。离开了儿童发展的其他方面,语言学习是不可能成功的。与此同时,儿童语言学习的每一点收获,都对他们的其他方面发展起到良好的促进作用,儿童其他方面的发展同样也离不开语言的发展。基于这样的观念,在开展幼儿语言教育的时候,始终将其作为幼儿教育整体中的一部分来看待,加强幼儿语言教育与其他方面教育之间的联系。把语言学习与其他方面知识学习和能力发展割裂开来的做法,对幼儿进行纯语言教学的做法已经不合时宜了,应当遭到摒弃。

(一)整合式学习的解读

1.语言教育目标的整合

整合教育首先表现在语言教育目标的整合上,要求在制定幼儿语言教育目标时,既要考虑完整语言各组成成分的情感、能力和知识方面的培养目标,也要考虑在语言教育可以实现哪些与语言相关的其他领域的目标,同时也需要考虑哪些语言教育的目标可以在其他领域的教育中得以实现,使语言教育目标成为以促进儿童的语言发展为主线,同时促进儿童其他方面的发展的整合的目标体系。只有树立了整合的语言教育目标意识,才能实现语言教育内容和方式的整合。

2.语言教育内容的整合

如同卡洛·乌尔福克和伦奇在他们的语言学习整合观模式中所指出,儿童语言发展有赖于三种知识的整合习得:社会知识、认知知识和语言知识。因此,当代幼儿语言教育内容是以这三种知识为主的整合。曾经流行一时的语言教育模式以纯语言训练为教学内容,教学的着眼点主要放在句型词汇的反复操练上面,即使有认知或社会知识内容参与,也缺乏系统的整合,因而在教育过程中未能对幼儿的发展形成应有的一体作用。幼儿语言教育内容的整合,要求教育工作者在设计选择教学内容时,充分考虑社会知识、认知知识和语言知识的有效结合,考虑学习内容在这三个方面都对幼儿具有积极的挑战意味,考虑幼儿在学习时获得整个语言学习系统的调整和受纳。在这里我们还特别指出,语言教育内容的整合是渗透在教育整体各个方面的语言学习机会的整合。正如语言教育中融有其他方面的教育一样,其他方面的教育也从不同角度对幼儿语言学习提出了要求,并帮助幼儿学习不同情境不同活动性质条件下语言的应变能力。因此,教育工作者为幼儿提供的语言教育内容,实质上是适于他们语言学习系统与之交互作用的环境组成部分。

3.语言教育方式的整合

目标与内容的整合,同时牵制着语言教育方式的整合走向。整合方式的突出特点,是以活动的组织形式来结构语言教育内容,其中包括专门的语言活动和与其他活动结合的语言活动。

无论哪种形式的活动,都需要糅合多种儿童发展因素,允许多种与儿童发展有关的符号系统的参与,从而促使幼儿在外界环境因素的刺激和强化作用下,产生积极地运用语言与人、事、物交往的需要、愿望和关系,并主动地通过各种符号手段(包括音乐、美术、动作、语言等)作用于环境。在这样的学习中,一方面是语言知识,一方面是认知知识,再有一方面是社会知识,三方交融汇合在语言操作实践中得以锻炼,并继续对环境产生良向反馈作用。语言教育内容与方式的整合,构成良好的语言教育环境,幼儿不再单纯为学说话而学说话,不再被动地接纳教师传授的语言学知识,他们在整合的语言教育环境中获得的是语言和其他方面共同发展的机会,他们是主动探求并积极参与作用的语言加工创造者。

(二)整合观的体现:领域渗透

整合的语言观,使得语言教育不再局限于语言自有范畴,而是与其他领域有机渗透。这和著名社会语言学家韩礼德的观点十分类似,即儿童"学习语言,以语言学习事物及语言知识的学习,三者是同时发生的"。[①] 为更好地利用其他领域教育活动对儿童实施语言教育,我们有必要先弄清这些教育活动中包含着哪些语言教育因素。

1. 各种教育活动为儿童提供了语言活动的素材

儿童在其他领域的教育活动中(如数学、美工制作、科学探索等)所获得的经验,丰富了儿童谈话和讲述的内容。如果没有多种活动的经验,儿童的语言就可能内容枯竭。正是由于儿童在各种教育活动中接触了大量的物体,观察过多种现象,从事过多种操作活动,探索了事物间的关系与联系,因此他们才有可能在语言活动中理解和运用不同类型的词语和表述方法,充分阐明自己对事物的认识。从这个角度,只要教师在这些教育活动中适当加入一些言语指导和说明,就可以取得良好的教育成效。

2. 其他领域教育活动为儿童言语表达和言语交际提供了条件

很多教育活动都是由教师提出言语指令或要求,由儿童跟随指令或要求做出行动(如体育活动)。因此,从活动开始到结束,儿童都是在倾听教师的指令,执行指令。在此过程中,儿童集中注意力倾听和听指令行动的能力得到充分的锻炼和提高,在一定程度上也体现了学前儿童语言教育目标的要求。

此外,各种教育活动在教育组织形式上往往采用集体活动、小组活动和个别活动交替进行的方式。不同的组织形式,为儿童与周围人的交往提供了不同的条件。在集体活动中,儿童有时以群体形象与教师沟通。如教师提问,全班小朋友七嘴八舌地回答,有时儿童之间也会有一定的交流。集体讨论时,教师也可以让儿童先相互交流一下,然后再在集体中发言。在小组活动中,儿童之间的交谈往往比较充分,他们会就任务分工、人员合理分配、各自的生活经验等进行交流与讨论,既发表了自己的见解,又分享了同伴的生活经验,不失为语言学习的极好机会。在个别活动中,儿童往往有机会和教师或同伴单独交流,教师可以针对儿童具体情况给予有的放矢的指导,这对于那些不善于在集体场合与人交谈的儿童来说,确实是一种适合他们语言发展的学习机会。

这些不同的教育组织形式及其对应的言语交流形式,为儿童提供了很好的机

① 李连珠.全语言教育[M].台北:心理出版社,2006:23.

会,不但练习了儿童的言语技能,而且使他们体验到不同交往情境与交往行为的关系。如:面向集体讲话时声音要响亮,在个别交谈时声音则要适度;在小组活动中既要表达自己的愿望,又要倾听同伴的话,听说有机地轮换。这些经验是语言教育最终期望儿童达到的水平之一。可见,其他领域的教育活动在其实施的过程中,通过为儿童提供多种言语运用机会,使儿童的语言能力也得到相应的发展。教师应充分挖掘这些活动中的语言教育因素,在设计和组织其他教育活动时充分利用儿童语言交往的机会,在完成其他领域教育目标的同时,完成相应的语言教育目标。

3. 其他领域教育活动中的语言符号学习可以帮助儿童理解语言的符号特性

在前面的章节中我们曾经提到,儿童学习语言就是要学习语言符号系统,并在语言符号与其代表的事物之间建立联系。在人们的生活中,除了语言符号外,还有许多其他符号,如数字符号(数字、运算符号等),美术符号(点、线、面、体、色彩、明暗等),音乐符号等等。这些非语言符号和语言符号是可以相互转换的。例如,美术作品通过点、线、面、色彩等视觉符号描绘景物,我们则可以用语言把美丽的画面描述出来。某一个音乐作品的音符所流露出来的情感可以用语言来说明。一首首活泼、动听的乐曲就是一首首好听的儿歌;一首首优美、和谐的乐曲都好像是在讲述着一个个有趣的故事。音乐教育不仅能培养儿童的音乐素质,而且能促进儿童语言的发展。

但需要注意的是,应该避免语言教育的"喧宾夺主",影响其他领域教育目标的实现。其他领域教育活动的存在都有其独特的价值,在促进儿童身心和谐发展方面有其不可替代的作用。我们不能为强调语言教育而忽视其他领域的教育,在其他领域的教育活动中,有时语言教育并不占据主要地位,不能为促进儿童语言发展而使其他领域的教育活动"本末倒置",这是幼儿园教育活动中所应注意的问题。例如,在美术教育活动中,我们不能为强调语言教育的重要性,而要求儿童完成的每一幅作品都要用语言描述出来,更不能因为儿童把自己的作品讲述得很出彩,而忽略对其美术表现技能的评价和指导。目前,在幼儿园语言教育中,由于教师主观指导思想存在着问题,认为画画、讲讲、做做是幼儿园语言教育改革的产物,一味地追求语言教育出新招,使得语言教育在各领域教育中"喧宾夺主"的现象时有发生,这是应该引起我们高度注意的问题。

二、随时的:无处不在的学习

儿童对语言的学习不是简单的"教什么就学什么",并非今天教给儿童一个新词或一个故事,明天儿童就会用这个词,会讲这个故事。也不会因为无人专门教给儿童什么他就一定不会什么。儿童的语言学习,是蒙台梭利所说的"吸收性心智"存在的典型例证,就是有意无意地随时学习。

　　蒙台梭利说，孩童在 0～6 岁时会有吸收性心智（Absorbent mind）。此时，他们的学习过程与成人截然不同。他们可以毫不费力地从周围的环境里吸收大量的信息。他们的心是纯的，眼睛是亮的。对周遭的人、事、物充满了惊叹、好奇、欣赏和喜爱。他们如饥似渴地观察周围的环境，自发地去探求周围的事物。一张彩纸，一块儿小木块，一片树叶，一朵花，甚至一只会爬的小蚂蚁都会让他们兴奋不已。手所能触摸到的东西，他们都尝试着用心智去理解；他们在探求周围事物的同时，也暗暗地将颜色、形状、大小、用途、结构等事物的特性吸收进来，逐渐积累经验，建设、加强他的心智结构。

　　儿童正是用这种方法在学习语言，他们对周围环境中的语言刺激特别敏感，并有一种强烈学习说话的积极性。因此，他人的语言就成了儿童自然而然的学习的对象，而且多以模仿的形式出现。这种语言模仿，最初是在日常生活中自然而然地进行的，其语言模仿的渠道甚为广阔，如与成人或同伴交谈，他人之间的交谈，影视、广播中角色之间的对话，主持人的语言、广告语等有特色的语言，都有可能成为儿童模仿的对象。儿童的语言模仿是在与周围语言环境的相互作用中自然而然地进行的，因为儿童有强烈的学话动机，所以许多模仿都是自发的。成人的示范也不总是有意的，他们不仅是在直接的语言交往中学习，而且还经常从语言背景中学习，有时孩子明明从事非语言的活动，可是背景中的语言材料无意中被他吸收了。儿童模仿语言的机会很多，模仿的时间很长，可以说除睡眠之外，几乎都有语言伴随着儿童的生活，只要儿童有兴趣和需要，可以随时随地地进行模仿。

　　所以，许多父母无意识地影响了孩子的语言发展。父母对孩子说话的方式和对成人说话方式就不一样，多用短句，多作描述，语速比较慢，语音比较清晰。当他们听不懂孩子的话时，反应往往不像对成人那样直接，他们常常会很亲切地鼓励孩子做一些补充或解释。这帮助了儿童学会语言。再比如，不同教育背景的母亲在母子言语互动中使用的言语行为类型及言语参与程度有很大的不同，不同教育背景的母亲采用了不同的母子言语互动模式，这造成了不同教育背景的儿童一些不同的言语行为反应。[①]

　　日常生活和游戏为学前儿童提供了大量的语言交往机会，使儿童通过实践、练习，巩固、理解和运用语言。日常生活和游戏还为儿童提供了有关各种事物和人际交往的丰富经验，为儿童的语言活动积累了素材。此外，通过日常生活中的一些主题活动，教师可以对儿童的语言学习进行有针对性的指导。所以，除了专门的语言教育，幼儿园一日生活都是语言发展的重要机会，而幼儿园外的家庭生活时间同样使幼儿处于不间断的语言影响中。

---

①　李晓燕.不同教育背景母亲的言语运用对儿童语用的影响[D].南京:南京师范大学,2004.

资料卡片

有效家庭读写环境的特征

入小学之前,即使没有上过幼儿园,有些儿童也已经拥有一定的读写经验。儿童的这些读写经验的获得源自家庭中有意义的读写环境,因此日常生活的早期读写指导可以从家庭支持幼儿早期读写的环境和方法中获得启示。

对幼儿家庭早期读写的有关研究表明,幼儿在家里并没有经历正式的读写指导,家长也较少直接教幼儿认字或写字,但幼儿在与父母共同阅读、在家中随意的乱涂乱画等活动中,却能够很早就开始喜欢读写,提高对身边文字的识别能力。家庭对幼儿早期读写的支持不在于有目的地教幼儿认读和书写,而在于为幼儿提供了以下的有效互动环境:

1. 丰富的读写材料可供幼儿自由选取使用。幼儿自己有各种各样的图书,还可以见到成人的图书、杂志、报纸以及与工作有关的文字材料;幼儿很早就有在纸上乱涂乱画的经验,家庭里随处可见的笔、各种规格的纸等材料都成为幼儿自由尝试书写的工具。家里随处可见的这些读写材料是有意义的,已经成为幼儿真实生活的一个组成部分,幼儿可以根据自己的兴趣随时模仿父母自由地选用。

2. 实用的、有意义的读写活动。在家里,幼儿的读写活动与他们的生活密不可分,可以说是他们生活的一个部分,因此这些活动对幼儿来说是有实际意义的。幼儿常常可以看到家长使用读写达到某种交流的目的,如阅读报纸、边听电话边作记录、到超市购物前写购物单等,也经常与家长随机运用和讨论幼儿感兴趣的文字、点字念儿歌和故事或饼干盒上的文字说明以及超市中商品的商标,成人应幼儿的要求念路标、念商店招牌、念报纸,幼儿涂写留言条、"翻看"报纸、看图画书或玩具广告等。这些活动是有意义的、幼儿感兴趣的,成人没有刻意"教"幼儿认字,但幼儿可以从中获得有关文字的功能和顺便获得一些文字的认读经验。

3. 有效的人际互动。当幼儿就图书或文字提问时,家长会很乐意地给予说明、支持、鼓励,引导幼儿澄清有关读写的概念;当幼儿对某一图书或文字感兴趣时,家长会和幼儿一起共同阅读,或者通过主动提问、暗示、解释或建议,鼓励幼儿继续阅读或书写。幼儿在家中饶有兴趣地早期读写,得益于他们积极主动与文字材料的互动,也得益于他们与父母之间建立的亲密的人际互动,这种积极的人际互动成为幼儿继续探索读写的动力,也构成了幼儿早期读写能力发展的社会文化基础。

在日常家庭生活中,阅读和书写与其他许多行为一样,被看成是一种生活或"做事"的方式,是家庭成员之间以及家庭成员与外界进行有效沟通的一种工具,在使用读写材料时关注的是书面语言的意义和功能而非文字本身。

研究发现,阅读和书写对于成人来说具有不同功能和意义:

一是个人认识功能。即为了达到日常生活的实用目的而阅读和书写,如阅读商品的标价以确定是否购买,阅读账单以决定支付现金的数额,阅读电话簿查询电话号码,阅读钟表获得具体的时间,通过阅读产品的说明书了解其使用要点或者通过记事簿、电话簿、留言等帮助记忆。

二是社会交往功能。阅读和书写可以达到建立和维持社会交往关系的目的,如通过阅读问候卡或明信片等获悉他人对自己的问候和关心、书写问候卡或信件等代替口语无法传达的相关意图,以便与周围的人保持良好的关系,通过阅读或为报纸上的专栏或专业杂志等撰文与和自己有共同兴趣的人群交流和沟通。

三是信息交流功能。如通过阅读新闻、布告或传单了解正在发生的事件,通过阅读广告了解商品信息等。此外还有通过阅读漫画、笑话、故事书等获得乐趣的娱乐功能以及通过阅读获得本族文化、个人信仰的社会文化功能等。

幼儿很早就意识到周围环境中文字的存在,也开始模仿成人使用文字满足自己的需要。对幼儿来说,阅读和书写的主要功能在于人际交往和认识世界。信息交流功能是幼儿掌握最晚、最不重要的功能。幼儿的读写始于看图和画图,他们常常借助绘图和涂写相互沟通,与成人或同伴分享或讨论他们写的字。

他们之所以愿意去了解和探索文字并尝试去把握这些文字,是因为学习阅读和书写能够满足他们参与交往、游戏、生活的需要以及满足他们认识周围世界的需要。参与早期读写可以帮助幼儿实现交往的目的,如通过图画或文字提出要求、说服别人或让人开心、给人安慰等;可以帮助他们解决活动中的实际问题,如通过阅读玩具盒内摆放的组装玩具的说明书学会组装玩具,通过看标记找到前往商店的路线;还可以启发幼儿认识周围的现实世界和创造自己的想象世界。

幼儿在获得文字的意义和功能的同时,也开始萌生对书面语言本身的兴趣和敏感性,获得观察、体验有关书面语言的早期读写经验,从而逐步尝试探索周围环境中的书面语言。

之所以家庭的这种互动环境对幼儿习得早期读写经验特别有效,是因为在以读写功能为核心的早期家庭读写环境中存在一些有利于幼儿读写能力发展的因素。有人对影响幼儿早期读写经验获得的家庭环境因素进行了研究,结果认为,成功获得早期读写经验的幼儿的家庭为他们提供了如下机会:一是能够接触到各种类型的词汇,家长在与幼儿交谈时经常使用多种方式扩展谈话的主题范围,对同一现象使用不同的词汇进行描述,从而使幼儿接触到多种类型的词汇,增强幼儿语言和文字意识,也可以拓展幼儿的思维范围。二是获得更多机会参与扩展式交往(extended discourse)。扩展式交往指的是儿童围绕同一话题展开的广泛而深入的交流,强调对语言的持续不断的使用,具体包括与不同的对象交流(如与家长或同伴)、以不同的形式交流(如倾听故事或讨论甚至争论)、与他人来回地讨论(而不仅仅是执行某一个简单的指令)、"创作"诗歌、讲述自己的故事、编制图书(而不仅仅是认识标记或符号)等多种交流形式。参与扩展式交往不仅可以帮助幼儿发展语言组织和构思能力、自我监控能力,还可以促进幼儿叙事性语言表达能力的发展,为读写能力的发展奠定基础。三是获得丰富的认知和语言刺激的环境,包括优秀图书和不断接触新的信息等。这种丰富的认知和语言刺激为幼儿接触、了解和使用不同风格、不同形式的语言文字成为可能。

——余珍有·《日常生活中的早期阅读指导》(本文为余珍有博士在北京师范大学教育学院的讲座整理稿片段。)

三、应用的:有需求而学习

上文说儿童的语言学习是无处不在的随时的,并不是指儿童的语言学习是被动接受的。相反,儿童在外界提供的语言环境中是进行自主选择式的学习的——按自己的需求。在儿童语言发展过程中,语言功能先于语言形式,儿童先知道语言是可以用来满足交际需要的,然后再去选择合适的语言。一方面,儿童对于周围人们提供给他们的语言范型进行着种种选择,只有那些他们能理解、能模仿的语言范型才会被他们所注意,并有意识地去加以练习;另一方面,儿童在直接模仿成人语言的同时,总是在根据自己的需要进行着创造性、变通式的模仿,即将听到的句子稍加变动,变成创作的语言进行表达。此外,儿童往往还通过自己的一言一行影响着周围人的言行。

在语言交际环境中,当儿童有交往的需要时,他们才会主动地搜寻记忆里的词汇和句子,尝试着进行表述。而且,在有交际需要的情形下,儿童因词汇贫乏或语法错误引起交谈对方产生理解障碍时,儿童才会感觉到学习新词的紧迫性,才会有意识地利用这种交际环境与机会向别人学习,主动模仿新词新句。所以,儿童语言学习的最好状况就是:有使用语言的需求。

1.因为认知而学习语言

儿童的周围,存在着众多的物体和不断变化的新异环境。成人常常要用语言帮儿童传递各种信息,开展各种认知活动,儿童通过吸收和加工有关的语词和话语,获得多方面的信息,形成有关的概念。同时,在认知活动中,儿童对那些新奇的、形象生动具体的、具有鲜明特点的事物,会产生强烈的兴趣,表现出浓厚的探索欲望。他们会好奇地向成人提出"是什么""干什么""为什么"等许多问题,成人总是通过自己的语言予以讲解或直接回答,有时也会引导儿童进行感知观察,鼓励他们自己去寻求答案。这一切都是以儿童的认知活动为基础,面对的是直观的

事物现象,儿童很快就能理解和接受同时还掌握了相应的词语和句子。

2.因为交往而学习语言

儿童在每日生活中,在与周围人的交往活动中,经常要将自己的视觉信息、听觉信息、动觉信息以及主观感受、愿望或要求转换成语言告知给别人。在与人的交往中,儿童的语言表达由于受到其认知水平以及语义、句法、语用等理解水平的影响,常会出现使用"错误"和"创造"。无论是"错误"还是"创造",都会引起周围人的积极反馈,得到成人及时的、不断的补充和修正,使成人积极地参与相互作用中。其结果使儿童更加敏感主动地吸收加工和输出语言信息,使他们的语言表达更加趋于完善。

3.因为游戏而学习语言

游戏对于儿童来说,是他们最早、最基本的交往活动。游戏是儿童快乐而自由的实践活动,在游戏中儿童可以自由地支配自己的行动,愉快地与同伴交往、合作。作为思维工具和交际工具的语言,自始至终伴随着游戏,游戏为儿童提供了语言实践的良好机会和最佳途径。在游戏中,儿童与成人、儿童与儿童之间双向互动过程中的交往语言学习随处可见。可以说,交往语言是在儿童主动参与活动的过程中构建的。在游戏中,儿童对交往语言的结构会不断进行调整和重组。语义、语法、语用和主体认知水平之间会经常发生矛盾和不平衡,这种矛盾和不平衡就构成了儿童学习交往语言的内部动力,促使儿童不断进行尝试和调整,在尝试中,儿童有"顿悟""错位"和"创造"。周围人的各种反应,使儿童不断产生成功与失败的体验,不断地从他人身上印证自己,适时调整自己的语言策略,从而更加主动地吸收、加工和输出交往语言信息,以达到相互作用中新的平衡。游戏中成人及同伴的积极参与会对儿童提出更多的挑战,也会使儿童在交往语言建构中更多地受益。

幼儿初期,在独自游戏中,儿童往往凭借语言支配和调节自己的行为,对游戏过程的思考,常常用有声语言表达出来。他们边想边说边玩,而这种独自言语正是社会性交往语言产生的基础。教师要注意观察和倾听儿童的独自言语,予以正确引导。

儿童与同伴共同游戏,更是交往语言实践的大好时机。游戏开始时的主题确定、游戏场地和游戏材料的选择、游戏角色的分配等,都需要儿童陈述自己的观点,倾听同伴的意见。随着游戏的展开,逐步统一玩法和展开游戏的情节。如在"超级市场""娃娃乐园""医院""家电维修""社区服务"和"献爱心义演"等游戏中,让儿童通过各种角色的扮演,自编自导游戏的情节,必会产生与人、与事物打交道的现象,诸如借玩具和工具、共同商量演出节目、给娃娃过生日、导购物品、乐园导游、问路、商品咨询等。正是在这些游戏过程中,儿童运用语言的能力得到实际的练习。在游戏时,无论是儿童之间日常生活语言的交流,还是角色之间的对话,无不实现着儿童的社会性交往和合作能力的提高,同时,语言的对答、应变、协调能力也得到很大的锻炼,反过来,语言表达和交往上的成功,又会大大地调动儿童学习和使用语言的积极性,从而促进创造性思维的发展。

那些在交往活动中语言表达有问题的儿童,在游戏中往往能轻松自如地与人交谈,口吃、怯场等现象大大地减少。可以说,游戏给所有的儿童提供了说话练习的实践机会,表现在语言交往空间上距离缩短,时间上频率增加,其结果是促进儿童语言表达能力的极大提高。

四、整体的:平衡的学习

周兢指出,在幼儿语言教育中树立完整语言教育的观念,就是强调幼儿语言教育目标应当是完整的,幼儿语言教育的内容应当是全面的、完整的,幼儿语言的教育活动应当是真实、完整的交流情境。

1. 幼儿语言教育目标是完整的

完整的语言教育目标应该包括培养儿童语言的听、说、读、写四个方面的情感态度、认识和能力。对幼儿来说,主要是培养他们的听、说能力和良好的听、说行为习惯,同时使他们获得早期的读、写技能,为他们进入小学进行正规的读写训练作前期准备。在所有的目标中,培养幼儿的语言运用能力,特别是提高幼儿的语言核心操作能力应当成为语言教育的重点。

根据美国心理学家加登纳的观点,语言核心操作能力是一种对语言和文字的敏感性,个体正是凭着这种敏感性才能区别不同语音、不同词汇之间的差异。敏感性可以包括三个层次:第一,对语词排列的敏感性,即遵循语法规则但在精心选择的场合下又能打破这种规则的能力;第二,对语言的声音、节奏、重复和语词节拍的敏感性,能够使所用的语言产生优美动听的效果;第三,对语言不同功能的敏感性,如意识到语言可以用于交际、传达信息或语言便于朗诵,具有说服力、激发力以及使人愉快的力量。幼儿语言教育就应当在教育过程中逐步培养儿童对语言的敏感性,提高他们的语言核心操作能力。

2. 幼儿语言教育内容是全面的

全面的语言教育内容是指在幼儿语言教育中,既要引导儿童学习口头语言也要引导儿童学习书面语言,既要让儿童理解和运用日常交往语言,也要引导儿童学习文学语言。整合的语言教育内容是指在选择和编排语言教育内容时,要把语言视为一个整体,而非将教学切割成分离的技能成分。例如:先将词安排在句子中学,将句子放在情境中去学习,然后再让儿童逐渐学习词、句子。另外,还要注意以儿童的语言现有发展水平作为教育的起点,考虑儿童语言能力发展的自然顺序,"有机地联结语言和文学",在文学作品中学习相关的语言知识,培养运用语言的能力,统整语言的听、说、读、写。与此同时,要充分考虑幼儿语言学习与其他内

容学习的整体关系,注意到幼儿的语言学习过程与其他各方面的认知因素、社会内容的一体化。

3. 幼儿语言教育活动过程是真实的、形式多样的

语言教育目标和内容要求语言教育活动的真实性和形式多样性。教育活动的真实性是指教师在组织活动时应着眼于创设真实的双向交流情境,使语言教育活动的过程成为教师与幼儿共同建设的、积极互动的过程。因此,作为教师首先要了解儿童的交流需要,只有了解每一个儿童的特定交流需要才能有的放矢地给予帮助,也只有提供给儿童的语言范例是儿童所需要的,能够激发儿童使用语言与人交流的动机,语言教育才是最有效的。教育活动的形式多样性是指语言教育应当有多种活动形式和丰富的学习环境,既要有重在训练幼儿发音的活动,也要有重点培养幼儿运用已有经验进行集体或个别交流的活动,既要有让幼儿欣赏文学作品的活动,又要有给幼儿机会表现文学作品情节的表演活动等。

五、平等的:开放的学习

儿童在学习语言的过程中,会受到情绪因素的重大影响。所谓情绪因素是指儿童在社会因素影响下所产生的心理反应。成人对儿童表现喜爱或厌恶,都足以影响儿童说话的意愿。此外,儿童在群体生活中建立起对他人和对自己的印象。一个喜欢自己、喜欢身边小朋友的儿童,会乐于表达自己,说起话来充满着自信。相反,一个儿童如果觉得自己在群体中是不被欢迎的或者是他感到不快乐,他说话的意愿就会降低,对他人的表述也无兴趣倾听。长此以往,他的语言能力的发展自然就大受影响了。语言是需要在爱和关怀下发展起来的。

所以,在学前儿童语言学习的情绪处理上,师生关系是关键的一环。在全语言教育观念中,教师和儿童是构造愉快学习过程的共同体。从教师方面来说,教师有比较充分的专业自主权,这些主要表现在他们熟悉学习和教学理论,科学设计课程内容和选择教材,并且根据他们对儿童的了解做教学活动设计。从儿童方面来说,在教育过程中儿童和教师的关系是合作学习者的关系,而非上对下的关系。教师的责任是为儿童创设一个良好的语言学习环境,而且在儿童之间营造一个非竞争的学习共同体。尤其要注意的是,当儿童有权利去作自我选择的时候,学习的效果会最好。①

因此,引导而非指导,参与而不是旁观,接纳而不是对立,即便教师需要对儿童进行示范或教导,也能够以适当的方式进行。这种平等的关系会带来具有极大潜力的开放式学习。这都需要教师在语言教育中处理好自己的角色。

---

① 周兢.对我国学前儿童英语教育定位的思考[J].学前教育研究.2004(12):5.

1. 作为幼儿早期读写活动的引导者

书面语言与其他符号一样,其意义是人为赋予的,刚接触书面语言时幼儿并没有与之互动的需要和动机,他们也无法直接理解其含义。即使是幼儿喜欢的图书材料,如果没有他人的指导,他们也只能借助自己已有的经验理解表层的含义,无法完全理解图书作者希望表达的意义,更无法使幼儿对图书原有的经验得到丰富、理解能力得到提高。因此,教师作为平等师幼关系中的"首席",应当主动引导幼儿对书面语言的关注,理解书面语言在人们生活中的价值,从而引发幼儿自发的读写行为。教师作为引导者的角色通常体现教师发起幼儿参与的早期读写活动之中。例如:

(1)以书面的形式公布幼儿每天提出的有趣的问题,公布幼儿每周所学的内容,并有意识地和幼儿一起阅读和讨论这些问题及内容,并及时记录幼儿的反应,供大家分享或进一步讨论。

(2)在教室悬挂文字或绘画的艺术品,鼓励幼儿通过思考和讨论解释其中的含义。

(3)在教室里设置一个独立的空间或放置留言板、留言簿,鼓励幼儿将自己的想法画出来、说出来或涂写出来。

(4)装饰教室的墙壁,布置区角,制作天气预报板,鼓励幼儿和老师一起设计、布置。

2. 作为幼儿早期读写活动的参与者

幼儿早期读写的习得性特点表明,幼儿的读写活动是幼儿的主动行为,因此,日常活动中早期阅读的指导不仅需要有教师发起的活动,还需要有教师和幼儿共同发起、共同参与的早期读写活动。此时教师就成为幼儿活动的参与者,与幼儿之间的关系转化为平等的同伴关系。活动的主题内容和具体方式是由教师和幼儿共同讨论确定的,教师和幼儿在活动中担当不同的任务。作为幼儿早期读写活动的参与者,教师的角色作用主要体现在以下活动之中:

(1)每周一次准备需要在家长联系栏或消息公布栏上公布的内容。公布的内容由老师和幼儿共同讨论确定下来,然后由老师写,也可以鼓励幼儿抄写部分内容。

(2)教师或个别幼儿定时在集体面前讲(读)故事,以及共同阅读图书(见附录),并讨论书中大家感兴趣的人物、情节、语言和结构等(提问、想象、预测等),幼儿在老师的帮助下向同伴介绍图书或报纸上的内容、讲述自己的绘画或观察记录上的主要内容,幼儿凭记忆或想象讲述自己熟悉或创编的故事。

(3)在游戏中恰当利用书面语言,如共同布置舞台、给商品做标签、玩文字游戏(用玩具或身体姿势排除文字、找出同伴名字中相同的字,感知汉字的一种方式)。

(4)读(通过猜测或记忆模拟阅读)或写(这里的写更多的是画或抄写,下同)建议信、信件、致辞、感谢信、宣传册等,读或写购物单、节目单、家长开放日或联欢

会节目单、玩具使用说明书等。

（5）老师和幼儿一起给周围物体做标记，为室外大型玩具注明注意事项，通过绘画、幼儿说教师写、共同制作图加文图书等方式记录植物生长、城市或街道的变化。

3. 作为幼儿早期读写活动的支持者

在一日生活中，幼儿会出现许多随机的读写行为，产生运用读写的欲望。对于幼儿而言，能够不受外界干扰地读一本自己喜欢的图书是一件非常惬意的事（读书给别人听，有机会自由到图书角选择一本图书读）。同时引导幼儿进行有目的的"书写"（记录说的话、写留言条、写故事），对幼儿主动的读写行为，教师需要通过倾听、接纳、赞许等表示鼓励和支持，同时需要特别鼓励幼儿以下的独立早期读写活动：

（1）入园签到或标记自己物品时，从最初只是摆放自己的照片、姓名卡、按手印，逐渐过渡到盖自己的印章、画或涂写自己的名字等。

（2）复述新闻、别人的话、看过的电影或电视等。

（3）解说广告词、通知、公告等，用绘画、动作表演等形式再现故事情节。

（4）补充完整故事的某一情节（开始、中间、结尾或一个词、句）或标题。

（5）与同伴交换图书阅读，并就某一本大家共同关心的图书内容展开自由讨论。

4. 作为幼儿早期读写活动的示范者

相对于幼儿来说，教师绝对是熟练的读写者，是读写学习的榜样。教师读写示范对幼儿读写兴趣的激发和读写习惯的养成能够产生积极的作用，往往会收到意想不到的效果。例如：如果老师经常当着幼儿的面读家长的留言，可能突然某一天老师接到家长留言时就会有幼儿上前问老师："老师，上面写的是什么呀？"因此，教师需要有意识地利用自己的示范作用，在幼儿在场的情况下自己进行有意义的阅读和书写。教师的示范读写可以从几个方面入手：

（1）对周围环境中的各种符号和文字表现出浓厚的兴趣，阅读的内容从他人的手势、表情、动作以及环境中的标记、图片，到阅读故事、文字，使用恰当的方法进行阅读，通过与自己经验的结合实现自己对内容的理解和建构。

（2）将教师备课或办公的场所展现在幼儿的面前，使自己的备课或办公过程成为幼儿活动的一个情境。

（3）在幼儿在场的情况下有声地阅读墙壁上的宣传画中的文字、幼儿园给家长或教师的通知、家长的留言，甚至包括幼儿衣服上的符号和文字，有时还可以对相关符号的内容和形式加以评论。

（4）愿意将自己的想法用图形、图画和文字记录下来，主动帮助幼儿将他们想说的话用文字记录下来，或写幼儿的名字。

（5）根据实际需要，在幼儿面前给他人写留言条、给家长写信、准备家长公告栏上的内容、准备参加活动的节目单等。

值得注意的是，教师的示范只能是随机的行为，而不能出现为了示范而刻意将所有幼儿集中起来看老师阅读或书写的现象。虽然教师的示范未必能引起每一个幼儿的有意注意，甚至有可能会出现好像没有幼儿注意到老师的读写行动的现象，但是，教师的这些示范行为却为幼儿从看到看懂，再到模仿教师的读写行为这一习得过程提供了必要的条件。

六、探索的：创新的学习

周兢提出，语言的学习与应用兼具了守成与探索双方面的特点。所谓守成是指，语言是社会约定俗成的产物，一个社会文化环境里的通行语言一定是有共同的定义的。但是语言也是不断地探索的产物。在全语言研究者的眼睛里，儿童学习语言的过程中是没有"错误"可言的，有的只是他们的"尝试"和"探索"。只有尝试了，才会在下一次获得正确的表达方式，尝试是创新的前奏和必由之路。教育工作者应当充分肯定和鼓励儿童语言学习的探索创新精神。在一些提倡全语言的幼儿园里，教师将幼儿看成是小小阅读者和作者，给幼儿充分的天地去实践和建构自己的语言能力，不在乎幼儿可能说错，不要求孩子表达完美，而用期待的态度鼓励和赞赏幼儿的语言表现愿望。

所以，要明确不肯说话、不爱说话的幼儿正处于探索学习环境的阶段：这个环境对我开口说话友好吗？他们往往对所要回答的问题心里非常明白，但因多种原因，如性格内向、胆小、紧张或口吃等，不爱表达。对这类幼儿，教师应该在日常生活中给予关心、理解、引导与帮助，而不是简单地教幼儿说，让幼儿说，或忽视他们的存在。如有的幼儿站起来不敢说，教师可采取鼓励的方法，但有时幼儿还是不说，教师则可采用转移问题的方法——"等一会儿，单独和老师说好不好？""回家把你的想法告诉爸爸、妈妈，好吗？"有的幼儿虽然站了起来，但说话吃力，此时教师可降低问题的难度；有的幼儿忘了教师提出的问题，或根本没听教师讲话，教师同样要采取稳妥的方法加以引导，如可以把问题重复两遍。那种"快点说""没想好就别说"等消极的语言，会大大挫伤幼儿参与创编的积极性。

当允许并帮助儿童探索语言的时候，创意的学习自然就产生了。儿童不仅能学会语言，而且也借由探索语言而成为有创造性的学习者。创意的语言学习对儿童的学习价值在于，在创意的语言中可以学会谈话、讲述、欣赏、阅读、想象、创造。

全语言的创新学习，提倡通过恰当的方式帮助儿童获得良好的语言学习环境，并尽早培养儿童的自主学习能力，为他们成为终身学习者奠定坚实的基础。这一理念包括两个层面的含义：一方面，是指儿童语言学习的内容本身具有很强的创意，比如，借由书籍的创意来激发儿童阅读的兴趣，让儿童在阅读中发现和感

悟作者的创意,获得阅读的快乐并产生持续的动机愿望;另一方面,儿童的学习过程充满了创意,教育者指导儿童学习的重点,应当是将一般的学习变成富有创造意义的活动过程,引导儿童在学习中充分想象和创造,最终将儿童培养成为会自主学习、具有创造精神的人。创意语言学习不仅给孩子提供具有创意的材料,更重要的是跟孩子一起创意学习的过程。值得我们教育者关注的是,当我们面对孩子和有创意的材料的时候,怎样挖掘并使学习内容价值得到充分利用,往往决定着我们的儿童语言教育的水平之高下。教育工作者还要在富有创意的学习过程中,帮助儿童逐渐形成有效的学习策略。这些策略,实际上是与他们的元认知技能发展相关的反思、预期、质疑和假设的学习策略。

资料卡片

换元法在语言创新学习中的应用

换元法原本是数学领域解题时常用的方法,后被借鉴到语言教学中仿编诗歌来用,即把诗歌中的某一个元素替换成另一个同类的或相近的元素,从而达到让幼儿进一步巩固练习诗歌、体会诗歌的整体韵律、学会仿编诗歌、迁移知识的一种行之有效的学习方法。换元法不止适用于诗歌教学,还可以渗透在幼儿其他时间段的语言学习环节中。《纲要》中指出:"语言能力是在运用的过程中发展起来的,发展幼儿语言的关键是创设一个能使他们想说、敢说、喜欢说、有机会说并能得到积极应答的环境!"因此我们应该为幼儿创设更多更好的语言环境,激发幼儿主动运用语言表达自己的想法。经实践,我们将"换元法"渗透到了以下几种语言活动环境进行:

一、诗歌童谣中的换元法能够有效促进幼儿语言和创新思维的发展

诗歌童谣是幼儿学习语言时最喜欢的一种体裁,它格式整齐,韵律感强,押韵上口,幼儿仿编起来也比较容易。如:在诗歌《祖国、祖国,幸福的摇篮》中,"辽阔的大地是花朵的摇篮,无边的天空是星星的摇篮,伟大的祖国是我们的摇篮",我们利用诗歌中的一些有关联的事物为单元进行换元,提高幼儿对诗歌的理解和对以往知识的迁移运用。启发幼儿思考:诗歌中是"辽阔的大地",想想,还有什么地方也可以用"辽阔的"来形容呢?这些地方是谁的摇篮呢?幼儿在讨论中,渐渐仿编出了新的诗歌"辽阔的大海是鱼儿的摇篮,无边的沙漠是骆驼的摇篮"。幼儿用换元法仿编诗歌的时候,不但要在脑子里寻找哪些事物间有联系,而且同时还要兼顾到语言押韵,这样思维筛选的过程又是对知识迁移能力的一种锻炼。当幼儿用换元法自己仿编出新的童谣和小伙伴们一起朗诵时,兴奋和喜悦溢于言表,成功的体验让幼儿心理上得到满足,帮助幼儿建立自信心。

二、在故事中的换元法能够帮助幼儿仿编故事，提高语言表达能力

陈鹤琴先生说，"故事是儿童的一种重要的精神食粮。"的确，幼儿喜欢听故事，也喜欢讲故事。仿编故事对于促进幼儿想象力、创造力的发展以及提高幼儿的语言表达能力有很重要的作用。换元法可以帮助幼儿拓宽思路，以换元的形式仿编出许多新故事。

1. 故事中典型句式的换元

每个故事中都包含有许多优美的词语和典型的句式，如故事《逃家小兔》中，如果兔宝宝变成小鱼，兔妈妈就变成捕鱼的人；如果兔宝宝变成小花藏到花园里，兔妈妈就变成园丁陪在小兔身边来照顾它。老师就可以针对故事中"如果……就……"这个句式，引发幼儿思考，"如果你是那只小兔子，你会变成什么藏起来呢？"或是转换角色，"如果你是兔妈妈，你的宝宝变成帆船，你会变成什么陪在它身边？"这样句式中的换元，既启发幼儿进行了创造性的思考又让幼儿一遍遍地复习巩固了句式练习，为以后同种情景下的句式运用做好了语言储备。

2. 故事中主角和配角的换元

大班上学期的教材中有一个故事《老奶奶的新房子》，故事中的主角是老奶奶，配角是邻居成员，我们就启发幼儿将此故事利用换元法仿编成森林里小动物身上发生的故事，老师还出示许多动物图片供幼儿参考，结果孩子们就编出了《老山羊的新房子》《老兔子的新房子》等等情节相同的新故事来。在分享环节中，孩子们一边为自己的创新而兴奋，一边为"老奶奶"变成了"老山羊"而欢笑不已。

3. 故事中关键情节的换元

故事《小马过河》中"过河"是故事发展的关键情节，我们让孩子想小马在运粮的过程中还会遇上什么困难呢？幼儿结合自己的生活经验，想出了"爬山""过山洞""跨小桥"等体育游戏中经常遇到的障碍，在老师的引导下编出了小马如何通过自己的智慧和尝试爬过高山。故事的名字就叫《小马运粮》《小马钻山洞》等。因为故事情节的变化会引起相关事物的一些变化，比如小马在运粮过程中要爬山，遇到老牛会怎么说？遇到松鼠会怎么说？这在仿编过程中语言组织的难度更大，而且幼儿的思维需要更灵活，老师一定要给予幼儿适宜的引导和协助，共同完成故事的仿编，让孩子体验创新的快乐。

另外我们还可将故事的结尾部分看成是一个单元整体，启发幼儿想象，以换元法的形式使故事结尾的情节发生变化，用另一种说法，也类似于续编故事结尾。故事除了现在的结尾，还有可能发生其他新的故事结尾吗？比如在故事《不讲卫生的噜噜猪》中，幼儿可以从多个方面来考虑噜噜猪不讲卫生的后果，可能是有病上医院打针了，可能是在小动物朋友的帮助下变得爱清洁、讲卫生了，也有可能是噜噜猪脏到别人都认不出来了，没有人愿意和它做朋友了等等。这样一来，孩子

们的仿编积极性顿时高涨起来,纷纷表示要将自己与众不同的故事结尾和小伙伴们分享,孩子们的语言表达能力也可以得到进一步的提高。

三、日常游戏中的换元法能够使游戏常玩常新

游戏中的换元法也将带给幼儿意想不到的学习效果,不仅可以增加幼儿对语言活动的兴趣,而且还大大提高了幼儿的语言运用能力。如:手指游戏"顶锅盖","顶锅盖,顶锅盖,辣椒辣了不能怪"。我们可以利用"换元法"把它改成语言游戏。老师启发幼儿回忆自己吃过的饭菜,哪些比较喜欢? 哪些饭菜不合胃口? 然后把这些新想出来的饭菜和口味都编到双人游戏中玩儿,规则是不能和小伙伴说重复。你看孩子编出的五花八门的游戏词,"菠菜咸了不能怪""牛肉硬了不能怪""鸡蛋臭了不能怪"。这些幽默诙谐的游戏童谣更增加了幼儿间游戏的趣味性,提高了幼儿对语言学习的灵活运用能力。

幼儿学习语言就是在这种轻松、自然的氛围中,在反复感知、使用的过程中自然习得的。巧用换元法,一方面使幼儿提高了对语言学习的兴趣,更进一步地理解词语和句式的含义及其用法,使词组和句式在创编的过程中得以巩固、加深印象,继而达到融会贯通的目的;另一方面,诗歌、故事和游戏中的创编增强了幼儿学习语言的灵活性、变通性,使孩子们的语言学习活而不僵、活而不乱,有效地促进了幼儿语言的发展,正所谓"老方法新途径"!

——文章来源:www.5ykj.com 莲山课件网

七、活动的:操作的学习

幼儿语言教育的活动观,是指以活动的形式来组织幼儿语言教育过程,帮助幼儿学习语言。在活动的过程中糅合多种儿童发展因素,允许多种与儿童和其他方面有关的符号系统的参与,以促使幼儿在外界环境的刺激和强化作用下,产生积极运用语言与人、事、物交往的需要、愿望和关系,在生动活泼的操作实践中动脑、动嘴、动手,成为主动探求并积极参与作用的语言加工创造者。这是因为,操作,即活动,就是儿童的成长秘密:我听了我会忘记,我看了我会记住,我做了我会理解。

幼儿语言教育的活动观具体体现在教育过程之中,要求教师更多地提供幼儿充分操作语言的机会,鼓励儿童以多种方式操作语言和发挥儿童在操作语言过程中的主动性等几个方面。

(一)提供幼儿充分操作语言的机会

有关理论告诉我们,儿童发展是靠他自己与外界环境相互作用而建构起来的。身体发展需要的是营养物质,包括空气、阳光、水和各种食物等都经过身体各种器官、各个系统的作用,从外界摄取,通过消化、吸收转化为生长发育所需的能量。儿童的语言发展也是通过儿童个体与外界环境中各种语言和非语言材料交

互作用得以逐步获得的。儿童发展需要外界环境中的人、事、物的各种信息，但这些信息不是由成人灌输去强迫儿童接受的，而是在没有压力、非强迫的状态下，儿童通过自身积极与之相互作用而主动获得的。幼儿语言教育便是引导幼儿积极地与语言及其相关信息进行相互作用的过程。

(二)通过多种形式的操作，促进儿童语言的发展

儿童认知发展的显著特点是通过他们自身的操作活动（包括动手、动脑及手脑并用的操作）来发生与环境的交互作用。因而，操作活动同样也是幼儿语言教育的组织形式。用活动的形式来组织幼儿语言教育过程，意味着幼儿可以在动手、动脑、动嘴的学习中获得亲身经验，也意味着幼儿更有兴趣、更积极主动地投入到学习过程中去，还意味着幼儿在学习中同时获得动作表征、形象表征和概念表征三种层次水平的练习，可以更好地掌握学习内容。在学前阶段，儿童的活动往往与游戏、摆弄等具体形式分不开。用活动的形式来帮助幼儿学习语言，可以使儿童学得更活、学得更有趣，也学得更深入些。相反，机械的语言训练，或是机械背诵记忆的作用，对幼儿的语言乃至其他方面发展未必具有长远效益。儿童主体作用发挥的核心在于激发学习的内在兴趣和动机，因为，在兴趣尚未被唤起之处是难以点燃学习动机之火的，一切用强迫手段达到的目的均毫无价值。

(三)要注意发挥幼儿在活动中的主体作用和教师在活动中的主导作用

所谓幼儿的主体地位，是指在活动组织设计时充分考虑内容与形式要适应幼儿发展水平和需要；幼儿在活动过程中始终有积极的动机、浓厚的兴趣和主动的参与精神，而不是被动的消极的受教者；活动为每个参与者（即每个幼儿）提供适合他们发展特点与需要的环境条件。当某些幼儿因个体发展特点而出现不适应情况时，如某个幼儿在学习某个文学作品时，存在较多困难，可通过适当调整使之愉快积极地投入学习。

教师在语言活动中的主导作用主要通过三个方面来体现：

1.通过创设良好的语言教育环境，如语言材料、操作材料、适当的氛围等，来体现教师有关教学的目标设想，来安排和组织幼儿与一定的语言材料以及相关的信息材料相互作用。

2.教师通过提示、提问、讲述或暗示、示范等方法，指导幼儿感知和探索，帮助幼儿找到获得知识的途径，从而引导幼儿完成学习任务。在幼儿与环境相互作用的关系中，教师往往成为一种中介力量，设计环境让幼儿与之交往，同时指导幼儿去与环境交往。

3.因为各个幼儿发展的差异，同样情境中各人获得的知识经验亦可能存在差异。教师的主导作用便发生在对全班提出统一要求时，根据自己对每个幼儿发展特点的了解，有针对性地给予指导，争取让每个幼儿都得到进步。

第三章　幼儿园谈话活动

　　人并不是生来就会谈话的。语言交流需要参与者具有共同的有关语言表述的认识、态度、情感和能力，并且在语言表达时遵守共同的交谈规则。

——周兢

　　幼儿园谈话活动是帮助幼儿学习运用口头语言与他人进行交谈的活动，具有独特的促进幼儿语言发展的功能。但是，在几种语言教育活动类型当中，谈话活动又往往是教师认为最难组织、最不会组织、最不愿组织的活动。我们常看到这样的场景：每当"围绕主题自由谈话"时，有时冷场，有时吵闹，有的幼儿无语，有的幼儿打闹，有的虽在谈话却与主题毫无关系，有的只是教师一个人唱"独角戏"，幼儿谈话的效果不佳。我们也常常听到教师说，"语言领域我最大的问题就是：谈话活动怎么都组织不好！刚开始，小朋友还挺有兴趣，跟着说、讨论什么的，但是越到后面越坐不住，很是郁闷！"谈话活动，究竟有何意义，有什么特点，又如何根据这些特点进行组织活动呢？这是本章要讨论的问题。

第一节　谈话活动的基本知识

一、什么是谈话及谈话活动

　　谈话具有重要的生存意义。作为人们运用语言与他人交流的最为基本的方式，首先，交谈的过程是不同观点彼此碰撞、激荡、交融，从而让真理脱颖而出的过程。其次，语言交流能够实现双方的沟通和理解，发展起彼此平等与信任的人际关系。因此，语言交流需要参与者具有共同的有关语言表述的认识、态度、情感和能力，并且在语言表达时遵守共同的交谈规则。

　　幼儿在语言发展过程中，逐步学习获得各种口头语言的能力。当他们来到幼儿园的时候，虽然已经具有了一定的谈话能力，但是他们与他人交谈的行为显然还是处于刚刚萌生的阶段。幼儿园的谈话活动着重培养幼儿这个方面的语言运用能力,根据一定的语言教育理论、一定的语言教育目标和内容,将一部分语言教育任务付诸实践,对幼儿运用口语与他人交流的能力发展产生影响。此时对儿童进行语言交往能力的培养就不仅关系到儿童能否适应幼儿园集体生活,同时对儿童身心的全面发展也至关重要。

在基本概念上,需要将谈话活动与其他三种易于混淆的活动相区分。分别是:日常交谈、总结谈话及讲述活动。

谈话活动与日常交谈都具有发展幼儿语言交流能力的作用,但两者之间还是有一定差异的。谈话活动是有目的、有计划地为幼儿创造交谈的机会,日常谈话是幼儿在日常生活中随机进行的谈话,是无预期目标和计划的谈话,具有自发性与随机性;前者明显体现出教师的指导作用,而后者则更多的是发挥幼儿的主动性。同时,二者又是相互促进、互为基础的。在形式上,前者是在集体场合下进行,而后者往往是在两名或两名以上幼儿中发生的;从话题来说,前者是固定的,是教师根据教育目标、计划而精心设计的,后者是非固定的,是幼儿随意产生的;从时间上来说,前者是利用正式活动时间专门进行的,后者则一般发生在自由活动中。

总结性谈话与谈话活动相比,最明显的区别在于活动目的和内容不同。谈话活动侧重于培养幼儿语言能力,不特别考虑话题内容的认识范畴;而"总结性谈话"目的在于帮助幼儿巩固加深有关认知内容的认识。需要注意的是,幼儿园各种类型教育活动之间本身就是密切联系、相互渗透的,"总结性谈话活动"渗透语言教育内容,而语言教育的谈话活动也有可能综合其他领域教育的内容,如谈话活动"我喜欢冬天还是夏天"与科学领域活动总结性谈话"关于冬天的总结谈话会"在内容上是相互渗透的,都要涉及到冬天天气特征、景象和人们的活动等内容。在教学中将谈话活动与总结性谈话适当结合能够取得更好的活动效果。

谈话活动与讲述活动的区别。谈话与讲述都属于语言教育范畴,同样都是对提高幼儿表述能力极有益处的活动,但却是不同类型的语言教育活动。从活动目标上看,谈话活动注重幼儿运用语言与他人进行交流,而讲述活动则侧重幼儿清楚连贯地表述某一事、一物的能力;从活动内容上看,谈话活动往往围绕幼儿已有经验的话题进行交谈,而讲述活动则针对某一幼儿需认识的凭借物(图片、玩具等)进行讲述;从活动中幼儿运用语言方式来看,同样是口头语言的表达,谈话的语言属于对话范畴,是各种交谈的汇集,正如平时人们一般交谈那样,不需要正式场合使用的规范严谨的语言,而是宽松自由不拘形式的语言,以说明白想法为准,但讲述不同于谈话,讲述是一种独白,要求类似正式场合的语言交流,要求规范清晰而有条理地表达相对完整的观点。尽管讲述者是幼小的儿童,但他们已在讲述

活动中为未来的"发言""报告""辩论"等作了先期的准备。所以教师在组织谈话活动时,不需要按照讲述的要求让孩子系统完整地表达。

二、谈话活动的作用、特点及类型

谈话活动是一种向幼儿进行语言教育的特殊方式,与幼儿园其他语言教育活动相比,有独特的作用与特点,所以具有自身独特特征的形式、内容、方法以及实施途径,其作用是其他语言教育活动所不能替代的。

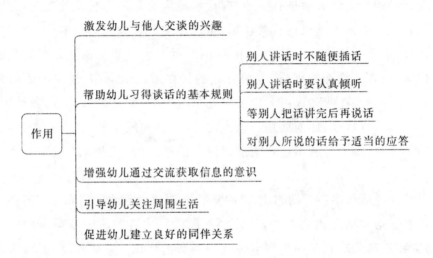

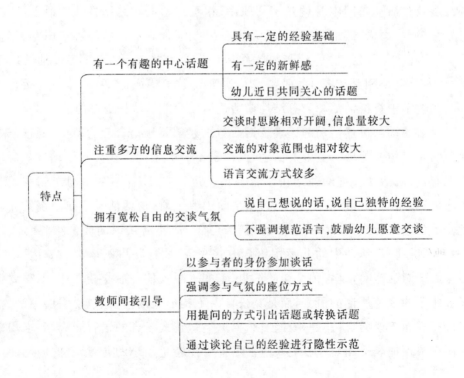

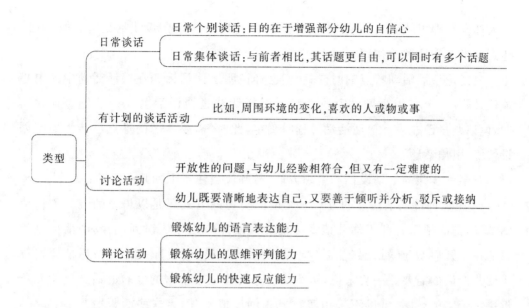

類型
- 日常谈话
  - 日常个别谈话:目的在于增强部分幼儿的自信心
  - 日常集体谈话:与前者相比,其话题更自由,可以同时有多个话题
- 有计划的谈话活动
  - 比如,周围环境的变化,喜欢的人或物或事
- 讨论活动
  - 开放性的问题,与幼儿经验相符合,但又有一定难度的
  - 幼儿既要清晰地表达自己,又要善于倾听并分析、驳斥或接纳
- 辩论活动
  - 锻炼幼儿的语言表达能力
  - 锻炼幼儿的思维评判能力
  - 锻炼幼儿的快速反应能力

第二节 谈话活动的组织与实施

从教育活动研究的角度看,幼儿园谈话活动的设计与组织有其特别的规律。谈话活动的目的、对象、活动方式的独特性,在活动设计的基本结构以及组织要求上可得到充分反映。周兢认为,谈话活动设计的基本结构可以由以下三个步骤组成,依据这一结构去设计组织活动,可以取得良好的语言教育效果。

一、谈话活动设计的第一阶段

设计和组织谈话活动的第一步,是创设谈话情境,引出谈话话题。教师在谈话活动的开端,通过一定的情境,激发幼儿的兴趣,启发幼儿对话题有关经验的联想,打开言语表达编码的思路,作好谈话的准备。这是谈话活动不可缺少的一个环节。

谈话情境的创设,主要通过两种方式。第一种方式是以实物创设情境,即教师利用活动角布置或墙饰、桌面玩具、实物摆设,甚至于一张图片,向幼儿提供与谈话主题有关的可视形象,启迪幼儿谈话兴趣与思路。例如:在谈话活动"我喜欢的糖果"开始的时候,教师引导幼儿观察用糖果及有关物品布置的糖果角,就起到了这种作用。第二种方式是用语言创设情境。教师通过自己说一段话、提一些问题来唤起幼儿的记忆,调动他们的经验,以便幼儿顺利进入谈话情境。同样,在设计和组织"我喜欢的糖果"这一活动时,教师也可以采用语言创设情境的办法。教师可以这样向幼儿展示谈话的情境:"小朋友,你们一定都吃过糖果吧,你们吃过什么样的糖果呢? 你们大家一定记得超市里的糖果柜台,那里有多少糖果啊! 每

个人都会在那里找到自己喜欢吃的糖果⋯⋯"用语言来创设谈话情境,同样可以达到引出谈话话题的作用。

在讨论谈话活动特点的时候,我们已经说明了谈话话题在谈话活动中的中心地位,以及一个有趣话题的基本条件。选择话题是谈话活动设计最先遇到的问题,但话题早已在设计谈话活动过程时确定,此时,需要考虑的重点已转为如何创设情境、引出话题。

在第一步骤的活动设计和组织方面,教师应当注意下列几个问题:

1. 注意创设谈话情境的方式。无论以实物的方式还是以语言的方式创造谈话情境,都必须以有利于幼儿谈话为前提。教师应充分认识到,创设谈话情境的目的在于开启幼儿谈话愿望、激发幼儿谈话的兴趣,创设什么样的谈话情境取决于幼儿谈话的需要。一般来说,对幼儿已经具备比较丰富的经验的话题或幼儿新近关注较多的话题,可以不采用实物方式创设情境,因为这些话题幼儿不需要借助于眼前可视的形象来思考和谈话。对幼儿谈话难度大的话题,则要考虑创设实在的具体的谈话情境。

2. 注意创设的情境与谈话话题之间的关系。谈话情境的创设是为引出话题服务的,应避免出现两种情况:一是避免许多与谈话内容无关的摆设,要紧扣谈话的中心话题;二是避免过于热闹以致喧宾夺主的现象。谈话的情境创设应尽可能简单明白,以便直接连接话题内容。过于花哨、复杂的情境有可能分散幼儿的注意力。教师在创设谈话情境时,必须记住情境是谈话话题的"助手",应以达到引导谈话话题的目的为基本标准来衡量情境创设的量和度。既要充分利用谈话情境启发引导幼儿,又要尽快导入话题引发幼儿谈话。

二、谈话活动设计的第二阶段

在幼儿就谈话话题开始谈话之后,教师接下来要向幼儿提供围绕话题自由交谈的机会。这一步骤的目的在于调动幼儿个人有关对谈话中心话题的知识储备,运用已有的谈话经验交流个人见解。比如:在"我喜欢的糖果"这一谈话活动中,教师让幼儿分成几个小组或两两结伴边吃糖果边谈论,使每个幼儿都有机会参与谈话、表达自己的观点。

设计和组织这一步骤的活动时,有几个基本的原则可供参考:

1. 应当放手让幼儿围绕话题自由交谈。在幼儿分组或一对一的自由交谈时,应当允许幼儿说任何与话题有关的想法。此时,只要幼儿的谈话围绕话题进行,教师就不需要做示范,不给幼儿提示,不纠正幼儿说话用词造句的错误,让幼儿充分运用已有谈话经验说出自己想说的话。

2. 鼓励每位幼儿积极参与谈话，真正形成双向或多向的交流。当幼儿分成小组时，教师可让幼儿自己选择交流对象。这些三三两两自由结合的小组，或是一对一的小组，更有利于发挥每位幼儿的积极性，使他们有更多的机会交谈，也可保证谈话的气氛更加宽松、融洽。

3. 在自由交谈的活动过程中，适当增加幼儿"动作"的机会。谈话是口头语言操作，也是动脑的操作。但根据幼儿活动的特点，在谈话活动中适当增加一些其他方式的操作活动因素，将更有利于调动幼儿的兴趣，增进他们说话的积极性。例如：在"我喜欢的糖果"活动中，教师在"幼儿自由交谈"这一步骤设计了让幼儿边吃糖果边谈论糖果的内容。这样的安排使幼儿的谈话更加饶有趣味。因此，在各种谈话活动中，均可根据话题内容，适当增加幼儿"动作"的机会。

当幼儿进入围绕话题的自由交谈时，教师不能袖手旁观，不能将幼儿自由交谈视为一种"放羊"的时机，让幼儿随便谈话而自己去做与谈话无关的事情。在这个活动阶段，教师的职责和任务主要表现在三个方面：一是教师必须在场。当幼儿看到教师在场时，即使教师并未说话，幼儿也能够感觉到自己说的话的价值，增进说话的积极性。可以说，教师在场意味着活动的正常进展，能够对幼儿产生潜在的影响。二是教师参与谈话。教师可以采取轮番巡视的方式参与各组的谈话，到每一组都听一听幼儿的谈话，用微笑、点头、拍手等体态语言给幼儿以鼓励，也可用皱眉、凝视、抚肩等体态暗示那些未能很好进入谈话状态的幼儿。教师还可以简单发表个人见解，或是对幼儿说话给予一定应答，或用自己的语言对各组幼儿谈话作出反馈，这样能产生一定的积极影响。三是教师要观察幼儿谈话情况，了解他们运用原有谈话经验进行交谈的状态，明了幼儿谈话的水平差异，为下一阶段活动的指导作进一步准备。

三、谈话活动设计的第三阶段

经过让幼儿围绕话题自由交谈的活动阶段之后，教师要集中引导幼儿逐步拓展谈话范围。在此阶段，教师通过逐层深入的谈话，向幼儿展示并帮助他们学习运用新的谈话经验，使幼儿的谈话水平进一步提高。

仍然以"我喜欢的糖果"为例，在活动的第三阶段，教师通过提问的方式，引导幼儿在集体范围内谈话。教师提出了三个要求：请幼儿说一说自己带来的糖果有什么特别的地方，请幼儿谈一谈自己最喜欢哪种糖果和为什么，请幼儿谈一谈自己觉得哪种糖果最有趣和为什么。在每个问题提出之后，教师都组织幼儿围绕这个问题谈论。于是，我们发现，教师的提问和引导，是沿着"我喜欢的糖果"这个话题，逐层开拓发展着幼儿的谈话内容，给幼儿提供了学习运用新的谈话经验的机会。

在这里需要特别指出,所谓新的谈话经验,是谈话活动目标在谈话活动中的具体化,是幼儿要学习的谈话思路和谈话方式的总和。教师在设计组织谈话活动时,要防止那种机械呆板理解"谈话经验"的问题。注意不要把一种句式或几个词汇的学习与新的谈话经验学习等同起来。每一次设计谈话活动时,都应当重视根据语言教育的要求和谈话活动的特点,寻找本次活动目标与新的语言经验点,力图从大的方面帮助幼儿整理谈话思路,掌握一定的谈话规则,获得一些适用于谈话的交往方式。具体而言,每一个谈话活动向幼儿提供的新的语言经验,必须注意两点。

一是每个年龄班幼儿的谈话水平,应在幼儿原有谈话经验的基础上进一步扩展他们的经验范畴。例如:培养幼儿倾听谈话的意识、情感和能力,在小班、中班和大班都应有不同的要求,落实到每一次活动中,应逐步加入新的倾听经验要求。

二是各个谈话活动设计的新语言经验可能有所侧重。这次谈话活动可重点帮助幼儿学习围绕中心话题谈话,下次可能是重点学习围绕中心话题深入拓展小话题,在之后的谈话活动中还可能学习幼儿自己提出话题谈话,等等。另外,还应该明确一点,教师在此阶段向幼儿展示的新的说话经验,不是用示范、指示的方法说给幼儿听的,而是通过深入拓展的谈话范围将这种经验逐步传递给幼儿。老师用提问、平行谈话的方法,将新的谈话经验引入,让幼儿在谈话过程中不知不觉地沿着新的思路去说,潜移默化地应用新的谈话经验,最终学会这种新的谈话经验。

总之,教师在组织第三步骤谈话活动时,应当特别注意思考自己"说什么"和"怎么说",因为此时教师说话的内容和方式,直接关系到幼儿有关新的谈话经验的学习。在这一阶段谈话过程中,倘若教师准备不够充分,出现信口开河随便说话或干巴呆板无话可说的局面,都将直接影响这次谈话活动的教育质量。

第三节　谈话活动的实施要点

一、心理环境的创设:谈话活动进行的重要保证

心理环境对于孩子来说是很重要的,尤其是老师所营造的一种心理氛围和教师的态度对孩子心理造成的影响。

1. 自在的坐姿

不赞成在谈话活动中让孩子一动不动地坐在成排的座位上与老师或同伴进行交流,而是很随意很自主地让幼儿选择他们认为最舒适的姿势,围坐在老师的身旁,让孩子感到宽松而平静,没有任何的心理压力。

2. 游戏中进行

在活动中,老师让孩子围坐在自己旁边,老师在孩子们的中间就如同是他们的同伴一样,和其他孩子一起玩,倾听他们的问题和他们的想法。因为很多时候老师与孩子的师生互动或是孩子与孩子之间的生生互动的交往过程更多的是发生在轻松的游戏过程之中,所以老师要学会用"眼睛"去听,用眼神告诉孩子自己是在倾听,让孩子知道老师是尊重他的,增加孩子说话的勇气,为他们创造一种良好的进行谈话的心理环境,使他们能够畅所欲言,敢于畅所欲言。

3. 不轻易打断孩子的话

当孩子说话时,不要轻易地打断孩子的话,要耐心地、尽可能地让孩子把话说完。否则,长此以往,孩子会养成说半截话的习惯。孩子想说的多是自己的要求或感受,尤其是他感到好玩的或害怕的事,但许多教师往往忽视这类问题,不注意听完孩子所说的话,就以"老师知道了"或者"你想……,老师来帮你"等打断孩子的话。经常这样,会挫伤孩子说话的积极性和与教师交流的欲望。

4. 允许孩子申辩

申辩是一种权利,也是言语交流的一种方式。有的教师喜欢那种俯首帖耳"听话"的孩子,老师怎么讲,孩子就怎么做,一旦发现孩子做错了,就会不分青红皂白地责备、批评,不允许孩子申辩。这样不但不能使孩子心服口服,还会使孩子滋长一种抵触情绪,为扯谎、推脱责任埋下恶根。孩子申辩本身是一次有条理地使用语言的过程,也是与教师交流的过程,同时也是教师了解孩子的重要途径。

5. "蹲下来"与孩子交流

在平时教学活动中,经常看到老师坐在小椅子上与孩子交谈,或者蹲下身来听孩子说话,这与以前教师站在高高的讲台上和孩子谈话相比,师幼之间那种"距离"感少了不少,让幼儿增加了几分亲切感。而这里提出的"蹲下来",并不仅仅是指一种肢体语言,它更代表了一种有效的交流方法,一种能达到更好沟通效果的思维方式。"平等"是交流的基础。蹲下来,给孩子一种平视的目光,给孩子一种平等交流的机会,孩子们会感受到一种被尊重的自豪和一份精神上的温暖。呵护孩子,要从精神上入手;教育孩子,要从沟通上入手。而良好的沟通则要从彼此信任开始。希望所有的教师都成为孩子的朋友。

6. 非言语交流的重要性

在幼儿园教育中,非言语交流是师幼交流的重要方式,之所以重要,是由孩子的年龄特点决定的。因为对幼儿来说,一方面动作要比语言更容易理解。教师用微笑、点头、抚摸、搂抱等方式与幼儿交流,比言语更容易表达教师对幼儿的关心、爱护和肯定。另一方面,幼儿也需要教师身体的接触,使自己更有安全感。比如对一个已经知道自己做错事、眼睛看着老师充满害怕情绪的幼儿来说,老师走过去抱一抱或者摸摸他的脸,远比说一句"老师原谅你"更让幼儿安心、踏实,更能让幼儿感觉到老师真的原谅他了。

7. 充足的时间

除去正式的集体教学活动时间外,教师还可以充分利用幼儿早晨入园、中午午睡前后、自由游戏、离园等时间段,有组织地为幼儿提供语言交流的机会。在这些时间段,可以是师生交谈,也可以是幼儿间的自由交谈;交谈可以是个别的,也可以是集体的。这种分散在正式教学时间外的言语交流活动,对幼儿来说更为自然和宝贵。儿童可以在轻松自由的氛围中畅所欲言,使零散的时间段得到充分利用的同时,还可以在平等、轻松的环境下自由发泄心中的各种感受,消除压抑、紧张、胆怯的心理,能够促进幼儿语言能力和社会交往能力的发展。如在幼儿午睡前,教师讲一些通俗易懂的睡前小故事;吃点心时,引导幼儿谈谈香喷喷的面包、圆圆的包子、五颜六色的八宝饭、甜甜的蛋糕等。

二、在教学活动中提高交流的有效性

首先,要注重让幼儿在真实的、具体的情景中交流。幼儿的交流需要凭借具体直观的操作材料,因此老师应提供更多的机会让幼儿在真实的、具体的情景中自由交流。如,在看图讲述活动中,教师应给幼儿提供可操作的小图片,以利于开展小组交流。此外,对于幼儿的操作探索成果,集中交流时老师应创造条件让幼儿面向这些成果进行交流,借助具体的物品唤起幼儿表达、交流的欲望,丰富其表达、交流的内容。[①]

其次,要创设有利于交流的环境。教师要明确交流的目的在于分享经验、沟通情感,把交流看作幼儿内在需要的一种互动,能根据情况灵活采用交流的形式,并积极提倡小组自由交流。因为小组交流人数少、空间距离短,便于幼儿相互交流;小组成员的自由组合,能让有共同关注点、兴趣点的幼儿围坐在一起交流,有利于每个幼儿畅谈自己的感受、体验和发现。

最后,在教学活动中,教师应从幼儿的兴趣点和生活经验出发,精心地设计提问。提出的问题应该是幼儿感兴趣的、有一定生活经验的、能听得懂的,有利于引发幼儿讨论、交流,让幼儿在交流与争议中分享经验、启迪思维,这样幼儿才会愿意说,才会有话可说;在提出问题后应留给幼儿足够的思考与交流时间,并尽量保证每个幼儿都有机会参与交流,可采用集中交流与自由交流相结合的办法,既面向全体又关注个别,使每个幼儿都有思考、表达与交流的机会。

---

① 郭咏梅.幼儿语言交流的价值、现状及其教育策略[J].学前教育研究.2010(15):54—55.

第四节　全语言视野下的谈话活动实例库

1. 海洋

时间：餐前。

地点：教室。

活动方式

先集体讨论孩子对海洋的印象，包括大海里的生物、海洋的美、海洋中的危险等，再针对话题进行小组交流、谈话，最后观看纪录片《海洋》，形成原有经验与新经验的碰撞，使幼儿产生新的视觉冲突，激发幼儿进一步谈话的兴趣。

活动内容

1. 教师提问导入话题，激发幼儿谈话的兴趣。

指导语：你们知道大海吗？谁去过海边？你知道的大海是什么样子的？大海美吗？什么地方美？（大海的颜色、海浪的声音等）

2. 在教师的引导下，讨论海洋生物。

指导语：大海里有什么？大海里有哪些鱼？除了鱼还有什么？

（1）请幼儿分小组讨论。

（2）请个别幼儿说一说大海里的生物。

3. 观看纪录片《海洋》，引导幼儿用动作、语言等方式与同伴交流。

指导语：刚才小朋友们说了很多大海里的故事。今天老师也带来了海洋的动画片，想不想看看？

（1）教师播放纪录片第一个片段，幼儿尝试用语言、动作等方式与同伴交流。

指导语：你看到纪录片中谁和谁是相亲相爱的？

（2）观看纪录片第二个片段，尝试用语言、动作等方式与同伴交流。

指导语：大海里除了相亲相爱的事情，还有很多危险的事情。谁来说一说小鱼遇到了什么危险的事情？

4. 在纪录片的启发下，幼儿引进新的经验，围绕大海里的相亲相爱、大海里的危险等主题进行谈话。

5. 教师选择性地观看纪录片，进一步丰富幼儿的经验。

指导语：我这还有一个很长的海洋动画片，看看，这些海底的鱼你认识吗？

活动组织

集体、小组、个别幼儿。

活动延伸

1.该活动可以组织成一个主题活动,可开展系列活动,教师可以请幼儿收集关于海洋的知识。如:海洋的占地面积,海洋里最大的动物等等,还可以让幼儿听一听海洋里的声音并尝试分辨鲸鱼、海豚所发出的声音。

2.教师可以引导幼儿画一画"海底世界",然后布置在班级环境中。

3.教师可以请幼儿带来自己到海边玩的照片或参观海底世界的照片,然后说一说照片里的故事。

温馨提示

1.活动前准备:海洋录像画面。

可以对纪录片进行分类归纳,如:爱——同类物种、不同类物种相互依存。危险——大鱼对小鱼的攻击、杀人鲸对海狮的袭击、人类对动物的捕杀。美丽——各种色彩斑斓的鱼类、水母、不知名的生物游泳的姿态。这样方便幼儿有针对性地围绕话题谈话。

2.在幼儿交流纪录片的内容过程中,教师要随时根据幼儿的讲述进行纪录片的回放,及时根据幼儿的回答给予反馈、提升。

3.本活动是相对开放、自由的活动,整个活动的组织不一定要在一节活动中完成,教师可根据时间进行把握,分几次完成,如:第一次活动,幼儿谈一谈去过哪里的大海?和谁去的?是什么样子的?有哪些海底生物?第二次活动:观看纪录片,在幼儿原有经验的基础上形成新的视觉冲突,调动幼儿谈话兴趣,进一步围绕主题进行谈话活动。第三次活动,画一画幼儿眼中的"海底世界"。第四次活动,谈一谈如何保护海洋环境。

(案例提供:南京市游府西街幼儿园)

案例分析	《海洋》
全语言理念体现域	具体体现
整合的、渗透的	将科学领域的海洋知识渗透于语言活动中,丰富了谈话活动的内容;采用了集体活动、小组活动和个别活动交替进行的方式,体验到不同交往情境与交往行为的关系。
随时的、无处不在的	为幼儿创造了大量的语言刺激环境,包括纪录片、集体与小组讨论等,提供了大量的语言学习、交往、使用、巩固及理解的机会。
应用的、有需求的	海洋对于幼儿来说是既陌生又新奇的事物,幼儿因为认知的需要而学习语言,同时在关于海洋的各种讨论中又因为交往而学习语言。
整体的、平衡的	谈论纪录片、介绍看海经历、小组讨论等多种活动形式,发展儿童多方面语言能力。
平等的、开放的	既为幼儿提供了轻松、宽容的学习氛围,又为幼儿提供了必要的指导。

案例分析	《海洋》
探索的、创新的	没有对幼儿的语言表达提出规范性的要求,不要求幼儿表达完美,而是用期待的态度去鼓励幼儿的语言表现。
活动的、操作的	鼓励幼儿以集体、小组、个别等多种方式操作语言。

2. 大黄猫进城

设计意图

从孩子熟悉的情境入手,让幼儿开始关注自己生活的城市,发现城市中道路、建筑、人们,甚至是我们的幼儿园都在不断地变化,更容易让幼儿产生谈话的浓厚兴趣。另外,大班的孩子很喜欢挑战新内容,地图的出现就是一个挑战,能够激发幼儿很多话题,他们从中不仅丰富了有关地图的粗浅知识,还能拓展更多的幼儿知识和话题。

活动目标

1.对谈话的话题感兴趣,能在集体面前大胆地说出故事中的人物以及城市的变化。

2.通过地图、故事、绘画的方式迁移经验,大胆地表述自己生活的城市的变化。

3.在小组讨论中知道要轮流说话,能耐心倾听别人的谈话。

活动准备

两幅地图,小猫的图片6幅,小标记3个。

活动过程

1.教师创设情境,引出谈话主题。

(1)教师出示旧地图,引导幼儿学习看地图。

指导语:这是什么?地图上有哪些地方?从小猫家到小狗家怎么走?

(2)教师出示新地图,引导幼儿比较发现城市的变化。

指导语:这儿还有一幅新的城市地图,你们找找看什么地方变了,怎么会有这些变化的?

2.教师讲述故事,通过故事让幼儿初步了解谈话内容。

指导语:小猫拿着旧地图到新城市会发生什么事?小猫为什么差点找不到小狗家?城市里有哪些变化?

3.引导幼儿围绕话题“城市的变化”,运用已有经验谈一谈自己居住的城市的变化。

（1）教师组织幼儿分组进行交流。

指导语：城市里的每一天都在发展、都在变化，我们居住的城市也有变化，你们知道我们的城市有什么变化吗？

（2）教师组织幼儿集体交流。

4.教师引导幼儿进一步拓展话题，说一说城市变化给生活带来的方便。

指导语：你喜欢城市的变化吗？为什么？

5.请幼儿用绘画的方式表现自己眼中的"城市的变化"。

活动延伸

教师可以请幼儿回家收集城市变化的资料和照片，布置在班级环境中形成新旧对比，让幼儿感受城市的变迁，以及给我们带来的方便。还可以请幼儿把爷爷、奶奶等家人的从前和现在的照片带到幼儿园，进一步拓展话题，感受社会的进步给我们带来的变化。

领域渗透

第1环节设计渗透到科学领域"认识地图"，初步知道可以怎么表现地图，引发幼儿对地图上不同标记的了解和兴趣。第5环节设计渗透到艺术领域，绘画方式可用地图的方式也可用直接绘画的方式，幼儿通过绘画进一步感受城市的变化。

附故事：

大黄猫进城

大黄猫和小狗是好朋友，大黄猫住在乡下，小狗住在城里。

有一天，大黄猫想念小狗，想去城里看望小狗。她想："哎呀！好久没到城里去了，就带上小狗画的地图去吧！"

大黄猫进了城，站在蝴蝶路口惊呆了："哇，城市变化多大呀！原来的小街变成了又宽又长的马路。"大黄猫都认不出来了。原来的旧车站变成了又大又漂亮的新车站。大黄猫真担心自己会迷路。她赶紧看着地图继续往前走。

她发现原来的稻田上盖起了一栋栋高楼大厦。"哇！大鸟街上新开了各种百货公司、餐厅和酒店，好热闹啊！""原来地图上的星星餐馆到哪里去了呢？"

大黄猫走啊走，来到了青蛙路。这时她看到了一所幼儿园和一个美丽的公园。她想："这是地图上没有的呀，我会不会走错路呢？"正在她担心的时候，忽然看到了那个熟悉的邮局。大黄猫记得小狗就住在邮局后面，再往前走终于看到小狗家的路标了。

总算见到了小狗，大黄猫对小狗说："才几年的时间，城市真是大变样啦。我真害怕迷路呢!"

　　小狗看到大黄猫手上的地图,大声叫了起来:"大黄猫,这是过去的地图啦!城市里每天都在盖新房、铺新路,旧地图当然没有用了。"

　　于是,小狗又给大黄猫画了一张新地图。

教学图片:

（案例提供：南京市游府西街幼儿园）

案例分析	《大黄猫进城》
全语言理念体现域	具体体现
整合的、渗透的	将"丰富幼儿热爱城市的情感,提高观察变化的能力以及增加对地图的初步认知"整合渗透在一起。
应用的、有需求的	关注自己每天生活的城市中发生的变化是幼儿的一种自然的需要,由此引发的语言学习是应有的有需求的。
探索的、创新的	地图对幼儿而言既陌生又新奇,是一项有创意的材料,使整个语言的学习过程充满了创意。
活动的、操作的	为幼儿提供了地图、故事、绘画等多种方式来操作语言。

3. 我选我自己

设计意图

　　森林里的国王一向都是狮子当选,可是这一次却有点不同。当森林里的选举大会再一次来临时,小动物们却纷纷登场,发表自己的竞选演讲词,大叫着"我选我自己"。老鼠、猫、牛、羊都登台亮相,连在水里不会发出声音的鲤鱼都要竞选。于是一切都开始混乱了,结果怎样了呢? 这样一个有趣的故事,足以吸引大班的孩子们去讨论、去质疑、去想象、去扮演、去表达……

活动目标

1. 知道通过选举的方式,每一个人都可以大胆地表达自我。

2. 了解故事内容,积极参与活动,丰富相应的词汇,如选举、不记名、唯一等。

3. 通过角色的体验,发现故事所带来的趣味性。

活动准备

小动物的头饰、PPT、背景音乐《魔鬼的宫殿》、狮子的头饰、啦啦队的一些道具。

活动过程

1. 教师设计场景,戴着狮子的头饰,播放背景音乐,幼儿戴着自己喜欢的"小动物"头饰走进来。

(1)指导语:今天我来扮演狮子大王,你们做小动物,我们到森林里去吧!

(2)随着音乐,小动物跟着狮子走进森林。

2. 引出"选举"的事情。

(1)狮子:今天我们森林里要进行国王的选举,知道什么叫"选举"吗?

(2)让幼儿充分发表自己的想法和意见。

(3)指导语:"选举"就是把你认为最合适的那个人给选出来。比如,每年森林选举"国王"的大会,大家都喜欢把票投给我,因为我力气大、很威风。今年你们选不选我啊?

幼儿:我们都选你!(大家举起相应的道具欢呼!)

(4)教师提出质疑:你们都没有意见吗?(鼓励幼儿的不同思维)

3. 引出绘本《我选我自己》开头部分至"动物开始选自己"。

(1)教师揭开盖布,引出绘本图书《我选我自己》,进行阅读。

指导语:画面上都有哪些动物?它们都想当国王!你认为它们当中谁能当上国王呢?

教师操作,点击画面的某一页:是老鼠?猫?牛、羊⋯⋯

(2)教师组织幼儿讨论,鼓励幼儿发表自己的意见。

(3)和幼儿继续阅读绘本的后半部分直到"重新选举"!

(4)教师抛出问题:选谁呢?你们有自己选自己的吗?

4. 由绘本回到幼儿的扮演角色,鼓励幼儿自己选"自己"。

(1)指导语:现在大家都有机会选自己当国王,谁得的票多,谁就当选。大家可以想想你的竞选词怎么说。

(2)再一次阅读图书,重点关注书中各个角色发表的言论,进行模仿的练习。

(3)请扮演各个角色的幼儿上来发表言论。

(4)大家来进行投票,决定谁是国王。

(5)投票。

5. 阅读绘本的最后一页,感受故事的趣味性。

(案例提供:南京第一幼儿园)

案例分析	《我选我自己》
全语言理念体现域	具体体现
整体的、平衡的	这次以选举为内容的语言学习活动对幼儿而言是一个真实的、完整的交流情境。
平等的、开放的	教师并非是操控一切的导演,也不是置身事外的观众,使幼儿在语言学习过程中有权利去自主选择。
探索的、创新的	幼儿通过角色扮演参加选举,这种语言学习的内容很有创意,极大地激发了幼儿的学习兴趣。
活动的、操作的	角色体验是一种让幼儿获得切身体验并能取得良好效果的操作语言的方式。

4. 我的爸爸真麻烦

设计意图

选择这本《我的爸爸真麻烦》作为教材,是因为机器人是孩子非常感兴趣的东西,而且整个读本诙谐有趣,孩子非常喜欢又有东西可讲。我们在整个活动的设计中,阅读的分量不是那么多,主线就是"机器人和麻烦",引导孩子围绕机器人来谈谈好的、有趣的地方,不好的和麻烦的地方,谈谈书中爸爸制造的机器人和爸爸遇到的麻烦。不过这个书中的麻烦其实还有更深一层的含义,"我"在说爸爸的麻烦的时候,可能一开始是真的讲爸爸的麻烦,但是读完整本书,你会发现其实这个麻烦是加上引号的,它暗含了一些赞许和认同,因为到了最后"我"也开始和爸爸一起来制作机器人了。这个隐含的内容可能对于孩子来说,特别是第一次的活动中要想体会到,就不太容易。所以我在读书的环节将"我的爸爸真麻烦"进行了强调,而活动的最后安排了小朋友的一个讨论,还有和听课老师的一个讨论环节,希望小朋友在倾听了老师的一些想法之后能有更多的理解和感悟。这本书的阅读量很大,而且很多细节仔细读来是非常有趣的,但是在课堂上无法给孩子充分的时间去自主阅读,所以在活动的最后让孩子把书带回班级再去仔细阅读体会。

活动目标

1. 在阅读《我的爸爸真麻烦》中丰富对"机器人"的充分想象和表达。
2. 尝试在谈论、阅读、操作、游戏中感知、理解和表达。
3. 能够安静地倾听老师和同伴的讲述。

活动准备

图画书每人一本、故事视频、玩具机器人。

活动过程

1. 谈论机器人。

(1)出示机器人模型,猜猜它是谁。

请小朋友来摸一摸再猜,说说猜的理由。

(2)演示机器人,想想它会干什么。

(3)你知道一些什么样的机器人?它可以帮助人做什么事?

(4)不过有的时候机器人也会给人们带来麻烦,举例说明。

2. 阅读"我爸爸制造的机器人"。

(1)原来制作一个机器人是一件很麻烦的事情呀!

指导语:你们知道我这个机器人是谁做出来的吗?这个不怕麻烦的爸爸还做了很多的机器人,想不想看看?

(2)通过视频讲述爸爸制作的机器人:P8,P12,P13,P15,P17。

指导语:我们一起来看看书里爸爸都做了一些什么样的机器人。

(3)指导语:刚才你们说了,做一个机器人出来是一件很麻烦的事情,这个爸爸做了这么多的机器人,一定也遇到了很多的麻烦事,他遇到了什么麻烦事呢?我们一起来看看 P6,P7,P9,P21。

(4)爸爸遇到了这么多的麻烦事,他还会继续做机器人吗?

(5)完整阅读故事。

指导语:我们一起来听听书里面是怎么说的吧!

3. 活动结束。

(1)你们觉得这个爸爸麻烦吗?如果是你,你愿意继续做机器人吗?为什么?

(2)老师们是怎么想的呢?

(3)我们回去再仔细地读一读这本书,说不定你的想法就会改变哦!

(案例提供:南京第一幼儿园)

案例分析	《我的爸爸真麻烦》
全语言理念体现域	具体体现
应用的、有需求的	幼儿对机器人十分感兴趣,由"机器人"引发的谈话活动是一种因为需求而产生的语言学习。
整体的、平衡的	阅读与讨论相结合,幼儿之间、师幼之间的讨论相结合,统整了语言学习的读、听与说等语言能力,体现了语言学习的完整性。
平等的、开放的	幼儿与文本的互动,幼儿与幼儿的互动,幼儿与教师之间的互动都是自主的、开放的、平等的,这是一种安全的语言学习环境。
探索的、创新的	"机器人"主题的绘本对幼儿而言是一种极具创新性的语言学习材料,能够充分发挥幼儿的想象力,增强语言的创新性。
活动的、操作的	教师与幼儿之间以及教师之间的谈话很有可能成为幼儿的模仿对象,形成了一种无意识的示范,幼儿的语言学习无处不在。

5. 新书广告——变变变

设计意图

这本书对于幼儿来说是一本非常新奇而有趣的书,不仅在于它翻页的方式与众不同,而且每翻到新的一页都会有新的发现。针对这本书,我们在小班设计过一节语言活动,重点在老师的带领下,幼儿感受每一页的神奇变化,了解每一个动物的特征,学习儿歌中相应的动词。但是对于大班年龄段的幼儿来说,它的画面非常简单,当他们已经知道和熟悉每一页的变化之后,兴趣就会慢慢地消失。所以我们在大班的活动中给予幼儿更多的空间,让幼儿自己来感受、探索和表达书的神奇,将活动的重点放在引导幼儿为每一个动物创编出相应的广告儿歌上。

活动目标

1. 感受"变变变系列书"的神奇有趣,尝试根据统一的格式为书里的动物创编广告词。

2. 通过推销图书的形式,大胆地进行创编。

3. 能协调地与同伴进行合作表演。

活动准备

小书每人一本,教具。

活动过程

1. 开始活动。

(1)你们知道我是谁吗?今天我还有一个身份,就是书店的经理。都喜欢看书吗?今天我们书店里进了一批新书,来看看这本书的名字:《这是一只老鼠吗?》。

告诉你们,这本书和我们平时看的书有些不太一样,是一本非常神奇的书,你们想看看吗?看完以后要告诉我,这本书神奇在哪里?

(2)每人一本《这是一只老鼠吗?》自由阅读。

(3)这本书神奇在哪里?请幼儿在集体中边演示,边讲述。

2. 尝试创编儿歌。

这本书太神奇啦,你们喜欢吗?我想把这本有趣的书卖给更多的人,让他们也能看到这本有趣的书。你们帮我想一想,怎么才能把这本书卖掉?(做广告)

(1)我们也来编一个广告吧。你们为什么喜欢这本书呢?我们就要把这本书的神奇有趣编进广告里,让别人一听就知道啦。

(2)我编了一半,编不下去啦,谁来帮我一下?

(3)分析图谱的含义。以第一个为例,详细讲解。

(4)幼儿结伴尝试编。

(5)请小朋友把自己编的广告和大家分享。

3. 幼儿集体展示。

指导语：广告时间开始啦，我给大家表演一下。

（案例提供：南京第一幼儿园）

案例分析	《新书广告——变变变》
全语言理念体现域	具体体现
随时的、无处不在的	自主阅读、创编广告、宣传出售、相互讨论，语言学习无处不在。
应用的、有需求的	好的广告语、促使别人购买的宣传语，都使幼儿有着语言学习和运用的强烈需求。
平等的、开放的	鼓励幼儿用自己创编的广告去卖书，帮助幼儿大胆表达，自信表现。
探索的、创新的	折页绘本的创意大大激发了幼儿阅读的兴趣，阅读的快乐成为语言学习的动机。
活动的、操作的	创编广告儿歌是一种有创意的语言操作方式。

6. 长长的……

设计意图

图画书《长长的……》是幼儿园早期阅读课程《幸福的种子》中的一本，虽然它的文字非常简洁，但是绘本画面色彩鲜艳，以单幅图平行呈现的方式，以及生动、形象，甚至是夸张的手法，描述了各种动物"长长的"特征，能吸引孩子的兴趣。

对于小班的孩子来说，他们已经具备了建构"长""短"概念的能力，通过阅读图画书《长长的……》，可以引发他们对生活中其他"长长的"事物的关注，导引他们去观察、体验"长长的……"特征。

活动目标

1. 观察、理解画面的内容，感受并初步学说句式"长长的……，可以做……"。
2. 通过观察、猜测、想象，理解图书的内容。
3. 能够一页一页地翻书，并大胆进行想象与表述。

活动准备

1. 卡纸剪成的小兔长耳朵、《长长的……》大书一本、《长长的……》PPT、《长长的……》小书20本、《长长的……》配乐CD。
2. 每个孩子的椅子背后都有一个袋子，将《长长的……》小书放在里面。

活动过程

1. 教师出示小兔长耳朵，导入课题。

(1)引导幼儿观察、猜测："这是什么？它像什么？"

（2）将小兔耳朵套在手指上，做出跳跃的动作。

指导语：仔细看看这是什么呢？哦，原来这长长的，是小兔的耳朵！

2.师幼共同观看《长长的……》PPT（剪辑过的）。

（1）教师介绍今天的活动内容。

指导语：今天我们小朋友会看到许多长长的东西，让我们一起来看一看吧！

（2）点出PPT1，大象的身体已被遮挡，留下长长的鼻子，引导幼儿观察、猜测。

指导语：咦，这是什么？像什么？它可以用来做什么呢？

这长长的，会是哪个小动物的呢？

教师点出PPT2。

指导语：哦，这是大象长长的鼻子。

引导幼儿说：长长的鼻子像竹竿，可以晒衣服。

指导语：大象长长的鼻子还可以做什么用呢？

幼儿边说边做动作模仿。（喷水、滑梯）

（3）点出PPT3，鳄鱼的头已被遮挡，引导幼儿继续观察、猜测。

指导语：这是什么？像什么？还像什么？

点出PPT4揭晓谜底，学说：长长的背像小桥，可以安全过河。

（4）点出PPT5，小鸟的身体已被遮挡，引导幼儿进一步观察、猜测。

指导语：这是什么？中间细细长长的又像什么？它在做什么呢？谁会来吸花蜜？

点出PPT6揭晓谜底，学说：长长的嘴巴像吸管，可以吸食花蜜。

3.介绍图书，鼓励幼儿自主阅读。

指导语：今天，老师为小朋友每人准备了一本书，书里还藏着许多长长的东西，这本书的名字就叫《长长的……》。（教师边说边指字）

指导语：请小朋友仔细看一看哪些小动物身上有长长的，它们可以做什么，等会儿告诉我们大家！

鼓励幼儿自主阅读，教师与幼儿进行个别交流与沟通，观察他们对画面观察的情况，以及语言表达的信息量。

4.分享阅读。

教师借助完整的PPT，帮助幼儿回忆书上的内容：

根据幼儿的表达，及时通过PPT再现幼儿所说的内容，并适时通过动作尝试、表情表现等方式，帮助幼儿进一步理解。

5.完整欣赏。

跟随配乐CD共同阅读大书，感受阅读、倾听故事的乐趣。

教师将最后一页举起，请幼儿一同站在"七彩桥"下许一个美好的愿望。

6.活动结束。

(1)鼓励孩子寻找活动现场的"长长的"东西。

(2)引导孩子们学着企鹅排着长长的队伍到室外寻找"长长的……"。

(案例提供:南京第一幼儿园)

案例分析	《长长的……》
全语言理念体现域	具体体现
整合的、渗透的	在语言学习过程中渗透了关于动物外形特点的相关知识。
应用的、有需求的	分享阅读为幼儿提供了一个语言交际的环境,幼儿因为交往的需要学习语言。
平等的、开放的	教师是整个阅读过程中的引导者和支持者,为幼儿营造了良好的语言学习环境。
探索的、创新的	允许并帮助幼儿使用"长长的……,可以做……"句式进行创编,创意的语言学习就自然发生了。
活动的、操作的	观察、想象、猜测、理解故事内容,为幼儿提供了多种语言操作方式。

7. 收集东收集西

设计意图

"收集东收集西,你喜欢收集什么东西?我喜欢收集娃娃衣。"由我的收集出发,到奶奶、清洁工伯伯,到树上的乌鸦,天上的云、月亮,到海,最后再回到妈妈收集的是我小时候的东西。散文行文流畅,重复的句式朗朗上口,让孩子们对收集有了不同的定义。有的人收集是因为喜欢,有的人收集是因为爱,我们还常常因为爱而收集东,收集西。你喜欢收集什么,看看你身边的人,他们又喜欢收集什么呢?

活动目标

1.理解"收集"的意义,感受收集带来的美好感情。

2.说说他人和自己喜欢收集的东西,能完整地表达自己的想法。

3.萌发幼儿对图书阅读的兴趣。

活动准备

书《收集东,收集西》、相应的图片、匹配的音乐。

活动过程

1.引出主题。

出示"收集"字卡。

教师:这是什么?

幼儿:收集。

教师:什么叫收集?

幼儿自由讲述。

教师:收集就是把好多的东西放在一起,非常珍惜地保存起来,就是收集。

2. 欣赏理解。

(1)配上音乐,欣赏第一段(小女孩、奶奶、清洁工伯伯)。

教师直接导入书《收集东,收集西》。

教师:你都听到、看到了什么?

①结合图片,讨论小女孩收集的东西。

教师:女孩儿喜欢收集一些什么样的花裙?

教师:为什么女孩儿喜欢收集这么多的娃娃衣?

②结合图片,讨论奶奶收集的东西。

教师:你从哪里看出来奶奶喜欢收集拖鞋?

教师:奶奶收集的是谁的拖鞋呢?

教师:为谁做的?

教师:奶奶收集了家人的拖鞋,心里怎么样?

教师:谁愿意上来做给我们看看?

幼儿用动作、表情表达收集带来的美好情感。(笑容、拥抱、开心……)

教师:原来奶奶收集时心里装着对家人的爱。

③结合图片,讨论清洁工伯伯收集的东西。

教师:清洁工伯伯为什么喜欢收集许多的垃圾?

幼儿:如果不收集垃圾,世界上会很脏。

幼儿:不这样我们周围就全是垃圾。

……

教师:清洁工伯伯收集了垃圾,是为了环保,这样我们就有了干净的城市,美好的生活。

教师:大家都喜欢收集自己认为重要的东西,小朋友你喜欢收集什么?

幼儿:我喜欢收集宝石。

幼儿:我喜欢赛车。

幼儿:我喜欢玩具。

④动物朋友的收集。

教师:动物朋友也喜欢收集。

(2)想象理解第二段。

①出示秋天、大海、天空的图片。

教师:这是什么?(秋天、大海、天空)

教师:这些大自然朋友也喜欢收集,猜猜它们会收集什么。

教师引导幼儿大胆地想象、讲述。

幼儿:秋天收集了很多树叶。(一叶而知秋)

幼儿:天空收集了云彩。

教师追问:是一样形状的云彩吗?

幼儿:有长的,有圆的。

教师:天空还收集了什么?

幼儿:天空收集了飞机、星星。

幼儿:大海收集了贝壳、鱼。

教师:还有什么?

幼儿:大海收集了船。

幼儿:天空收集了月亮。

拓展讨论。教师:一个能叫收集吗?

教师:月亮的光叫什么?

幼儿:月光。

教师:月亮的光叫月光,所以,天空……

引出天空收集了月光。

②配乐看书,感受大自然朋友收集的东西。

教师:这本书也有很多大自然朋友收集的东西,一起来看看。如果你会说,可以和我一起说。

教师有感情地讲述。

(3)体验理解第三段。

教师:你们的妈妈喜欢收集吗?

幼儿完整地讲述。

幼儿:我的妈妈喜欢收集化妆品。

幼儿:我的妈妈喜欢收集指甲油。

幼儿:我的妈妈喜欢收集漂亮的衣服。

幼儿:我的妈妈喜欢收集钱。

……

翻开最后一页,教师:瞧! 妈妈收集了什么?

教师:妈妈收集的这些东西,有什么特别的地方?

教师:妈妈为什么喜欢收集你小时候的东西?

幼儿:想念的时候,拿出来看一看。

……

总结:妈妈因为爱你,所以妈妈收集了你的东西。

活动延伸

教师:孩子们,有的人收集是因为喜欢,有的人收集是因为爱,我们还常常因为爱而收集东,收集西。你看看你身边的人,他们喜欢收集什么呢?

喜欢收集的东西调查表

姓名   年龄   班级

	请询问家人,并画在下面好吗?(用彩色水笔哦!)
爸爸最喜欢收集的东西?	
妈妈最喜欢收集的东西?	
爷爷(外公)最喜欢收集的东西?	
奶奶(外婆)最喜欢收集的东西?	
哥哥最喜欢收集的东西?	
姐姐最喜欢收集的东西?	

(案例提供:南京第一幼儿园)

案例分析	《收集东收集西》
全语言理念体现域	具体体现
整合的、渗透的	幼儿在语言学习的过程中通过了解"收集"的定义与意义,对"收集"也产生了情感。
随时的、无处不在的	散文的语言流畅、简洁、容易模仿,幼儿在阅读图画书的过程中会无意识地发生语言的伴随学习。
应用的、有需求的	教师在阅读过程中鼓励幼儿自己去寻找"谁收集了什么?为什么要收集这样东西?"幼儿所面对的都是极其形象的事物,很快就能够掌握相应的词语和句子。
平等的、开放的	教师与幼儿分享阅读、共同建构,使得整个活动成为一个快乐的学习过程。

8. 吹泡泡

设计意图

1.《吹泡泡》诗歌内容简单,也富有韵律和动感,同时吹泡泡是幼儿喜欢的一项游戏,在室内外的情景活动中会激发幼儿的参与兴趣,同时能够激发并便于幼儿创编吹肥皂泡的动作,这符合小班幼儿的年龄特征。在这样的情景中边学边

玩,能很自然地感受诗歌的内容、情趣和韵律。

2.此项游戏活动的学习重点是在情境中、在游戏中创编吹肥皂泡的各种动作,学习诗歌。而教师要把握怎样激发幼儿的游戏热情,渗透游戏精神,在游戏的氛围中,让幼儿愉快轻松地学习。可以采取难点前置的学习方法,诗歌层层推进:按诗歌的序,先引出吹泡泡,再通过场景的出现学习诗歌前半句,最后通过匹配游戏完整地学习诗歌。

活动目标

1.大胆创编吹泡泡的动作,学习诗歌《吹泡泡》。

2.在与环境的交互中,遵守游戏的规则。

3.积极地参加活动,感受活动的乐趣。

活动准备

室内外场景设置:大树、花园、小河等。

活动过程

1.游戏:吹泡泡。

(1)吹泡泡导入活动,观察和模仿吹泡泡。

老师吹出大大小小的肥皂泡:小朋友们看,这些可爱的小泡泡是什么形状的?

请幼儿来学做圆圆的泡泡。

指导语:泡泡有什么颜色呀? 泡泡怎么飞的呀? 我们来学一学。

幼儿学做泡泡,轻轻的、慢慢的。

(2)小朋友学做,老师吹出来的泡泡四散飞一飞……

指导语:现在你们就来做一个圆圆的、轻轻的、慢慢的泡泡吧。

指导语:小泡泡飞一飞,泡泡飞高了……泡泡飞低了……哎呀! 小泡泡飞的时候可不能撞在一起,撞在一起就会破了,就消失了。

2.在游戏情景中学习诗歌创编诗歌。

(1)学习诗歌第一句。

①边游戏边学习。

指导语:泡泡这次要飞到其他地方了,飞到哪里呢? 你们把眼睛闭起来猜猜看。

老师将泡泡吹向大树。

指导语:吹泡泡,吹泡泡,泡泡飞到……睁眼睛……

泡泡飞到哪里啦?

引导幼儿完整地说:泡泡飞到大树上。

老师面对小朋友们说:小泡泡们,我要把你们也吹到大树上,"吹泡泡,吹泡泡,泡泡飞到大树上。"

指导语:咦!泡泡飞到大树上,泡泡会对大树说什么呢?(大树好)

老师带着幼儿边飞边完整地念儿歌:吹泡泡,吹泡泡,泡泡飞到大树上。

②讨论游戏规则。

指导语:泡泡赶快飞回家吧。

指导语:为什么泡泡被吹回家了?

指导语:哦!刚才有好几个小泡泡挤在了一起,都挤破了,那小泡泡怎样才能全部飞到大树上又不被挤破呢?

③再尝试飞到大树上边念儿歌边游戏。

(2)用同样的方式引导幼儿学习诗歌第二段和第三段,出示花园和小河的场景,并学习诗歌后两句。

(3)激发幼儿有情感的朗诵活动。

指导语:小泡泡是怎么问好的?(大声地、热情地)

指导语:小泡泡们再来飞呀飞呀,碰到大树、小花、小河,要大声地、热情地问声好。

3. 增加情境的游戏和创编活动。

指导语:小泡泡现在又要飞了,它要去寻找更多的朋友了,准备好了吗?

教师带着幼儿边做泡泡飞到不同的道具场景处,边创编出诗歌。如:吹泡泡,吹泡泡,泡泡飞到小山上。

4. 学习诗歌。

(1)配乐,老师边做泡泡边念诗歌。

指导语:这个游戏还可以变成一首美丽的诗歌呢!诗歌的名字叫《吹泡泡》。

(2)请小朋友们和老师一起念《吹泡泡》。

5. 边游戏,边念诗歌。

指导语:现在我又要把你们变成小泡泡了。小泡泡,我还要把你们吹到大树上,吹到花园里、小河里,你们可别忘记跟大家问声好,小心飞的时候不要把自己碰破了。

(案例提供:南京第一幼儿园)

案例分析	《吹泡泡》
全语言理念体现域	具体体现
整合的、渗透的	吹泡泡的游戏活动为幼儿的语言学习和语言交际提供了条件。
随时的、无处不在的	游戏是交往语言实践的大好时机。
应用的、有需求的	幼儿在游戏中是快乐的,这使得他们乐于表达而且充满自信,这个时候的语言学习是出于内部动机。
探索的、创新的	吹泡泡诗歌的创编为幼儿创造了一个充分探索语言的机会。
活动的、操作的	在游戏情景中学习诗歌创编,诗歌是一种很好的语言操作方式。

9. 妈妈爱我

设计意图

妈妈是宝宝最亲密的人,在宝宝成长的过程中,妈妈给予了无微不至的关怀和爱。小朋友通过音乐、美术作品的欣赏和感受,回忆和讲述日常生活中妈妈对自己的爱,在与同伴的分享与交流中体会妈妈哺育自己的辛劳,感受妈妈以及身边的亲人对自己的关爱,激发和表达对妈妈爱的情感。

活动目标

1. 以轻松的谈话方式,谈论妈妈给自己的爱,并尝试表达自己对妈妈或他人的爱。

2. 通过迁移生活和名画中被妈妈关爱的经验,拓展谈话的内容。

3. 从爱和被爱的不同角度感受身边的爱。

活动准备

1. 表现母爱的名画达·芬奇作品《哺育圣母》。

2. 每位幼儿收集日常生活中和妈妈的合影一张。

3. 每位幼儿画纸一张、记号笔一支。

活动过程

1. 简单谈谈自己对妈妈的爱,唤起被爱的感受。

(1)师幼共同欣赏歌曲《世上只有妈妈好》。

指导语:你们爱自己的妈妈吗? 为什么?

(2)介绍自己和妈妈的合影,感受和妈妈在一起的快乐。

指导语:今天每个小朋友都带来了一张自己和妈妈的照片,照片里你和妈妈在做什么? 和妈妈在一起你快乐吗? 为什么?

2. 欣赏达·芬奇作品《哺育圣母》,感受美术作品中表达的母爱。

(1)观察画面中妈妈的神情和动作。

指导语:照片中都有谁? 你是怎么看出来的,这是妈妈和自己的宝宝吗?

指导语:妈妈在为她的宝宝做什么? 妈妈的眼睛看着哪里,她是怎么抱着宝宝的?

(2)大胆表达自己的感受,进一步体会作品中妈妈对孩子的爱。

指导语:画里的妈妈爱自己的孩子吗? 你从哪里看出来的?

指导语:我们来学一学妈妈抱着宝宝的样子。

指导语:妈妈看着自己的宝宝,心里会想些什么呢?

3. 交流日常生活中妈妈对自己的爱。

(1)幼儿回忆生活中妈妈对自己的关爱。

指导语:你的妈妈是怎么爱你的,你有什么印象最深的事? 说给大家听听!

（2）幼儿自由交流生活中妈妈关爱自己的事情。

（3）请个别介绍妈妈爱自己的故事。

4. 谈谈"身边的爱"，拓展"爱"的谈话经验。

指导语：除了妈妈爱你，还有谁爱你，是怎么爱你的？

5. 表达自己对妈妈的爱。

（1）幼儿表达对妈妈的爱和感谢。

指导语：妈妈这么爱你们，你们爱自己的妈妈吗？

指导语：如果让你对爱你的妈妈说一句话，你最想对妈妈说什么？

（2）给自己的妈妈画像。

指导语：你的妈妈脸庞、发型有什么特点？把妈妈的样子画下来，画一幅妈妈的画像，送给妈妈做礼物，谢谢妈妈对自己的关心和照顾吧。

（3）幼儿给自己的妈妈画像。

活动延伸

进一步引导幼儿交流爸爸、爷爷奶奶、老师对自己的关爱，感受身边的人对自己的关心和爱护。

1. 家园共育：

家长鼓励孩子在家里给家人做一些简单的、力所能及的事情，如：帮妈妈拿鞋子、为家人放碗筷等。

2. 区域活动：

（1）音乐区：教师提供《世上只有妈妈好》《让爱住我家》等爱的歌曲，幼儿随乐舞蹈，感受乐曲中"爱"的情感。

（2）美术区：教师提供不同形状的彩色卡纸、油画棒、记号笔，幼儿装饰制作心意卡送给自己的妈妈爸爸、爷爷奶奶，表达自己对家人的爱。

附：达·芬奇作品——《哺育圣母》

（案例提供：南京师范大学附属幼儿园）

案例分析	《妈妈爱我》
全语言理念体现域	具体体现
整合的、渗透的	音乐、美术作品的欣赏理解活动中所获得的经验丰富了幼儿的谈话内容。爱妈妈的情感、语言表达的能力以及对父母养育孩子的认知实现了语言教育目标的整合。
应用的、有需求的	妈妈是幼儿生活中最重要的人,妈妈对幼儿的爱,幼儿对妈妈的依恋,都使得幼儿有用语言表达自己对妈妈的感情的需要。
平等的、开放的	允许幼儿自由表述自己的妈妈,自由交流关于妈妈的看法,为幼儿的语言学习提供了一个开放的环境。
活动的、操作的	照片讲述、谈论名画、往事回忆、作品创作都为幼儿提供了有效的语言操作方式。

10. 动物绝对不应该穿衣服

设计意图

这是一本非常幽默有趣的书,从内容的描绘到绘本的色彩都传递出这本书的幽默。对于中班的幼儿,在活动中需要引导幼儿能够将观察到的内容用完整清晰的语言表述清楚,并且能够正确使用量词。在活动中主要通过观察讨论,帮助幼儿在理解作品的基础上感受作品所传递的幽默。

活动目标

1. 阅读图画书,初步理解故事的情节和内容。

2. 通过猜测、想象、讨论等方式了解每一幅图的含义,体验作品的诙谐有趣。

3. 安静倾听老师、同伴讲述,积极参与活动。

活动准备

动物图片、PPT、故事书。

活动过程

1. 开始活动:

(1)天冷了,我们都穿上了厚厚的衣服,你能给我们介绍一下你穿的衣服吗?

(2)有一些动物,它们也想像你们一样穿上衣服,你觉得动物可以像我们人一样穿衣服吗?为什么?

(3)你见过动物穿衣服吗?你见过什么动物穿的什么衣服?

2. 阅读活动:

(1)出示豪猪图片。教师:这是一种什么动物?它长什么样子?

(2)它如果穿上衣服,会怎么样?拿出衣服给豪猪穿上。出示穿上衣服的豪猪图片,幼儿讲述。

(3)出示骆驼的图片。教师:这是什么动物?它穿上衣服会怎么样?

(4)还有一些动物,它们穿上衣服会发生什么事情呢?每人选择一个自己喜欢的动物来讲一讲。

(5)请幼儿到集体前讲述,选择同样动物的小朋友补充。

(6)你们现在觉得动物应该穿衣服吗?

(7)我们一起来看一本书,这本书的作者就认为——《动物绝对不应该穿衣服》。

集体阅读图书。

3. 经验延伸:

(1)总结:原来,对于动物来说,最好的衣服就是不穿衣服,如果一定要给动物们穿上衣服,它们就会遇到麻烦。

(2)我们一起来告诉它们吧!(对书讲)

(3)后面有很多老师,她们可能也养了很多宠物,你们告诉她们吧!

(案例提供:南京第一幼儿园)

案例分析	《动物绝对不应该穿衣服》
全语言理念体现域	具体体现
应用的、有需求的	"动物到底不应该穿衣服?"为了寻求这个问题的答案,幼儿进行讨论、辩论,由此产生了语言学习和运用的需要。
平等的、开放的	"动物是否可以穿衣服?"这是个开放性的问题。幼儿可以自主表达观点,这样的语言学习效果是最好的。
探索的、创新的	"动物是否应该穿衣服?"这个语言学习的内容很有创意,幼儿能在快乐阅读中学习语言。
活动的、操作的	讲述图片、回忆已有相关经验、展开讨论等都是幼儿操作语言的方式。

第四章　幼儿园讲述活动

　　幼儿要学习的讲述是一种独白语言。独白,顾名思义,需要说话的人独自构思和表达对某一内容的完整认识。

——周兢

　　周兢指出,幼儿园的讲述活动,是一种有目的有计划的培养幼儿语言表述能力的语言教育活动。讲述活动为幼儿提供了不同于日常谈话的语用情境,要求幼儿积极参与命题性质的讲述实践,帮助幼儿逐步获得独立构思和完整连贯表述的语言经验。

第一节　文学活动的基本知识

一、什么是讲述及讲述活动

　　讲述,是讲解,又是叙述。叙述,是描绘事件,将事情的前后经过记载下来或说出来。讲解,是说明、解释事实和论证。可见,较之谈话,讲述是一种更为正式的语言表达方式。对于完整性准备性严密性要求均较高,是一种独白语言。独白,顾名思义,需要说话的人独自构思和表达对某一内容的完整认识。在谈话活动中,幼儿的语言交流是双向或多向的,交谈的对象是明确的,交谈的话语是简短的并相互紧扣连接的。而在讲述活动中,幼儿的语言交流对象是不明确的,往往由一个人讲给多人听,说话的话语相对较长,彼此所说的一段话并不需要上下紧扣,而是相对独立、各成篇章的。

　　讲述的独白语言特性,要求幼儿的口头语言表述经历这样一个过程:从独立完整编码到独立完整发码。所谓独立完整编码,即幼儿按照所要表达的内容选择词语、组成话语。讲述活动的独白是要求幼儿独自完成一段完整话语的过程。例如:在讲述"快乐的星期天"时,幼儿要依据图片确定先说什么、后说什么,大致要打一个"腹稿"。同时幼儿还要在活动中独立完整地发码,即通过自己的发音器官,以口头语言的方式将自己构思的讲述内容说出来。以现代信息论看待讲述的言语交际过程,完整编码在于把认知的信息变换成一连串有意义的联系在一起的语言符号,发码又是将这些成串成段的符号准确无误地发送传递出去。这个过程对于幼儿是有一定难度的。因此,讲述的语言要求比谈话的语言要求高,并且建立在一般交谈的语言基础之上。在幼儿园里,幼儿要在谈话活动和日常交谈中发展自己运用语言与人交往的能力,也要逐步具备一定水平的讲述能力。讲述活动是培养锻炼幼儿独白语言的特别途径,它有别于其他各类语言教育活动,有它存在的独特价值。

讲述活动久已有之,过去曾是幼儿园语言教育的重要方式。已有的研究认为,讲述活动是发展幼儿独白语言的教育方式,对幼儿言语的目的性、独立性、创造性和连贯性,对幼儿的思维、记忆、想象等方面都有很好的促进作用。在幼儿园语言教育改革中,我国的幼儿教育工作者根据新的教育观念,重新思考了讲述活动的特点以及活动目标,重点探讨了讲述活动组织的过程,力图使这种类型的语言教育活动更符合幼儿语言发展的需要。在这样的基础上,幼儿教育工作者认识到,幼儿园的讲述活动为幼儿创设一个相对正式的语言运用场合,要求幼儿依据一定的凭借物,使用比较规范的语言来表达个人对某事、某物或者某人的认识,进行语言交流。可以说,讲述活动对于培养幼儿的语言表达能力具有特别的作用。

二、讲述活动的作用、特点及类型

讲述活动是一种向幼儿进行独白语言教育的方式,与幼儿园其他语言教育活动相比,有独特的作用与特点,所以具有自身独特特征的形式、内容、方法以及实施途径,其作用是其他语言教育活动所不能替代的。

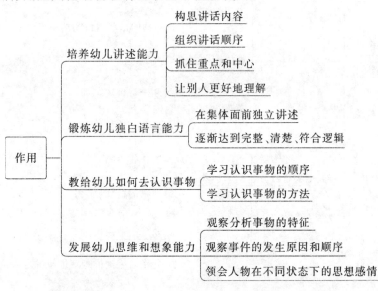

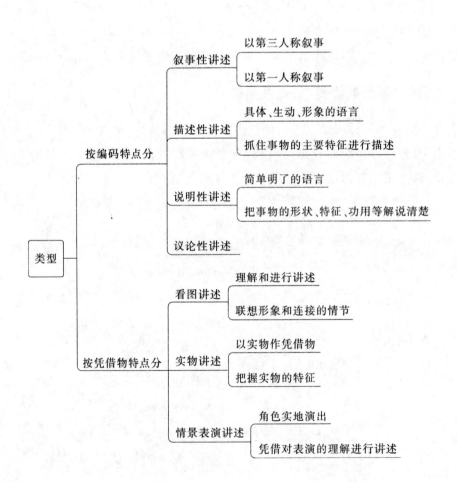

特点
- 有一定的凭借物
  - 辅助儿童的记忆
  - 指出了讲述的中心内容,满足集体活动的需要
- 有相对正式的语境
  - 慎重考虑后才能发表个人见解
  - 经过较完善的构思说出一段完整的话
  - 用词造句正确、准确、合乎规则
  - 针对具体的言语凭借物的实际
  - 组织口语表达的内容和方式
  - 运用正规的语言风格说话
- 旨在锻炼一种独白语言
  - 按照所要表达的内容选择词语、组成话语
  - 将自己构思的讲述内容说出来

类型
- 按编码特点分
  - 叙事性讲述
    - 以第三人称叙事
    - 以第一人称叙事
  - 描述性讲述
    - 具体、生动、形象的语言
    - 抓住事物的主要特征进行描述
  - 说明性讲述
    - 简单明了的语言
    - 把事物的形状、特征、功用等解说清楚
  - 议论性讲述
- 按凭借物特点分
  - 看图讲述
    - 理解和进行讲述
    - 联想形象和连接的情节
  - 实物讲述
    - 以实物作凭借物
    - 把握实物的特征
  - 情景表演讲述
    - 角色实地演出
    - 凭借对表演的理解进行讲述

资料卡片

讲述活动中的凭借物

借用凭借物是幼儿园讲述活动的重要特征之一。凭借物给幼儿划定了讲述的中心内容,使他们的讲述语言具有明显的指向性,帮助幼儿降低讲述的难度。在讲述活动中凭借物往往成了幼儿讲述的客体,对幼儿的讲述起着重要的作用。那么,如何选择合适的凭借物也就成了讲述活动设计与组织的必要关注点。

一、讲述活动中主要有以下几类凭借物:

1. 图片。如传统经典的印刷成品图片《大象救兔子》《明亮的玻璃窗》《一个小宝两个样》;教师自制的图片;教师的半成品图(边讲边画);幼儿边讲述边画的图;单独、单张的人、物、景的图片。

2. 实物。对当前的真实具象的物体进行讲述。如科技产品,包括生活用品、玩具、动物植物、自然景物等。可以看也可以触摸,要注意安全、大小适宜等可观察性原则,并注意不要演变成科学认识的谈话活动。

3. 情景表演。主要有真人表演和木(指)偶表演,表演力求无声,也就是不配音,给幼儿留下讲述的空间。通过引导幼儿对情景表演中的人物,包括人物的动作、眼神、姿态,还有场景、情节等的观察、理解、想象,进行讲述表达。

4. 音响。如《愉快的早上》,可以先让幼儿听一段录音。里面有起床、穿衣、刷牙、洗脸、关门、汽车、自行车、幼儿园的声音等。通过对声音的判断、理解、想象进行讲述。

二、讲述活动中适宜的凭借物应具有的特点:

1. 凭借物可以给幼儿留下讲述的空间和可能性。

从幼儿讲述活动常用的四类凭借物中可以发现:在以集体活动为主要教学形式的讲述活动中,幼儿虽然面对同一种凭借物,但是因为生活经验的差异、性格的不同,也带来了不同的讲述风格。可表现在讲述语言内容、讲述语言运用形式等方面。在幼儿的讲述中可以发现叙事型的口语表达、描述性的口语表达、说明性的口语表达以及议论性的口语表达。这些表达形式并不成熟,如不完整、零碎等。但这就是在讲述教学活动中教师所要关注和帮助幼儿发展的。另外,孩子感知观察凭借物的过程中,必须运用自己已有的概念,通过想象、判断、推理等多种思维形式的活动,得出自己对当前事物的分析并以语言形式加以表达。由此也带来了讲述的广泛空间。如大班讲述活动《大象救兔子》提供了四张图片:(1)一群兔子在草地上玩耍,一只饿极了的大灰狼躲在树后露出了阴险的脸和长而尖利的牙齿,一只大象在附近的河里洗澡。(2)小兔子们撒开四条腿慌张逃至河边,大灰狼

紧随其后。(3)大象用它庞大的身躯在河上架起了一座安全之桥,小兔子迅速过河。(4)小兔子顺利逃到河的对岸,大象悠然洗澡,大灰狼气急败坏、无可奈何。在这个讲述活动中,故事的主题是确定的也没有任何歧义,但在讲述每张图片的过程中都有无限的表达空间。以第一张为例,第一张是故事的开头部分,可以讲述故事发生的时间、地点、人物等。孩子们可以根据自己对图片的观察、理解、分析、想象加以合理的表达。每个角色都可以成为故事讲述表达的人称。如:(1)有一只大象在河边洗澡,突然他发现……(2)一只饿坏了的大灰狼在森林里寻找食物,他转啊转啊来到了草地边,突然他发现眼前出现了一顿美餐啊……(3)一群小兔子在草地上快乐地游戏,突然小灰兔惊慌地叫道:大灰狼……不仅如此,在对场景、时间等的表述上都可以不同。

2.凭借物的数量和内容长度应适宜幼儿感知观察和表达。

针对幼儿经验水平较弱、注意力容易分散、记忆的广度深度等品质一般、思维直观具体易受暗示等特点,教师在确定凭借物的过程中要注意:(1)图片的数量不宜过多,通常不超过四幅。选图讲述中也同样如此。(2)情景表演和声音的长度都要有所控制,一般的时间长度不超过三分钟。而且可以根据需要反复表演和播放(可以分段)。(3)在对实物的讲述中可以分组提供凭借物,以提供一类实物为例,可提供在外形(包括大小和颜色等)、材质(包括色香味等)、使用方法等上有差异的凭借物,使幼儿的认识朝全面、完整的方向发展。要注意每组每次一起呈现的凭借物不能超过四件。

3.凭借物应服务于讲述主题并有利于讲述目标的达成。

凭借物是讲述活动的重要教学材料,是完成讲述活动的物质基础和依托。在选择凭借物的过程中一定要有目标意识,因为凭借物必定是完成目标的材料,所以教师至少要关注:凭借物和目标之间的一致性问题,也就是在对当前凭借物的讲述过程中,不管怎样变化语言内容和语言形式,讲述的主题始终是不变的,这样才能保证有质量地完成教学目标。如《大象救兔子》的讲述中,由于图片设计合理,任幼儿变化讲述的方式,主题始终只有一个:大象救兔子。这种情况在排图讲述的教学过程中教师也要明确并加以坚持。

三、动画片作为凭借物的转换运用。

在对幼儿园教育实践的研讨中我们可以发现,动画片被广泛应用于教学活动中,其中包括讲述活动。教师们一方面应用它,另一方面也感到动画片并不是讲述活动的最佳凭借物,原因大致有以下几点:

1.动画片提供了过多的动作、语言,制约了幼儿的思考和表达的空间。

2.视听的综合刺激,强化了片子的声、色、形,削弱了幼儿的想象空间。

3.长度过长,从一定程度上侵占了幼儿的讲述时间同时也弱化了讲述的练习。

4.内容和关注的信息多,导致讲述目标可能会出现歧义,弱化了目标甚至不利于目标的完成。

5.动画片形式上是一种接受式的娱乐活动。听看多于说。

6.观看过程中片段式的表达不是有计划、有目的的讲述活动,只是一种随机式的表达活动。

然而,我们也可以选取合适的动画片并加以优化使之成为讲述活动的适宜凭借物。如动画片《小贝流浪记》是中班孩子非常喜爱的一部动画片,也是培养幼儿感受亲情、磨砺意志、挑战困难的一部优秀动画片。那么如何用好这个凭借物呢?笔者认为可以尝试以下方法:(1)截取画面,去声留图:①小贝幸福的一家;②小贝迷路遇险;③小贝学习本领战胜困难险阻;④小贝回到温暖的家。(2)设计针对性的提问。(3)引发幼儿的讲述。(4)串联整个故事。(5)完整欣赏动画片。

——钱峰(本文节选自苏州高师钱峰老师的教学反思笔录。)

第二节　讲述活动的组织与实施

讲述活动要求幼儿围绕某一对象连贯、清楚、完整地讲述,重点学习讲述的方式方法,避免幼儿刻板地模仿教师的思路是讲述活动设计和组织过程中必须注意的一个重要问题。周兢认为,讲述活动的设计和组织可以按照以下四个步骤来进行。

一、讲述活动设计的第一阶段

第一阶段,感知理解讲述对象。

讲述活动的特点之一,是具有相对固定的讲述对象即凭借物,因而在设计组织讲述活动时,首先要帮助幼儿感知理解讲述对象。感知理解讲述对象,主要通过观察的途径进行。这里所说的观察,大部分是通过视觉汲取信息,但也不排斥从其他感觉通道去获得认识。许多看图讲述、实物讲述、情境表演讲述,先让幼儿仔细看图、看实物、看表演理解讲述对象。而触摸实物讲述"神奇的口袋"则要求幼儿闭上眼睛从口袋里摸出一样物体,然后通过触摸感觉物体的特征,猜出物体名称并讲述物体。听录音讲述"夏天的池塘",先让幼儿听一段录音,请幼儿分辨出录音中各种声响,如知了、青蛙的叫声。通过听录音将各种声音联系起来,想象出夏天池塘的环境以及发生的事情。这是从听觉途径去感知理解讲述对象。

教师怎样指导幼儿感知理解讲述对象呢？可把握三点：

1. 依据讲述类型的特点感知理解讲述对象。如叙事性讲述,应重点感知理解事件发生的过程顺序以及人物在其中的作用。描述性讲述,观察重点则在物体或人物的状态动作、特征以及像什么,等等。只有从这样的角度把握住了讲述对象,才能为讲述做好准备。

2. 依据凭借物的特点感知理解讲述对象。讲述活动中的凭借物是多种多样的,有的是几幅平面的相互有关系的图片,有的是立体的固定的实物,也有的是活动的连续动作的情景,还有的是听觉信息组成的活动情景,等等。教师在指导幼儿感知理解讲述对象时,应抓住这类讲述对象的特点去组织观察活动过程。

3. 依据具体活动要求的特点感知理解讲述对象。每一次活动的目标要求是不一样的,有时要求幼儿学习有中心、有重点地讲,有时要求幼儿有顺序地讲。教师的任务是根据活动的具体要求,指导幼儿观察,以便为讲述打好认识上的基础。

二、讲述活动设计的第二阶段

第二阶段,运用已有经验讲述。

在幼儿感知理解讲述对象的前提下,教师引导幼儿运用已有的经验进行讲述。这一步骤的活动组织,要求教师尽量放开,让幼儿自由地讲述,给他们以充分的机会,实践运用已有的讲述经验。组织幼儿运用已有经验讲述的方式很多,基本上可以归纳为以下三种。

1. 幼儿集体讲述。这种方式虽然保持集体活动的状态,但是给每位幼儿围绕感知对象以充分自由发表个人见解的机会。如中班讲述活动"我带来一把美丽的扇子",教师在活动设计组织时,可让幼儿根据个人经验向同伴介绍自己带来的扇子,教师不作规定和提示。

2. 幼儿分小组讲述。分小组讲述一般情况下每组 4 人,幼儿可有更多机会围绕同种感知对象,轮流进行讲述。这种形式具有一定的直接交流的性质,能保证每位幼儿均有讲述的机会。仍以"我带来一把美丽的扇子"为例,教师在组织这一活动时,可将幼儿分成小组讲述各人从家里带来的扇子。

3. 幼儿个别交流讲述。个别交流讲述常常是幼儿一对一地讲述。教师可让幼儿就近与邻座同伴结成对子,轮流讲述,也可让幼儿对着假想角色讲述,如讲述"我心爱的一件玩具",幼儿对着自己的玩具讲述玩具的可爱之处。这样的讲述方式对幼儿具有相当的吸引力。教师在指导幼儿运用已有经验进行讲述时,需要注意两点。一是让幼儿自由讲述前,交代清楚讲述的要求,提醒幼儿要围绕感知理解的对象进行讲述。二是在幼儿自由讲述的过程中,注意倾听幼儿的讲述内容,发现幼儿讲述中的"闪光点",以及存在的问题。在活动中,教师不要过多指点幼儿讲述,最多以插语、简单提问引发幼儿讲述,以免干扰幼儿运用已有经验进行讲述。运用已有经验讲述是一种放手让幼儿讲的活动程序,这一开放的步骤对于下一步活动十分必要。实践证明,如缺乏这一步骤活动,讲述活动的效果会受到影响。

三、讲述活动设计的第三阶段

第三阶段,引进新的讲述经验。

经上一阶段"开放性"的讲述之后,教师应将活动导入"收"的程序,为幼儿引进新的讲述经验。新的讲述经验,是每次讲述活动的学习重点。在制定活动目标时,教师应考虑上次活动的重点、解决的问题、达到目的情况,以便在此基础上向幼儿提供新的讲述经验。新的讲述经验主要是指讲述的思路和讲述的方式。

引进新的讲述经验的方式是多种多样的,归纳起来有以下几种:

1. 教师示范新的讲述经验。教师在幼儿自己讲的基础上,提出一种新的讲述思路,就同一讲述对象发表个人见解。如大班拼图讲述"太阳、花和小姑娘",在幼儿自己拼图讲述之后,教师重新拼摆贴绒图片,构成一个合理的画面,并添画小鸟、小鸡等小动物,然后按照这一完整画面,将小姑娘、小鸟、小鸡和太阳、花构成有情节的内容并讲述出来。教师的这种示范只是讲述思路中的一种,绝不是幼儿复述的模本。如果教师误解了示范的作用,要求幼儿照教师讲述的内容一字不漏地模仿,幼儿便毫无趣味而言,会极大地影响幼儿讲述的积极性和创造性。

2. 教师通过提示引进新的讲述经验。在有些活动中,教师可以用提问、插话的方法引导幼儿的讲述思路,为他们导入新的讲述经验。在运用这类方法时,教师表面上顺着幼儿的讲述内容,实际上却是通过提问、插话不断改变幼儿的讲述思路。

3. 教师与幼儿一起讨论新的讲述思路。教师可从分析某一位幼儿的讲述内容入手,与幼儿一起归纳新的讲述思路。例如:在组织讲述"我心爱的玩具"的活动中,教师说:"刚才××小朋友讲得真好。他在讲述自己心爱的玩具时,先讲了什么? 先讲了玩具的名称。然后呢? 又讲了玩具是用什么材料做的。接下来又说了什么? 说了玩具的特点——好玩的地方,最后又说自己多么喜欢这个玩具……"教师讲这段话时边问边答,和幼儿一起分析讨论,帮助幼儿理清讲述的顺序,于是引进了新的讲述经验。

四、讲述活动设计的第四阶段

第四阶段,巩固和迁移新的讲述经验。

讲述活动中,仅仅引进新的讲述经验是不够的,还需要提供幼儿实际操练新经验的机会,以利于他们更好地获得这些经验。因此,讲述活动的最后一个步骤是巩固迁移新的讲述经验。

在活动中,巩固和迁移新的讲述经验,有一些具体做法。一是由 A 及 B。当幼儿学习了一种新的讲述经验后,教师立即提供同类不同内容的机会,让幼儿用新的讲 A 的思路去讲述 B。例如:幼儿学习讲述一件玩具后,教师可让幼儿用同样的思路讲述另一件玩具,从而帮助幼儿掌握所学新的讲述经验。二是由 A 及 A。在教师示范新的讲述经验并帮助幼儿理清思路后,让幼儿尝试用新的讲述方式来讲同一件事、同一情景。例如:学习讲述"秋天的菊花"思路后,让幼儿开个小花展,向小班的弟弟妹妹介绍秋天的菊花。值得注意的是,在这种情况下,教师应要求幼儿创造性地运用新的讲述经验,尽可能地避免绝对模仿和复述别人的话。三是由 A 及 A_1。用这种方法组织第四步骤的活动,教师可以在原讲述内容的基础上,提供一个扩展或延伸原内容的讲述机会。如拼图讲述"太阳、花和小姑娘",在教师示范过新的拼图添画和讲述经验之后,进一步要求幼儿自己拼图添画,然后讲述。通过这样一个环节让幼儿巩固和迁移新的讲述经验。总之,在四个步骤的讲述活动组织中,有一个内在的完整的组织程序。可以说,每一次幼儿学习新的讲述经验,都在每次活动中获得操练、实践,以利于巩固、迁移,并且在下一次讲述活动中再次尝试运用。通过这种"滚雪球"的积累过程,幼儿的讲述能力会不断得到发展。

第三节　全语言视野下的讲述活动实例库

1. 顽皮的小老鼠

设计意图

该教材与幼儿的生活经验相符合,小班孩子年龄小,没有明确的是非观,觉得有趣的事,就非常想尝试,但不知道这样做会伤害别人也会伤害到自己。小老鼠,正是这样一个充满好奇心的孩子,它的心理状态是与幼儿能够产生共鸣的。幼儿有了这样的情感共鸣,学习讲述的时候自然能迁移已有经验,把自己完全融入情景之中。活动中教师将抽象的字词与孩子的生活联系起来,用重复、填空的方法,练习把语句、情节说完整,提升了幼儿的语言表达能力。

活动目标

1. 学习讲述故事的主要情节,小老鼠吓唬妹妹、弟弟,最终吓到了自己。

2.尝试迁移生活经验,理解词语"吓唬""害怕"并学习使用。

3.理解吓唬别人是不对的,在别人遇到难过的事时应给予关怀。

[活动准备]

图片5张,小老鼠木偶1个。

[活动过程]

1.教师出示图2老鼠妹妹图,幼儿联系生活经验理解词语"吓唬""害怕"。

指导语:鼠妹妹怎么了? 她是什么表情? 我们来学一学。

教师和幼儿一起学习老鼠妹妹害怕的样子。

指导语:你遇到过害怕的事吗? 谁来说一说?

请2~3名幼儿说一说自己遇到的害怕的事情,调动幼儿生活经验。

2.教师完整出示图片,幼儿在教师的帮助下理解图片的主要情节。

(1)在教师的引导下,幼儿根据图片讲述图1至图3的内容。

教师指图1,这幅图里说了些什么? 这到底是谁? 是小猫还是小老鼠? 你在图上怎么看出来的? 原来这是小老鼠扮的小猫。

教师指图2,鼠妹妹被吓得怎么样了?

教师指图3,鼠弟弟被吓得怎么样了?

(2)教师出示图片5,幼儿猜测小老鼠晕倒的原因。

指导语:小老鼠怎么了? 他怎么会晕倒的? 到底发生了一件什么事情呢?

(3)教师出示图片4,引导幼儿将图4、图5联系起来看,理解小老鼠晕倒的原因。

指导语:让我们说一说小老鼠是怎么晕倒的。

3.在教师的引导下,幼儿完整讲述故事。

(1)幼儿两两结伴讲述故事。

指导语:两个小朋友手牵手,眼睛看眼睛,一起把这个故事说一说。

(2)幼儿在木偶小老鼠的动作提示下,尝试完整讲述故事。

指导语:小老鼠来表演啦,我们帮他讲一讲故事。

4.在教师的引导下,理解吓唬别人是不对的。

指导语:小老鼠爱吓唬人,最后他怎么样啦? 吓唬人好不好?

他现在晕倒了,也挺可怜的,我们来安慰安慰他吧!

[活动延伸]

课后可以让幼儿玩一玩"照镜子"游戏,进一步理解为什么小老鼠看到镜中的自己会晕倒,教师可以把图片缩小贴在区角中,让幼儿进一步讲述,提升幼儿的语言表达能力。

附故事：

顽皮的小老鼠

　　小老鼠一个人在玩积木，觉得很无聊，它想了想，想到一个主意。它戴上小猫面具去吓人，它悄悄地走到了鼠妹妹的后面，见鼠妹妹正抱着心爱的小熊，突然大声一叫："喵!"吓得鼠妹妹赶紧逃，小老鼠高兴地哈哈大笑。它又悄悄地来到鼠弟弟的房间，鼠弟弟一看是一只小猫，吓得都尿了出来。小老鼠高兴极了，戴着面具继续去吓人，它走进了一个房间，来到了一面镜子跟前，突然看到前面有一只可怕的猫正在看它，以为猫来抓它呢，一下子吓得晕了过去。

教学图片：

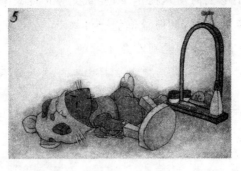

（案例提供:南京市游府西街幼儿园）

案例分析	《顽皮的小老鼠》
全语言理念体现域	具体体现
整合的、渗透的	将社会领域中的目标与语言发展目标相互渗透,促进语言发展的同时可以促进社会性情感的发展。
应用的、有需求的	幼儿与小老鼠一样觉得有趣的事情都想尝试,但是不考虑这样做带来的不良后果。讲述故事的过程中幼儿很容易产生心理共鸣,并具有伴随语言迁移已有经验的需要。
平等的、开放的	小班幼儿刚接触书面语言时无法直接理解其含义,教师可以在整个活动中以提出问题的方式引导幼儿的语言学习。
探索的、创新的	引导幼儿进入故事情境,充分发挥幼儿的想象力并讲述故事,创意的语言学习就自然发生了。
活动的、操作的	活动中教师将抽象的字词与孩子的生活联系起来,用重复、填空的方法,练习把语句、情节说完整。

2. 一片荷叶

设计意图

《一片荷叶》与幼儿生活经验相结合,通过一片荷叶的不同妙用激发幼儿对周围其他事物的进一步关注、探究、想象,不仅培养了幼儿的想象力,同时满足了幼儿的交流、表达愿望。

在平时的讲述活动中,我们发现有些孩子往往讲述的是自己比较感兴趣或很关注的故事内容,对事件的起因或细小的环节,往往会忽略,针对这种情况教师采用了不出示第1幅图的方式,让幼儿在表达过程中发现故事的不完整,帮助幼儿更好地感知讲述完整的重要性。

活动目标

1.围绕荷叶不同的用途展开讲述,并以荷叶为线索表述故事内容。

2.在第1幅图不出示的情况下,用逆推的方法感受看图讲述中故事的完整性与连续性。

3.知道看图讲述完整故事的重要性,愿意把自己的故事讲完整。

活动准备

1.幼儿对各种树叶的外形特征有一定的认识、了解。

2.图片(4幅)、荷叶一片。

活动过程

1.教师引导幼儿了解感受讲述对象,并围绕荷叶展开想象。

指导语:老师今天带来了一张夏天的叶子,你们看是什么叶子,你在哪里见过它?荷叶是什么样子的?像什么?如果你有一张荷叶你会用它做什么?

2.教师引导幼儿迁移讲述经验,看图进行讲述。

(1)教师逐幅出示第2、3、4幅图,幼儿理解并讲述。

教师出示图2:图上有谁? 在用荷叶干什么?

小鸡为什么要用荷叶当雨伞? 它拿荷叶当雨伞后心里会想什么?

幼儿完整讲述图2。

教师出示图3:接下来又发生了什么事情?

你能不能像刚才一样把故事讲得好听一点? 加上小鸡心里想的话。

幼儿自由看图讲述。

教师出示图4:这幅图谁能把它说得好听一点?

幼儿自由看图讲述。

(2)幼儿结伴讲述图2～图4。

教师进行个别指导,观察幼儿是否按照图的顺序进行讲述活动。

3.教师帮助幼儿引进新的经验讲述故事。

(1)教师启发幼儿发现问题。

指导语:刚才你们都说了一遍故事,你们觉得这个故事完整吗? 少了哪幅图? 可能说什么?

(2)教师出示图1,引导幼儿进行完整讲述。

指导语:刚才你们说的都可能作为故事的开头,但第1幅图究竟说了什么? 我们一起来看一看。

(3)幼儿看图结伴完整讲述故事。

(4)教师请一名幼儿上台讲述故事。

4.教师帮助幼儿归纳、整理讲述经验。

指导语:在今天的故事中我们发现少一幅图感觉怎样? 所以讲故事时要怎样?

活动延伸

可以引导幼儿进一步想一想荷叶还可以干什么,还可以引导幼儿画一画荷叶,感受荷叶与其他叶子的不同。

附故事:

图1:小鸡要到小鸭家看望生病的小鸭子。走到半路上,它看到地上有一片荷叶,觉得很好玩,就把它捡了起来,带在了身边。

图2:哗啦啦,下雨了。"这可怎么办?"小鸡忽然想起了它的荷叶。小鸡举起荷叶,躲在荷叶伞下,一点儿雨都没有淋着。

图3:走呀走,小鸡来到了河边。"我不会游泳,怎么过河啊?"小鸡想了想。它

看到自己的荷叶,又想出了办法。它坐上荷叶小船,划过了河。

图4:小鸡在路上还摘了许多漂亮的鲜花,可花太多了,小鸡拿不下。它又把荷叶变成了荷叶花篮,装了很多的花,送给了小鸭子。小鸭子收到了花篮非常开心。

教学图片:

(案例提供:南京市游府西街幼儿园)

案例分析	《一片荷叶》
全语言理念体现域	具体体现
整合的、渗透的	语言学习的同时增加了对荷叶不同用途的认知。
平等的、开放的	教师在整个讲述活动中扮演指导者与支持者的角色。
探索的、创新的	教师在故事讲述过程中采用逆推讲述的创新方法,激发幼儿的好奇心,推动语言学习的进程。
活动的、操作的	看图讲述是一种有效的语言操作方式。

3. 奇怪的洞

设计意图

这个故事具有夸张的想象、有趣的悬念以及富有情趣的情节,五幅图片既相对独立又相互联系,符合大班幼儿的表述要求。在以往的活动中,当我们发现幼儿的表达比较枯燥、缺乏情感时,通常就会用“能把故事说得再丰富一些吗”或“把故事再讲好听一点儿”等语言进行提示,但结果还是不能达到理想效果。在这个活动中,教师通过“对话框”的使用及贯穿故事主线索的词,使幼儿了解到讲述丰富情节的具体方法,从而也就实现了有效学习。

活动目标

1. 理解多幅图片讲述的线索,尝试讲述图片内容,积累相应词汇。

2. 在对话框的帮助下学习讲述故事,丰富讲述经验。

3. 学习在与同伴交流过程中吸取表述的经验。

活动准备

大图片5张、小云朵图5张(1张有文字"咦,我怎么飞起来了?"1张有文字"奇怪"和3张画空白云朵的)。

活动过程

1. 教师出示图1、图5,引导幼儿想象故事中可能发生的情节。

指导语:这两幅图片告诉我们一个有趣的故事,你们猜猜这会是个什么故事,小鸡是从哪儿来的呢?

2. 教师出示图2～图4,幼儿在图片的帮助下理解故事情节线索。

指导语:这下你们知道小鸡是怎么孵出来的了吧? 小鸡是怎么孵出来的?

小老鼠和鸡蛋怎么会到大象鼻子里去呢?

它怎么会以为那是一座桥呢?

3. 幼儿结伴看图讲述。

指导语:现在请你们把这个故事讲给好朋友听。

4. 教师出示带有小老鼠语言的"小云朵",引导幼儿讨论。

教师指图4上的小云朵。

指导语:你们知道小云朵里是什么话吗?(咦,我怎么飞起来了?)这是谁说的话? 你怎么知道的?

小结:原来小云朵的尖角对着谁,就是谁在说话。

5. 教师出示"空白云朵",引导幼儿迁移经验,丰富讲述内容。

教师在图4大象上摆放空白云朵。

指导语:这个小云朵放在大象的上面,它会说什么呢?

我这儿还有一些小云朵,你们看看可以放在哪里,可以说什么?

6. 教师启发幼儿讨论表述图片的情绪线索。

教师指图5。

指导语:小老鼠这时的表情是什么样的? 可以用一个什么词来说一说?(奇怪)

教师出示"奇怪"小云朵,放在图5。

其他几幅图可以用上这些词吗? 哪里可以用?

7. 幼儿迁移经验,完整讲述故事。

指导语:刚才用小云朵和重要的词帮助我们讲故事,你会用这个方法把故事完整说一遍吗?

附故事：

　　一天，小老鼠奇奇出去玩，突然发现了一个蛋，奇奇想，"咦，奇怪，怎么有一个没人要的蛋呢？"它等了半天都没有人来找蛋，于是只好把这个蛋抱回家。它抱着蛋来到河边想过河，可是河面上一座桥都没有。这时它发现河上有一个洞，奇奇想，"奇怪，怎么有一个像桥一样的洞呢，正好可以过河啦！"于是奇奇抱着蛋钻了进去，这个洞很黑、很黑，奇奇抱着蛋用劲儿地往前走呀走呀。原来这个洞是大象的鼻子，大象突然觉得鼻子很痒痒，于是站了起来打了一个大大的喷嚏，小老鼠奇奇和蛋一下都"飞"了出来，跌到了河对岸的草地上。这时蛋壳裂开来了，里面钻出来一只小鸡。

教学图片：

（案例提供：南京市游府西街幼儿园）

案例分析	《奇怪的洞》
全语言理念体现域	具体体现
整体的、平衡的	讲述"奇怪的洞"的故事时，引导有意识地灌输书面词汇，引导幼儿在运用日常语言的同时逐渐学习书面语言。
平等的、开放的	整个讲述活动中教师运用有效的提问引导幼儿正确理解画面，为幼儿的学习创造了良好条件。
探索的、创新的	这个故事具有夸张的想象、有趣的悬念以及富有情趣的情节，这使幼儿语言学习充满探索与创新。
活动的、操作的	在"对话框"和"主线索"词的提示下讲述故事，这是一种既有新意又有使用价值的语言操作方式。

幼儿园讲述活动

4. 小刺猬学时髦

设计意图

这一年龄段幼儿特别喜欢模仿,好的模仿、坏的也模仿,他们还不清楚什么是适合自己的。我们选择这一教材,目的是希望通过故事中小刺猬的遭遇,帮助幼儿分辨"时髦"与"美",让幼儿知道方便的、适合自己的才是最好的。活动中,在故事线索清晰的同时,我们还提供了四个点激发孩子的想象力和发散思维:1.对"时髦"的不同认识;2.对小刺猬的刺直、卷、直变化的猜测;3.对卷刺带来麻烦的设想;4.对话框(小云朵)情境填空。

活动目标

1. 以小刺猬的刺直、卷、直的变化为主线索,进行发散式讲述。
2. 通过对小云朵中文字的理解与运用丰富讲述经验。
3. 大胆表述出自己不同于他人的想法。

活动准备

故事图片6幅、空白对话框"小云朵"1个。

活动过程

1. 教师引导帮助幼儿明确主线索:直刺、卷刺、直刺。

(1)教师出示图3,帮助幼儿理解"时髦"一词。

指导语:云朵里有什么?什么叫"时髦"?

(2)教师出示图1、3、6,引导幼儿理解故事主线索:直刺、卷刺、直刺。

指导语:这3幅图上的小刺猬有什么不一样?小刺猬的刺怎么会先直,后卷,最后又直了呢?发生了什么事情呢?我们一起来看一看。

2. 引导幼儿按主线索刺直、卷、直,进一步分段理解故事。

(1)教师出示全部图片,幼儿观察图1—图3,理解小刺猬卷刺的由来。

指导语:小刺猬到底为什么要把直刺烫卷?

请1~2名幼儿说一说。

(2)幼儿观察图4~图6,理解卷刺给小刺猬带来的麻烦。

指导语:卷刺好吗?方便吗?为什么?

3. 在图片的提示下,幼儿自由表述图片内容。

(1)幼儿独立自由讲述故事。

指导语:请小朋友自己看着图片先来说一说这个故事。

(2)请个别幼儿讲述故事。

指导语:谁愿意把这个故事说给我们听一听?

4.教师引导幼儿迁移讲述经验,丰富讲述情节。

指导语:这儿还有一个云朵,里面没有字,把它放在采不到果子的刺猬旁边,里面会是什么呢?谁来猜一猜?放在最后变回原来直刺的小刺猬旁边,它又会说什么呢?

教师通过对小云朵中内容的发散式讲述丰富幼儿讲述经验。

活动延伸

结合这个活动,可以带领孩子一起去参观理发店,让幼儿对各种发型有个初步的了解,也可以结合班级的角色游戏开展"理发店"游戏,使主题进一步深入,更好地促进孩子的发展。

附故事:

小刺猬学时髦

小刺猬上街玩,看见卷毛狗有一身非常漂亮的卷毛,很美慕。回家后,他想了许多办法,最后终于用电吹风把浑身原本笔直的刺都烫卷了!他照照镜子,很得意,还画了眉毛、涂了口红出去展示。小朋友看见卷毛刺猬,夸他"时髦"。他听了以后更加得意了!一天,他和同伴上山采果子,别的刺猬都采得满身都是果子,他身上却一个果子也没有!他正在奇怪,突然,一只狗一边大声"汪汪汪"地叫,一边向他飞奔过来,这只狗以为小刺猬是他的同伴。小刺猬吓得转身就逃。还好,刺猬妈妈及时赶到,小刺猬得救了!小刺猬的脸红了,把卷刺重新又"拉直",和朋友一起采果子去了。

教学图片:

（案例提供：南京市游府西街幼儿园）

案例分析	《小刺猬学时髦》
全语言理念体现域	具体体现
整合的、渗透的	将社会领域中的目标与语言发展目标相互渗透，促进语言发展的同时可以促进社会性情感的发展。
随时的、无处不在的	幼儿自由讲述，倾听他人讲述，在表达和倾听的过程中自然而然地学习语言。
平等的、开放的	教师鼓励幼儿大胆讲述与他人不同的观点，这使幼儿敢于表达、乐于表达。
探索的、创新的	在图片的提示下，幼儿自由表述图片内容，充满想象力的故事会激发创造性语言的产生。

5. 灰角鹿

设计意图

这是一则感人的童话，故事中小鹿随着自己灰角的变化，经历了变灰角的难过、小鸟来做窝的高兴、照顾小鸟而淡忘灰角的充实和灰角被小鸟回报恩情而打扮成美丽"花角"的满足的情感变化。这则故事传递给孩子非常好的信息，即同伴之间相互关心、相互帮助才能克服困难，获得快乐。

由于这节活动的社会性情感比较突出，因此作为领域间渗透活动进行设计。

活动目标

1. 理解图片内容，尝试围绕"小鹿心情变化"的线索讲述图片。

2. 在小卡片的帮助下,学习用"……的时候,小鹿就……"的句式丰富讲述内容。

3. 知道用积极乐观的心态去面对困难,体验同伴相互帮助带来的快乐。

活动准备

1.故事图片4幅。

2.句式图片2张(1张小云朵里填有图3中第1个小图内容,另一张小云朵里没有填内容)。

3.问号处可添画的小图3张(刮风、下雪、花开)。

活动过程

1.教师引导幼儿感知理解图片内容。

(1)教师出示图1和图4,引导幼儿初步感知小鹿在故事中的情感变化。

指导语:今天我们要说的是谁的故事?在这两幅图中,小鹿的心情一样吗?有什么不同?小鹿为什么会伤心?最后小鹿为什么又很快乐?

(2)幼儿根据教师提供的线索猜测可能发生的故事情节。

(3)教师出示图2,引导幼儿理解图片内容。

指导语:我们一起来看一看中间的图片,看看故事里到底发生了哪些事,使小鹿由伤心变得快乐的。小鸟在干什么?它们为什么会在小鹿头上做窝呢?小鹿醒来了,它和小鸟的表情怎样?它们会说什么?

(4)教师出示图3,引导幼儿理解图片内容。

指导语:那么到底小鹿有没有接纳小鸟呢,我们来看看下面的图上说了什么。

小鹿有没有接纳小鸟呀?为什么?你从哪里可以看出来?看来,小鹿不仅没有把小鸟赶走,还很喜欢它们,照顾它们呢。

小鹿是怎么照顾小鸟的?我们来仔细看一看这幅图,这里画的是什么天气?小鹿在下雨的时候是怎么照顾小鸟的?这幅图上的天气是怎样的?小鹿又是怎么照顾小鸟的?

这个"?"放在这里是什么意思?还有什么样的天气?幼儿说到小图上的天气,教师可以及时出现小图,小图上没有的要及时给予幼儿鼓励。

(5)教师出示图4,引导幼儿理解图片内容。

指导语:现在你们知道小鹿是怎样变快乐的了吗?

2.幼儿独立完整地讲述图片内容。

3.教师引进新的讲述经验,丰富幼儿的讲述。

(1)教师出示对话框(小云朵里填有图3中第一个小图内容的句式图片),引导幼儿学习讲述。

指导语：刚才讲述时你们在讲到哪幅图时有困难？

这幅图中有几幅小图？谁来数一数？"?"是什么意思？至少要说几句话？

老师这儿有一张小图片，能帮你们的忙。图片上有什么？它讲的是哪幅图上的事情？你是怎么看出来的？

（2）教师出示对话框（小云朵里没有填内容的句式图片），引导幼儿学习运用句式讲述。

指导语：下面，请你和旁边的小朋友一起用小云朵帮助自己讲一讲第三幅图。

（3）教师请幼儿两两结伴，在小卡片的帮助下讲述图3。

4.教师引导幼儿结合社会主题讨论"相互帮助会给自己带来快乐"。

指导语：小鹿的角最后有没有变成原来的颜色？那它为什么还开心？小鸟开心吗？为什么？你会帮助好朋友做什么事情？

教师小结：你帮助了别人，别人也会关心你，这样大家都会快乐！

活动延伸

教师可以利用课后其他时间继续引导幼儿用"当……的时候，……就……的"句式，引导幼儿造句，培养幼儿语言表达能力。

领域渗透

第3个环节设计渗透到数学领域，让幼儿数一数有几幅小图，要说几句话，进行图和句子之间的匹配。第5个环节设计渗透到社会领域，幼儿在交流中学习了使自己变得开心的方法，懂得用积极乐观的心态去面对困难。活动后可结合美术活动，让幼儿围绕"小鹿还会怎么照顾小鸟"进行自主绘画。

附故事：

灰角鹿

一只小鹿因为生病，头上的角变成了灰色，它伤心极了！一天，它正在树丛中睡觉，一只小鸟飞到了它的头上，小鸟看了看四周想：这要是搭个鸟窝该多好啊！于是，小鸟衔来许多干草和树枝放在小鹿的头上，不一会儿，一个漂亮的鸟窝就搭好了。小鹿睡醒后发现自己的头上成了鸟窝，心想：小鸟搭一个窝多不容易，以后我得慢慢地走，别把小鸟给摔坏了。当下雨的时候，小鹿就躲到树叶下，不让小鸟淋湿；当天晴的时候，小鹿就站在太阳下，让小鸟把羽毛晒干；当小鸟学习飞的时候，小鹿就用鼻子接住它，不让小鸟掉下来。渐渐地，小鸟长大了，它们和爸爸妈妈一起衔来许多漂亮的牵牛花放在小鹿头上，小鹿的灰角变成了美丽的"花角"。

教学图片:

（案例提供：南京市游府西街幼儿园）

案例分析	《灰角鹿》
全语言理念体现域	具体体现
整合的、渗透的	这节语言活动的社会性情感比较突出，是较为典型的领域间渗透活动。
整体的、平衡的	用积极乐观的心态去面对困难，体验同伴相互帮助带来的快乐。
活动的、操作的	引导运用"……的时候，小鹿就……"的句式讲述故事。

6. 猴子学样

活动目标

1.通过观看有趣的图片，帮助幼儿理解图片中"爷爷"与"猴子"夸张的动作及猴子爱模仿人的习性，把握图片的情节、内容。

2.帮助幼儿运用完整、连贯的语言讲述图片的内容、情节。

3.培养幼儿认真观看图片的习惯和倾听的技能。

活动准备

供讲述用图片5幅、1首欢快的伴奏曲、帽子1顶。

活动过程

1.活动导入。

(1)游戏"请你跟我这样做":教师做各种各样的动作,幼儿模仿,其中有一些伸手、搔脑袋、扔东西等动作。

(2)角色导入:(老师戴上帽子,以卖帽子老爷爷的口吻讲述)我是一位老爷爷,我以卖帽子为生,在我卖帽子的经历中曾经发生过一件特别有趣的事,我请你们一起来看看。

2.展示图片,感知理解讲述对象。

(1)教师向幼儿提出仔细看图片的要求,引导幼儿认真完整地看图片。

(2)让幼儿分别看图片,教师运用提问的方式,帮助幼儿感知理解图片中的人物,事情的发生、发展和结果。

图一:图片上的是谁?正在干什么?要去哪里?干什么呢?

图二:老爷爷经过哪里?老爷爷怎么了?(老爷爷很累,睡着了。)学一学老爷爷靠着大树边打呼噜边耸肩的样子。

发生了什么事情?(引导幼儿关注小猴子的帽子)小猴子的帽子究竟从哪里来?小猴子们都有什么动作和表情?(引导幼儿学一学、做一做)

图三:猴子们不肯把帽子还给老爷爷,老爷爷急得怎么样?而猴子们又怎么样?

请幼儿想一想,如果你就是那位老爷爷,你会想什么办法把帽子要回来,鼓励幼儿大胆猜测想象故事中老爷爷解决问题的办法,并讨论出哪个办法最好。

图四:老爷爷是怎样要回自己的帽子的?他的这个办法好不好?

图五:最后怎样了?

(3)请小朋友给这个故事起个名字。

3.完整讲述故事。

(1)幼儿运用已有经验,完整连贯地边看图片边自主讲述故事内容。

指导语:原来,小猴子和老爷爷发生了这么有趣的事情。现在我们来看着图片生动有趣地讲讲老爷爷和小猴子的故事:《猴子学样》。

(2)个体尝试比较连贯地讲述故事,要求一位幼儿讲述,其他幼儿安静地倾听。

讨论:他(她)什么地方讲得最有趣?他用了哪些幽默的语气、动作?请小朋友们来说一说。

（3）教师适当地引导幼儿挖掘同伴讲述中幽默诙谐的语句，并和孩子们一起学习模仿。

（4）幼儿自由结伴进行讲述。

讲述前可以引进新的讲述经验，丰富讲述的情节，增加趣味性，如，卖草帽的老爷爷在哪里睡着了？小猴子看见后做什么了？老爷爷发现后先是怎样追猴子的？后来又是怎样巧妙地夺回帽子的？

在这一活动中教师应注意倾听幼儿讲述，既要帮助幼儿流畅地进行讲述，又要避免幼儿出现以动作代替表述的行为。

（5）引导幼儿想一想、说一说：这是一群怎样的小猴子？这是一位怎样的老爷爷？

4. 配乐进行故事表演：看样学样。

根据故事情节进行动作的创编和表演。

（1）请一位幼儿做"老爷爷"，其他幼儿均做"猴子"，随着"老爷爷"做动作。先由老师做"老爷爷"，幼儿做"猴子"，再过渡到幼儿自由表演。

（2）表演时"老爷爷"改变动作时，"猴子"必须迅速跟着改变动作。

活动延伸

进行猴子学样的音乐活动创编。

（案例提供：南京第一幼儿园）

案例分析	《猴子学样》
全语言理念体现域	具体体现
整合的、渗透的	运用音乐游戏活动导入语言学习，将音乐领域与语言领域相互渗透。
整体的、平衡的	将语言表达能力目标、观察习惯培养目标、倾听技能锻炼目标达到整体的平衡。
探索的、创新的	挖掘同伴讲述中幽默诙谐的语句对幼儿来说是一项语言探索的学习任务，充满新意和趣味。
活动的、操作的	允许幼儿自由结伴进行讲述，这为幼儿提供了一种语言操作方式。

7. 花园里

设计意图

1. 本活动目的是利用故事帮助孩子理解和学说日常用语，在活动中学习用疑问句表达。教师可以结合故事中的情境进一步让幼儿感受问句的表达方法。

2.根据小班孩子的特点,本活动采用生动有趣的情景,发挥幼儿的想象力,在游戏中自然而然地理解、学习生活中的简单日常用语。

3.考虑到幼儿的语言发展水平会存在个体差异,本活动通过有趣的情景和游戏,鼓励全体幼儿共同表达,学说短句。教师在出示图片之后引导幼儿进行填词讲述时,应照顾到能力比较弱的幼儿,给予他们一定的反应时间,然后再进行提问。此外,在活动中教师通过不同的语气、语调,逐步退位,从而激发幼儿说的愿望。

活动目标

1.幼儿能欣赏故事,感受故事中有趣的情景,理解疑问句,学说短句。

2.用游戏的方式,进行有趣的想象猜测。

3.愿意在集体中大胆地说话。

活动准备

背景图、毛绒玩具、音乐,盖布。

活动过程

1.出示毛绒玩具,以游戏的形式引出活动。

指导语:今天老师请来一个好朋友,猜猜它是谁?

指导语:小象要带我们去花园里。(掀盖布)

2.欣赏故事,幼儿感受故事中有趣的情节,并进行观察、猜测。

(1)理解背景图。

指导语:啊,好多花呀,这是在哪里呀?

指导语:什么是花园呀?花园就是有很多花的地方,我们可以在花园里玩游戏。

指导语:看,花园里有什么?(红红的花)

指导语:这是什么?什么颜色的草?绿色的草,我们可以怎么说?(绿绿的草)

指导语:看上面。这是什么?

指导语:蓝蓝的天上还有什么?

指导语:花园里,真美呀,有什么?

(2)运用教具,欣赏故事。

指导语:咦,这儿有朵花。

指导语:这是花吗?我们把它请出来就知道了。一起说"一、二、三,快出来"。

教师表现出神秘的样子,先慢后快拖动图片。

指导语:原来是大公鸡呀,那我们刚才看到的红红的花是什么呢?是大公鸡头上的鸡冠呀。

指导语:咦?这儿有个果子。这是果子吗?

到底是什么呢？我们一起说"一、二、三，快出来"。

哦，是大白鹅头上的小红帽呀。

指导语：咦，这儿有棵树！这是树吗？

刚才看见的小树是梅花鹿头上的角呀。

指导语：咦，这儿有把草。这是草吗？

啊？刚才我们看见的小草是娃娃头上的头发呀。

3.配乐，完整地感受故事，学说短句。（边操作教具边讲故事）

指导语：小动物们和娃娃在花园里捉迷藏，他们玩得真开心呀！看，他们又躲起来了。

花园里还藏着一个好听的故事呢，我们一起来听一听。

4.配乐，和老师一起感受故事，学说短句。（边操作教具边讲故事）

指导语：花园里的故事好玩吗？请小朋友和我一起说一说，说故事的时候你可以看图，也可以看老师的动作。

5.师幼共同讲述故事。（边操作教具边讲故事）

指导语：花园里藏着好多的小动物呢，你们能不能自己来说一说，找一找呀？我们一起来说一说，找一找。

附故事：

花园里，真美啊。有蓝蓝的天、白白的云、红红的花、绿绿的草。

咦，这儿有朵花！噢，不是不是，是大公鸡头上的鸡冠呀。

咦，这儿有个果子！噢，不是不是，是大白鹅头上的小红帽呀。

咦，这儿有棵树！噢，不是不是，是梅花鹿头上的角呀。

咦，这儿有把草！噢，不是不是，是娃娃头上的头发呀。

小动物们和娃娃一起到花园里玩捉迷藏，大家玩得真开心呀！

教学图片：

（案例提供：南京第一幼儿园）

幼儿园讲述活动

案例分析	《花园里》
全语言理念体现域	具体体现
随时的、无处不在的	在游戏中自然而然地理解、学习生活中的简单日常用语,为幼儿提供了一种轻松自然的语言学习环境。
应用的、有需求的	本活动利用故事帮助孩子理解和学说日常用语。儿童在每日生活中,在与周围人的交往活动中都要用到日常用语。
平等的、开放的	关注语言能力比较弱的幼儿,给予每个幼儿平等发展的机会。
探索的、创新的	理解疑问句,学说短句,是一个语言探索的过程。
活动的、操作的	在游戏活动中,幼儿积极动脑想象、动口表达,成为一个积极的语言加工创造者。

8. 玩玩具

设计意图

这本书里的文字很少,为了让孩子走进阅读活动中,这里教师先设计了阅读的情境,让幼儿先来玩皮球,之后通过对话的方式,将孩子已有的玩玩具经验和图书的画面经验结合起来阅读,同时还加入"象声词"丰富幼儿的语言经验。这样一来活动显得更加有趣。

活动目标

1.读出"我和小黄(书中角色)玩玩具",丰富描述游戏动态的语言和象声词。

2.愿意用动作、语言、翻页阅读来"玩书"。

3.知道一页页轻轻地翻书。

活动准备

1.玩具皮球一个。

2.图书《玩玩具》每人一本。

活动过程

1. 集体玩皮球,玩出自己的"想法",玩出"阅读的情景"。

(1)教师出示一只皮球,与孩子共同认识它。同时,在玩弄中让孩子观察它的动态。

指导语:它还有个名字叫"骨碌碌"。

(2)教师再启发孩子说出自己喜欢的玩具,也取个名字。在孩子表述玩具的动态时,教师及时抓住动态用象声词取名。

(3)教师与孩子共同玩玩具。

①先当作球来玩。

②再当作孩子描述的玩具来玩。

③玩玩具时有意识运用"象声词"进行集体对话式的表达。

2. 集体、自己阅读《玩玩具》,读进图书,读出自己。

(1)出示图书《玩玩具》,观察封面:有什么玩具?几个玩具?是谁的玩具?

(2)翻到扉页:哦,是小黄的玩具呀。(认识图书中的孩子)

(3)翻到第一页:玩皮球吧。骨碌碌、骨碌碌,和小皮球一起走。

(4)由此,用"对话"的方式,将孩子已有的玩玩具的经验和图书中的画面经验结合起来阅读。阅读时一定要加入"象声词"丰富孩子的语言经验。

幼儿看老师翻书,用语言参与读三页。

(5)接着,人手一本图画书,教师带着孩子一页页轻轻翻书阅读。

(6)读到最后一页时,教师插话:噢,原来睡觉的被子也是玩具呢。睡觉! 嗯,嗯,真舒服。

(7)教师:书也是玩具,可以玩起来呢。

①用《拍手点头》的旋律配乐"玩书"。

②每唱到一句时,教师故意卡壳让一个孩子上来翻书,告诉大家"下面该玩什么"。

3. 将阅读中习得的"玩玩具"的内容、语言的"象声词"等引入音乐"玩书"游戏中。

充分发挥孩子的想象:你还想玩什么玩具? 再次仿编出活动。

(案例提供:南京第一幼儿园)

案例分析	《玩玩具》
全语言理念体现域	具体体现
随时的、无处不在的	玩球的游戏为幼儿提供了大量的学习语言的机会。
平等的、开放的	教师与幼儿共同玩玩具,成为游戏活动的参与者,为幼儿的语言学习营造一个轻松、安全的环境。
探索的、创新的	为自己喜欢的玩具取名字,这是一个语言探索与创新的尝试。
活动的、操作的	阅读时"象声词"的加入是一种有趣的语言操作方式。

9. 香喷喷的轮子

设计意图

《香喷喷的轮子》是一个比较温馨有趣的故事,故事分层次地展现在孩子的面前,能充分调动孩子观察和探究的积极性。故事中的对话重复出现,语言工整,易

于幼儿接受理解;幼儿可以根据故事中提供的线索,运用一定的策略来讲述故事;幼儿还可以在轻松有趣的讲述活动中,体会到帮助他人与被人帮助都是快乐的。

活动目标

1.感知理解故事的内容和情节的变化,并用对话的形式学习短句——"××,××,你怎么了?""没关系,没关系,我来帮助你!"

2.用"开放式"和"根据提供的线索"的方法猜测故事的情节。

3.体验故事中帮助别人自己也得到快乐的情感。

活动准备

1.分散图片:小老鼠坐车子(四轮车、三轮车、两轮车、南瓜车)。

2.角色图片:小豚鼠、老爷爷、小鸡。

3.数字卡片:4、3、2、1。

活动过程

1.感知小老鼠的车子。

出示小老鼠的车子,引起幼儿兴趣。

指导语:今天我们班来了一位小客人,看看,是谁呀?(小老鼠)

咦!小老鼠怎么来的呢?(开着南瓜车来的)

小朋友们猜一猜,小老鼠的车轮是用什么做的?(巧克力)

让我们来数一数,这辆南瓜车有几个轮子呢?(数完后,教师出示数字卡片4)

2.分层次出示图片,边讲述边质疑,猜测理解故事情节。

(1)出示小豚鼠,学习短句——"小豚鼠,小豚鼠,你怎么了?""没关系,没关系,我来帮助你!"

讲述:小老鼠开着它的四轮车,走呀走呀,可开心了,忽然遇到了——谁呀?它的名字叫小豚鼠。小豚鼠怎么了?我来问一问它,小豚鼠,小豚鼠,你怎么了?哦,我一个人的声音太轻了,请你们帮我一起来问,好吗?预备,起——小豚鼠,小豚鼠,你怎么了?

教师扮演小豚鼠边哭边说:"呜呜,我的肚子饿了,想吃巧克力。"

质疑:小老鼠说"没关系,没关系,我来帮助你",小老鼠会怎么帮助小豚鼠呢?

讲述并质疑:小老鼠卸下了一个轮子送给了小豚鼠吃,现在小老鼠还剩下几个轮子?(出示数字卡片3),只剩下三个轮子了,怎么办呢?

(2)依次出示三轮车及老爷爷。

讲述:小老鼠可聪明了,它做了一辆三轮车(教师出示三轮车图片),小老鼠开着它的三轮车走呀走呀,可开心了,忽然遇到了一位老爷爷(出示老爷爷图片),老爷爷正发愁呢!小老鼠问:"老爷爷,老爷爷,你怎么了?"

质疑:老爷爷怎么了?(纽扣掉了)

教师扮演老爷爷发愁地说:"唉,我的纽扣掉了!"

质疑:小老鼠说,"没关系,没关系,我来帮助你。"小老鼠会怎么帮助老爷爷呢?

讲述并质疑:小老鼠卸下了一个轮子送给了老爷爷做纽扣,现在,小老鼠还剩下几个轮子?(出示数字卡片2)只剩下两个轮子,怎么办呢?

(3)依次出示两轮车及小鸡。

讲述并质疑:没关系,小老鼠做了一辆两轮车(出示两轮车图片),小老鼠开着它的两轮车走呀走呀,可开心了,这次会遇到谁呢?(幼儿猜测)

讲述并质疑:叽叽叽,是谁呀?(出示小鸡的图片)小鸡摇摇晃晃地走了过来,小老鼠问,"小鸡,小鸡,你怎么了?"小鸡怎么了呢?(幼儿观察图片,猜测)小老鼠说,"没关系,没关系,我来帮助你。"小老鼠这次会怎么帮助小鸡呢?

讲述并质疑:小老鼠卸下了一个轮子送给了小鸡做帽子。现在,小老鼠还剩下几个轮子?(出示数字卡片1)只剩下一个轮子,怎么办呢?

3. 讲述故事。

(1)分配角色。

指导语:我们来听听故事里是怎么说的,请你们做小老鼠,那故事里小老鼠说的话,谁来说呢? 小老鼠,准备好了吗?

(2)教师讲述故事,幼儿学说对话:"××,××,你怎么了?""没关系,没关系,我来帮助你!"

(3)提炼模仿。

指导语:小老鼠怎么吃的? 我们来学一学。(啊呜啊呜吃掉了。)

4. 讨论策略。

讨论:小老鼠没有了车轮,只好扛着车厢走呀走呀,好累啊,怎么办呢?

指导语:下面我们再来听听,故事里是怎么说的。上次,是图片提醒了我故事的内容,这次,我把图片全部收起来(收图片,并将数字往中间移动),那如果我不记得故事里的车轮有几个了,该怎么办呢?

幼儿讨论,教师提炼策略:可以看数字,看老师的手势,还可以听别人讲。

指导语:如果我还是记不得了,请你们来帮助我,和我一起讲,好吗?

5. 完整感知故事。

(1)教师讲述故事。

(2)讲述后讨论。

指导语:小老鼠走呀走呀,忽然看到了一辆南瓜车,(出示南瓜车图片)车上还写着字呢,上面写着"送给亲爱的小老鼠",这辆南瓜车是谁送来的呢?

指导语：下面还写着"小豚鼠、老爷爷、小鸡送"，小老鼠开着它崭新的南瓜车走呀走呀，可开心了！咦，为什么小豚鼠、老爷爷、小鸡要送给小老鼠一辆南瓜车呢？

（3）引导幼儿讨论，体验故事中互相帮助所带来的快乐情感。

（4）师幼模仿开车，以游戏的形式结束。

指导语：你想不想也开着自己的车去旅行呢？好，准备好你的车，我开的是辆三轮车，请问你开的是什么车？

（案例提供：南京第一幼儿园）

案例分析	《香喷喷的轮子》
全语言理念体现域	具体体现
整合的、渗透的	通过故事学习，体会帮助别人的乐趣。将社会领域中的目标与语言发展目标相互渗透，促进语言发展的同时可以促进社会性情感的发展。
随时的、无处不在的	角色扮演、故事讲述、问题讨论等都是幼儿学习语言的良好时机，语言学习无处不在。
应用的、有需求的	教师在故事讲述中不断向幼儿发问，幼儿积极思考，从而产生语言学习的需要。
探索的、创新的	用"开放式"和"根据提供的线索"的方法猜测故事的情节，创造性的语言学习就自然发生了。
活动的、操作的	用对话的形式学习短句——"××，××，你怎么了？""没关系，没关系，我来帮助你！"

10. 鼠宝宝历险记

设计意图

一只小老鼠被一只大大的气球带到了天上，它还能回到自己的家，回到妈妈的身边吗？鼠宝宝一路上会经历什么样的惊险事情呢？小朋友们带着对"鼠宝宝"历险的好奇，通过故事前半段的线索，以及背景图的不同地点，展开了自己的想象，续编和讲述不一样的故事。

活动目标

1. 在初步感知故事的前半部分和续编故事的过程中，体验和理解历险的含义。

2. 根据故事前半部分提供的线索，展开想象，尝试用语言和绘画的形式续编故事。

3. 乐意讲述自己续编的故事，体验不同的故事情节发展带来的快乐。

活动准备

1. 背景图一幅（由天空、海水、草地、高山4幅小图组成）。

2. 彩色大气球、鼠宝宝、小鸟图片各一张。

3. 幼儿人手一本折叠好的空白连环画册、一支记号笔。

4. 展板一块。

活动过程

1. 幼儿了解故事背景,激发兴趣。

(1)幼儿迁移生活经验,自由表述"历险"的含义。

指导语:今天,我给小朋友带来一个《鼠宝宝历险记》的故事,你知道什么样的事情是历险吗?

(2)教师出示天空的背景图,操作图片生动讲述故事至"气球飞出去了,鼠宝宝'呼'地一下掉下来"处停住。

2. 师生共同续编在空中历险的情节。

指导语:鼠宝宝在天空中,它可能会遇到了什么事情呢?

指导语:谁会来帮助鼠宝宝呢?它是怎么帮助鼠宝宝的?

3. 幼儿根据大海、草地、高山的地点线索,大胆想象、讲述故事的后续情节。

(1)教师继续讲述故事至"没坐稳,鼠宝宝'呼'地一下掉下来"处停住。

指导语:鼠宝宝在大海上会遇到什么事情呢?

(2)教师同时展示草地、高山的背景图。

指导语:鼠宝宝想回家,它经过了大海,还要经过草地、高山,在回家的路上,还会突然遇到什么事情呢?鼠宝宝怎么回到家的呢?

4. 幼儿大胆想象,用绘画形式续编故事的后半部分,并尝试组织语言讲述故事。

(1)幼儿边想象故事后半段的发展,边尝试用绘画的形式把自己续编的故事记录下来。

(2)幼儿相互自由讲述自己续编的故事。

5. 请幼儿在集体中讲述自己续编的故事。

(1)请个别幼儿讲述续编的故事。

指导语:谁愿意把自己编的故事讲给大家听?

(2)幼儿分小组轮流讲述自己编的故事。

6. 展示幼儿续编的《鼠宝宝历险记》的绘画作品。

指导语:每个小朋友的故事里,鼠宝宝经历的事情都不一样哟!每个《鼠宝宝历险记》的故事都很惊险、有趣!

活动建议

1. 延伸活动:

师幼共同讨论,准备和收集故事情节发展中需要的角色胸饰。幼儿扮演角色,尝试表演《鼠宝宝历险记》的故事。

2. 区域活动：

语言区：教师在班级的语言角里增添一些其他的背景图，如：树林、山洞、海底等。幼儿可选择自己喜欢的场景，进一步创编和续编鼠宝宝历险的故事。

3. 家园共育：

幼儿回家后，将自己续编的《鼠宝宝历险记》讲给爸爸妈妈听，请家长帮孩子将故事内容用文字记录下来。

附故事：

鼠宝宝历险记

范蓓/改编

鼠妈妈给鼠宝宝买了一只漂亮的大气球，鼠宝宝可高兴了。哇，气球可真大呀，鼠宝宝刚抓住气球，突然"呼"地一下飞上了天。鼠宝宝抓着气球飞呀飞呀，飞过了高高的山，绿绿的草地，蓝蓝的大海，鼠宝宝越飞越高，越飞越远。

鼠宝宝低下头，想看一看自己的家在哪里。突然手一松，气球飞了出去，鼠宝宝"呼"地一下掉下来。这时，一只小鸟飞来了，刚好接住鼠宝宝。小鸟问："鼠宝宝，你怎么从天上掉下来啦，你要去哪里呀？"鼠宝宝说："我的气球飞走了，我回不了家了。我要妈妈。"小鸟说："我送你回家吧。"

小鸟背着鼠宝宝，飞呀飞呀，飞到了大海上。鼠宝宝低下头，想看一看大海是什么样子的，突然没坐稳，鼠宝宝'呼'地一下掉下来。

……

选自《婴儿画报》

（案例提供：南京师范大学附属幼儿园）

案例分析	《鼠宝宝历险记》
全语言理念体现域	具体体现
随时的、无处不在的	倾听别人续编的不同故事从中可以吸收很多语言信息，这也是一种语言学习。
应用的、有需求的	故事的续编以及讲述都让幼儿产生语言使用的需要，语言的使用又促使语言学习的发生。
平等的、开放的	教师允许并鼓励幼儿自主续编，大胆在集体中讲述，并要求每个幼儿认真倾听别人的讲述。
探索的、创新的	鼓励幼儿续编和讲述"鼠宝宝"不一样的故事，这是一种语言创新的体验。
活动的、操作的	续编故事并将自己的成果在班里展示，幼儿整个过程中多次操作语言，有利于语言能力的提高。

11. 我的幸运一天

设计意图

《我的幸运一天》是一本充满戏剧性和趣味性的绘本,故事中的角色特点鲜明,语言有多次的反复,情节不断发生变化,使幼儿在不断的猜测中深深地被作品所吸引。当孩子欣赏画面时,我们投入感情地朗读故事,并加上动作、神态辅助语言来"演"故事,用生动、夸张的手法来呈现故事,有时还可以用故意犯错来培养孩子读图的敏感度。在引导孩子阅读正文时,时刻注意把看书、思考的空间留给孩子,让他们有足够的时间来品味故事,让他们的体验和感受经过时间沉淀,再慢慢地转化为自己的知识和能力。每一个孩子都是读图的天才,只要故事在画面上表现出来,那么孩子的眼睛就会发现它们,能读出绘本中蕴含的细节。运用线索,重点选择三幅图:"多么舒服的澡,多么丰盛的午餐,多么惬意的按摩",这一线索,引出着重观察的三个场景。在读图过程中,引导幼儿观察细节,体会并模仿人物的心理、动作、表情。

活动目标

1. 对绘本进行细节探究,理解角色的情感感受。

2. 通过观察、讨论、表演体验按摩的感受。

3. 能在自主阅读中发现更多的细节,感受有趣的画面。

活动准备

幻灯片、绘本。

活动过程

1. 导入。

指导语:今天带来的这本书是《我的幸运一天》,看过的小朋友举手。

好,你是和谁一起看过的呢?你喜欢吗?

你觉得这个故事的哪个地方最好玩?

幼儿自主回答。

2. 围绕"猪和狐狸斗智的线索"展开阅读。

(1)出示阅读的线索。

指导语:我也看过这本书,我发现里面有许多好玩的秘密呢,哎呀,可好玩了!我对里面的一句话印象非常深刻,是这样的:

多么舒服的澡!多么丰盛的午餐!多么惬意的按摩!(说两遍)

(2)关注细节,重点阅读。

①洗澡(P10—11)

指导语:多么舒服的澡!你们还有没有印象?舒服的澡是什么样的?我们一

起来看一看吧。

为什么说是舒服的澡呢？从哪里看出来这个澡洗得很舒服？

幼儿讨论。

教师小结：看，这鲜艳的温暖的地毯，这香香的肥皂，这大大的柔软的浴巾，一大桶热乎乎的水，小猪浑身泡在热乎乎的水里，舒服吧！为了让小猪心情好，狐狸还放了一只小船在桶里呢！

狐狸心里在想什么呢？——洗呀洗呀，马上就能吃到干净的小猪啦！

小猪心里想什么呢？——哼，洗吧洗吧，累死你！我就可以逃跑啦！

可是小猪嘴里却说：你真是个令人害怕的家伙。

②午餐(P14-15)

指导语：多么丰盛的午餐啊！什么是丰盛呢？比如说……

看看小猪的午餐有多丰盛啊？从哪里看出丰盛的？幼儿讨论。

教师小结：看，这美味的果汁，新鲜的水果，香喷喷的意大利通心粉，还有刚出炉的黄澄澄松脆的烤饼干，搭配合理，营养又美味，多么丰盛的午餐啊！

狐狸心里在想什么呢？——多吃点多吃点，马上就能吃到干净的胖乎乎的小猪啦！

小猪的心情怎样？——哼，我多吃点多吃点，累死你！

可是小猪嘴里却说：你真是个令人害怕的厨师。

③按摩(P18-19)

我们现在就一起来再体验一下按摩的感觉吧！

我们来学学狐狸给小猪按摩吧！

(3)师幼一起随音乐做按摩。

指导语：多么惬意的按摩啊！

狐狸累不累呢？看看，狐狸什么样子？

你从哪里看出狐狸很累的？

唉，他那锋利的爪子有没有碰到小猪呢？为什么？他用的是掌心的力气来为小猪按摩，要小心锋利的爪子不碰到小猪，我们试一试，这是不是比较累？狐狸用了一种很累的方法来给小猪按摩。

再看看小猪呢？已经从原来的坐着变成了趴着，快睡着了，舒服吧？惬意吗？

小猪说：嗯，这边，这边再用点力气，嗯，那边，那边再按一按。狐狸先生，狐狸先生？狐狸先生到哪里去啦？狐狸先生累得晕倒在地上，连动一下手指的力气也没有了。

教师结语：看第26、27页，哦，多么舒服的澡，多么丰盛的午餐，多么惬意的按摩。小猪叫起来：这真是我的幸运一天。

3. 在自主阅读中寻找更多的线索。

指导语:我们一起在书中找到了很有趣的地方,其实呀,这本书里还有很多很多好玩有趣的地方。

请大家仔细地到书中寻找有趣的地方,找到了就在那一页夹一张纸条,让我们一起来分享你的发现吧!

(案例提供:南京第一幼儿园)

案例分析	《我的幸运一天》
全语言理念体现域	具体体现
整合的、渗透的	活动目标过于强调幼儿的情感发展的方面,语言发展方面的目标也要体现出来。
随时的、无处不在的	教师带领幼儿以夸张、幽默的方式朗读故事,有助于幼儿更好地吸收其中的语言材料,提高语言能力。
平等的、开放的	教师更多地把看书、思考、表达的空间留给幼儿,为幼儿提供更多的、开放的语言学习机会。
活动的、操作的	整个活动幼儿的语言操作部分不是很多,可以再鼓励幼儿多表达一些。

第五章 幼儿园听说游戏活动

游戏这个名词,尽管有多种定义和分类方法,在英文里却原有 play(游戏)和 game(规则游戏)两个不同的概念。听说游戏,即是由教师设计组织幼儿学习语言的规则游戏。

——周兢

听说游戏是一种特殊形式的语言教育活动,活动的目标是以培养儿童倾听和表述能力为主,活动的内容主要集中在听和说的理解和表达方面。它是用游戏的方式组织儿童进行的语言教育活动,含有较多的规则游戏的成分,能够较好地吸引儿童参与到语言学习的活动中去,并在积极愉快的活动中完成语言学习的任务。使用游戏的方式来开展语言活动都能产生良好的效果,因为它能满足儿童的学习需要,深受儿童的喜爱,并产生事半功倍的教育成效。

第一节 听说游戏活动的基本知识

一、什么是听说游戏活动

一提起"游戏",人们便不由自主地想起那些儿童常玩的"娃娃家""沙箱"等等,听说游戏显然与此有较大区别。因此我们有必要对听说游戏的概念加以甄别。

1. 听说游戏与游戏。

严格地说,听说游戏不是儿童自发组织的游戏,是由教师设计组织的、儿童有兴趣自愿参加的教学游戏。如果仔细推本溯源,游戏这个名词,尽管有多种定义和分类方法,在英文里却原有 play(游戏)和 game(规则游戏)两个不同的概念。广义的游戏(play),包含了角色游戏、结构游戏、表演游戏和规则游戏等等,狭义的游戏则将规则游戏(game)排除在外。而我们所讨论的听说游戏,恰恰是由教师设计组织幼儿学习语言的规则游戏。若将它归属于游戏的话,也只能列入规则游戏的范畴之内。听说游戏,我们认为它具有游戏的特征。根据美国游戏研究专家诺伊曼的观点,游戏与活动的基本区别主要在于:

(1)控制。活动由外部控制,而游戏则是有内部控制的特征。

(2)真实。活动具有真实的特点,而游戏在很大程度上是假想的现实,游戏中的人、事、语言均有假扮转换的可能。如将木棍当成枪,或扮演动物、父亲、母亲的角色等等。

(3)动机。活动是由外部动机产生的,是教师组织安排幼儿参加的,而游戏则有明显的内部动机,由幼儿自发地开展和参与。对照诺伊曼的游戏特征论述,我们发现,听说游戏是一种半活动半游戏的教学形式。但是毫无疑问,听说游戏的教学活动提供了由外部控制转向内部控制、由真实转向假想的情景条件,也提供了幼儿在活动中由外部动机激发转换为内部动机的机会。由此,我们仍然可以将它定义为"听说游戏活动"。

2. 听说游戏与语言游戏。

听说游戏不是语言游戏,而是语言教学的游戏。所谓语言游戏,有一种相对固定的概念,是指儿童在语言发展过程中自发地模仿和操练语音、语词的一种现象。例如:6~7 个月的婴儿,在独自躺在床上吃饱睡足后感到舒服愉快,嘴里发出一连串的音节"a—ba—ba—a—bagu—bei—bigu"。又如:3~4 岁的幼儿在与同伴一起游戏时,嘴里念念有词地拿同伴的名字为题说:"马晓东是一匹小马,小马小马小妈妈,小妈妈骂小马,小马呜哇呜哇马晓东。"这些口头语言游戏带有明显的自发言语的特点,有模仿操练口语的性质,并且是无意义的、非具体指向性的语言活动。这种语言现象很大程度上带有自娱的意味。

相形之下,听说游戏由教师设计组织,有明确的语言学习指向目标,有明确的语义内容,因而与上述的语言游戏有很大差别,只能将它称之为语言教学游戏。在区分了听说游戏与其他游戏的差别之后,我们可以认为,听说游戏的教育目标以培养幼儿倾听和表述能力为主,活动内容主要集中在幼儿听和说的理解和表达方面。听说游戏是为培养幼儿倾听和表述能力而专门设计的,用游戏的形式组织的语言教育活动。

二、听说游戏活动的作用、特点及类型

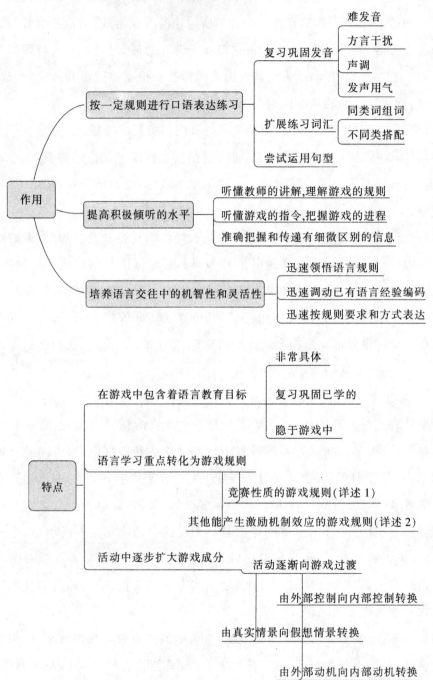

```
作用 ┬ 按一定规则进行口语表达练习 ┬ 复习巩固发音 ┬ 难发音
     │                          │              ├ 方言干扰
     │                          │              ├ 声调
     │                          │              └ 发声用气
     │                          ├ 扩展练习词汇 ┬ 同类词组词
     │                          │              └ 不同类搭配
     │                          └ 尝试运用句型
     ├ 提高积极倾听的水平 ┬ 听懂教师的讲解,理解游戏的规则
     │                    ├ 听懂游戏的指令,把握游戏的进程
     │                    └ 准确把握和传递有细微区别的信息
     └ 培养语言交往中的机智性和灵活性 ┬ 迅速领悟语言规则
                                      ├ 迅速调动已有语言经验编码
                                      └ 迅速按规则要求和方式表达

特点 ┬ 在游戏中包含着语言教育目标 ┬ 非常具体
     │                          ├ 复习巩固已学的
     │                          └ 隐于游戏中
     ├ 语言学习重点转化为游戏规则 ┬ 竞赛性质的游戏规则(详述1)
     │                          └ 其他能产生激励机制效应的游戏规则(详述2)
     └ 活动中逐步扩大游戏成分 ┬ 活动逐渐向游戏过渡
                              ├ 由外部控制向内部控制转换
                              ├ 由真实情景向假想情景转换
                              └ 由外部动机向内部动机转换
```

详述1:语言学习重点转化为竞争性质的游戏规则。

　　游戏中幼儿如果听准了、说对了,达到了学习要求便成功到达胜利的彼岸。

比如民间游戏"金锁银锁"就属于竞赛性质的游戏规则。幼儿一边用正确的语言内容和形式念《金锁银锁》的儿歌，一边要小心被"锁住"。这种竞赛性质的游戏规则在听说游戏中产生激励机制的效应，可以促使幼儿更主动积极地投身于游戏活动。

详述2:语言学习重点转化为非竞争性质但同样能产生激励机制效应的游戏规则。

如小班听说游戏"小白兔吃青草"，老师扮演兔妈妈，带小白兔们到外面去吃青草，幼儿边跳边念儿歌："小白兔，跳跳跳，一跳跳到草地上，吃吃吃，吃青草，吃吃吃，吃个饱。"反复念后，一只大灰狼跑出来大吼一声"大灰狼来了"，扮演小白兔的幼儿需要纷纷跑到妈妈身边蹲下，表示回到家受到了妈妈的保护，否则就会被大灰狼吃掉。这样的听说游戏，可以对幼儿产生很大的吸引力。虽然游戏规则看似不直接与幼儿说什么有关，但幼儿知道念儿歌之后会有大灰狼跳出来，然后追逐逃跑，念儿歌与后面的追逐活动密切连接在一起。因此，游戏规则便激励幼儿全身心投入活动，幼儿会饶有兴趣地反复玩这个游戏，最后达到语言学习的效果。

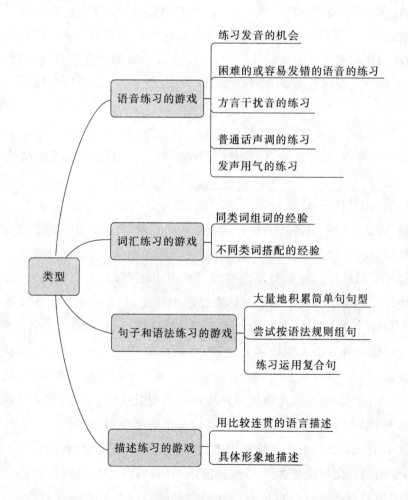

第二节　听说游戏活动的组织与实施

幼儿听说游戏活动的设计和组织,有其独特的规律。从听说游戏具有游戏和活动的双重性质出发,按照一定的思路去设计组织活动,可能会产生更好的教育效果。周兢建议按以下几个基本步骤设计和组织活动。

一、听说游戏活动设计的第一阶段

设置游戏情景。

在听说游戏刚刚开始时,教师需要运用一些手段去设置游戏的情景。这一步骤活动程序主要目的,在于向幼儿展示听说游戏的氛围,引发幼儿参与游戏的兴趣。

例如:在大班听说游戏"金锁银锁"开始时,教师采用玩具娃娃玩听说游戏的方法向幼儿展示了游戏的过程。教师与玩具娃娃分别担任不同的角色,一说一对,将游戏的情景充分展现在幼儿面前,因而吸引了幼儿的注意力,使他们产生好奇心,乐意进一步探讨游戏的玩法。创设游戏的情景,一般可采用以下三种方法进行。

一是用物品创设游戏情景。教师使用一些与听说游戏活动有关的物品、玩具或者日用品等等,布置游戏的环境,制造游戏的氛围,达到引导幼儿进入听说游戏的效果。

二是用动作创设游戏情景。有的时候,教师并不一定使用实物,而仅仅是靠动作表演,让幼儿想象出游戏的角色或者游戏的场所,进而产生游戏的气氛。

三是用语言创设游戏情景。教师通过自己所说的话,直接描述或指出游戏中角色以及所处的环境。比如对小朋友说:"水果丰收啦,许多小动物要去摘果子。大家多快乐啊!请小朋友把头饰戴起来扮演小动物,去找找水果在哪里吧!"教师用语言引导幼儿进入角色,营造游戏气氛,同样可以达到创设游戏情景的作用。

无论以哪一种方法来创设游戏情景,在活动刚开始的这一阶段,活动状态有两种性质存在。一种是真实性质的活动状态。教师在创设游戏情景时,如果着重使用了介绍的方式,那么幼儿所处的环境便仍然是真实的。他们更多地观察分析教师展示的游戏情景,以一种旁观者的身份来了解听说游戏的情况。另一种是半真实性质的活动状态。由于教师所用的物品、动作和语言直接将幼儿"拉进"了游戏场景,于是幼儿便可能想象自己所扮演的角色,将自己想象成游戏活动的一个部分,这时幼儿自己原有的角色身份处于一种接近改变但未完全改变的状态,因而活动具有半真实的性质。

二、听说游戏活动设计的第二阶段

交代游戏规则。

在创设游戏情景之后,教师接着要向幼儿交代游戏规则。这一步骤的活动实际上是教师对幼儿布置任务、讲解要求的过程。教师可以通过用语言解释和用动作示范相结合的方式,告诉幼儿游戏的基本规则、步骤和要求。仍以"金锁银锁"为例,在教师用玩具娃娃创设游戏情景、展示游戏过程之后,教师又采用口头讲述的方法,向幼儿交代游戏规则。规则一:念完儿歌后,开锁人才能提问,"这是什么锁?"而扮锁的小朋友必须想出一个锁名来告诉他,"这是××锁。"规则二:开锁的两位小朋友分别是两把钥匙。这两位小朋友必须用"××,××——×××"的句子来描述那把锁。例如:"苹果,苹果——香又甜。"前面重复说锁名两遍,后面用3个字描述这件事物的特点。规则三:开锁人描述准确,就能打开锁,并交换角色。否则,仍旧按原角色继续游戏。

教师在交代游戏规则时,有必要注意这样几点:

1. 注意用简洁明了的语言讲解。在交代游戏规则时,切忌啰嗦、冗长的解释,以免幼儿抓不住要领,不能及时领悟理解游戏规则,影响游戏的进程。

2. 注意讲清楚听说游戏的规则要点和游戏的开展顺序。听说游戏的规则要点一般都是游戏中幼儿要按照规范说出的话,教师应当让幼儿基本明白说什么和怎样说,以便他们能够在参与游戏时付诸实践。同时要帮助幼儿清楚地理解游戏开展顺序,先做什么、后做什么、什么角色做什么。这样他们才能够顺利地开展活动。

3. 注意用较慢的语速进行讲解和示范。教师在交代游戏规则时使用的语言应当是相对减慢速度的语言。尤其是针对游戏规则回答问题或说一句话时,这种语言带有示范的性质,可以帮助幼儿理解,一定要保证让幼儿听清楚。实际上,教师减慢速度说话的行动本身,就可以让幼儿感觉这部分信息的重要性,因此能够有效地帮助幼儿理解游戏规则。

三、听说游戏活动设计的第三阶段

教师引导游戏。

继交代游戏规则之后,在幼儿已初步理解游戏规则的基础上,教师可以带领幼儿开展听说游戏。

教师带领幼儿开展游戏,是一种以教师为主角指导幼儿游戏的过程。在这一

段时间内,教师在游戏中充当重要的角色,可以主宰游戏的进程。幼儿此时参与活动的方式,一种是部分地参与游戏,即一部分幼儿参加到游戏活动中去,实行轮换,以便另一部分幼儿有观察熟悉的机会;另一种方式是全体幼儿参加游戏的一部分活动,待幼儿熟悉掌握游戏后再完全参加游戏。

还以大班听说游戏"金锁银锁"为例。在引导幼儿游戏活动时,教师先扮演开锁人的角色,邀请幼儿扮演锁的角色。然后,再玩第二遍游戏时,教师与幼儿交换角色。这样,教师通过担当一定角色,成为游戏活动重要成员的形式,帮助幼儿学习掌握游戏中的对话及描述部分,为幼儿独立开展游戏活动积累经验。在对话过程中,教师有意识地鼓励幼儿讲出多种不同的锁,学习用各种不同的、简单的词语进行准确地描述。

教师引导幼儿游戏这一步骤,有利于幼儿在活动进展过程中熟悉游戏规则,进一步理解游戏的程序,掌握在游戏中运用语言交往的基本思路,从而为独立开展听说游戏做好充分准备。

四、听说游戏活动设计的第四阶段

幼儿自主游戏。

通过之前三个步骤的活动,幼儿已打下了良好的独自开展听说游戏的基础,因而可以在准备充分的情况下进入幼儿自主游戏阶段。

在幼儿自主游戏的阶段,教师可以放手让幼儿自己开展活动。此时,教师已从游戏领导者的身份退出,处于旁观的地位。在观察幼儿游戏时,注意对个别不熟悉规则的幼儿进行及时的指导和点拨,帮助这些幼儿尽快加入到游戏的队伍中去,真正成为游戏活动的一员。同时,教师也需要注意发现幼儿在游戏过程中可能出现的矛盾与纠纷,及时予以解决,以免因角色分派不当或其他问题影响游戏顺利进行。此外,教师在场本身便对幼儿产生一定的激励作用,可以使他们意识到自己所参与活动的价值,而当教师给说对的幼儿以点头、微笑以及拍手的鼓励时,这些体态语言能在更大程度上激发幼儿活动的积极性,并保持参加游戏的兴趣。

幼儿自主游戏活动可以根据每一个听说游戏的具体要求来考虑适当的活动形式。有的以集体活动的形式进行游戏,全班幼儿均可参与其中;有的以小组形式开展游戏,教师可让幼儿自己组合,选择适当场地进行活动;也有的可以一对一结伴的方式进行游戏。采用何种活动形式,取决于幼儿参与活动的最佳效果。哪种方式能够促使幼儿更主动积极地活动,哪种形式有利于幼儿口语练习,教师都应在设计活动时予以充分考虑,进行周到的策划。

第三节 全语言视野下的听说游戏活动实例库

1. 小胖小

设计意图

整首儿歌是围绕"小胖小"而展开的阅读,首先要读封面,自己初步了解小胖小这个人物。其次在读书中读出"小胖小",了解他总是学不好本领的人物特征。最后在活动中以儿歌对对碰以及图谱等方法凸显出儿歌中的顶真结构,使幼儿在不知不觉中感受儿歌的风趣幽默。

活动目标

1.在阅读儿歌中认识小胖小的形象,并感受儿歌中的韵脚。

2.尝试根据儿歌结构特点续编新的内容。

3.体验儿歌汉语顶真手法运用造成的幽默感。

活动准备

1.大图画书、小图画书人手一本。

2.图谱以及图片若干(喂猪、包饺子、挖笋、采草莓、吹号、演讲)。

活动过程

1.导入儿歌。

出示图画书《小胖小》,引导幼儿阅读封面。

重点提问:这个小朋友的名字叫作小胖小,他在干什么?

引导幼儿完整表达。

2.阅读绘本,学习诗歌内容。

(1)逐页翻书,引导幼儿说出小胖小想学的本领,提示幼儿运用语言完整表达每页图中小胖小想学的本领。

指导语:小胖小究竟想学哪些本领?

(2)学习诗歌内容。

①教师念儿歌示范,并逐一出示小胖小学本领的图片。

指导语:小胖小这些本领都学会了吗?

教师总结:看来学什么本领都要好好学才能学得会。

②请幼儿边翻书边和教师共同朗读。

③教师与幼儿进行儿歌接龙的游戏。

④加入动作再次进行儿歌接龙的游戏。

指导语:你会用什么动作来表现小胖小学本领的样子?

3. 出示错误顺序的图片,请幼儿纠正并进行接龙游戏。

指导语:你觉得这个跟刚刚的儿歌有哪些不一样的地方? 请你找出错误来。

活动延伸

1. 游戏活动:大家快来学本领。

2. 游戏说明:小胖小带着朋友去学本领,看看他们是怎么来学本领的。请父母鼓励孩子寻找正确的动词与其配对,圈出适合的字。

设计游戏:

小胖小学(包,打,拍)水饺。

小妹妹学(拍,喂,追)猪。

小弟弟学(采,挖,抬)草莓。

小老鼠学(吹,叫,拉)号。

附儿歌:小胖小

小胖小,包水饺。

水饺包不紧,就去学挖笋。

挖笋挖不出,就去学喂猪。

喂猪喂不肥,就去采草莓。

草莓采不到,就去学吹号。

吹号吹不响,就去学演讲。

演讲没人听,走下台,关了灯。

乖乖回去做学生。

注:《小胖小》("幸福的种子"幼儿早期阅读系列丛书之一)

(案例提供:南京第一幼儿园)

案例分析	《小胖小》
全语言理念体现域	具体体现
应用的、有需求的	幼儿在玩儿歌接龙的游戏时,获得了大量语言实践和联系的机会,幼儿因游戏而产生语言学习的需要。
整体的、平衡的	既有让幼儿感受儿歌中的韵脚的活动,又有续编儿歌、儿歌接龙的游戏,同时也有相互交流的活动。幼儿在丰富的语言环境中能够得到整体的平衡的发展。
平等的、开放的	教师与幼儿进行儿歌接龙的游戏,成为幼儿语言活动的参与者,为幼儿的语言学习创造一种安全的心理环境。

案例分析	《小胖小》
探索的、创新的	幼儿在根据儿歌结构特点续编新的内容的过程中,可以充分探索语言,创造性地使用语言。
活动的、操作的	幼儿在儿歌接龙的语言游戏中得到了充分操作语言的机会,学习的主动性和积极性很高。

2. 拍花箩

设计意图

"你拍一呀,我拍一,一个娃娃开飞机;你拍二呀,我拍二……"朗朗上口的儿歌,好听的韵律,在一边念儿歌的同时一边感受节奏的快乐。更特别的是,这本书里给我们呈现的是一种民间风格极浓的画风,红草地,绿马车,一眼就会吸引孩子们的注意力,书中不同数量的小动物都会是吸引孩子们去探究,去数一数、拍一拍的兴趣所在。

活动目标

1. 通过对数字歌及书中图之间的联系的类比,进行感知、理解和学习儿歌。
2. 在说说、玩玩中探索,感受儿歌诙谐幽默的情趣。
3. 倾听同伴的意见并选择更加合适的作为集体意见。

活动准备

《拍花箩》大书一本、幼儿人手一本小书、CD、操作小图、数卡、《拍花箩》录音。

活动过程

1. 感受数字,数数导入。

指导语:我来数椅子,你们帮我计数好不好?

2. 引导幼儿仔细阅读图书《拍花箩》的画面内容,感知儿歌的节奏和韵脚。

(1)导入儿歌《拍花箩》。

(2)欣赏绘本封面,探索书的内容。

指导语:这本书的名字叫作《拍花箩》,什么叫拍?我们来做拍手的游戏。

(3)阅读P4-5。

指导语:你拍几呀,我拍一呀,这是谁?(指蜗牛)

指导语:(太阳照在花瓣上)花瓣漂亮吧。

指导语:你拍几呀?我拍二呀。两只蚂蚁,抬着大花瓣呀。

(4)阅读P6-7。

指导语:你拍几呀,我拍三呀,三条鲤鱼滚下山呀。

指导语:猜猜看,接下来,是几啦?

指导语:那是哪只小动物,你猜猜看。

(5)阅读P8—9(难点)。

指导语:这是一座古代的房子,上面挂着的是——招牌。招牌是做介绍用的,这里的招牌有点奇怪,有画没有——字。

指导语:之前我们猜这里应该有4的吧,4在哪儿呀?

指导语:你们看看,这些招牌是什么形状?(比画)

指导语:你拍几呀,我拍四呀,四方的招牌没有字呀。这里是不是讲小动物的呀?不是,画家和你们开了一个小小的玩笑,让你们全猜错了吧。

(6)阅读P10—11。

指导语:你拍几呀,我拍五呀。

指导语:五只小熊在干吗?

指导语:你拍……

(7)师幼共同连贯探究整本图书的儿歌。

3.看图排序完整地念儿歌。

(1)出示图片。

指导语:我这里有一些这本书里的图片,你们看看摆错了没有。错了,那怎么摆?谁愿意来试一试?

(2)指图阅读,配以动作。

指导语:我们一起来玩这个好玩的《拍花箩》好不好?能不能一边说一边编上好玩的动作来玩呢?

4.师幼倾听录音里的《拍花箩》共同念儿歌。

指导语:好了,我们再增加一点挑战,把图盖起来,你们会不会玩啊?

播放录音。

指导语:刚刚我们用普通话来念很好玩,其实呀,用方言念,也很好玩哦,你们是不是南京人呀?是南京人的举手,那我们请一个南京的老师来念拍花箩,来感受一下南京话念拍花箩是什么感觉,好不好?

指导语:哎呀,真的好好玩哦,谢谢!

5.感受方言版的儿歌《拍花箩》。

(1)这个《拍花箩》呀,我们还可以用南京话来念一念呢,让我们来试一试。

(2)用南京话完整试着念一遍。

(案例提供:南京第一幼儿园)

案例分析	《拍花箩》
全语言理念体现域	具体体现
整合的、渗透的	将数学领域的发展目标与语言领域的发展目标相整合,在儿歌学习中感受数字的特点。
整体的、平衡的	将培养幼儿的听、说能力和良好的听、说行为习惯作为活动目标,注重了语言教育目标的完整性。
探索的、创新的	感知儿歌的节奏和韵脚对幼儿来说是一项新颖的语言学习内容。
活动的、操作的	幼儿在教师组织的看图猜测、排列顺序、拍手游戏等多种语言活动中反复操作自己的语言。

3. 数数歌

设计意图

中班上学期的幼儿口语表达能力逐渐增强,绕口令这种文学体裁,读起来朗朗上口,十分押韵,能为中班幼儿所接受和喜爱。《数数歌》这首绕口令将动物拟人化的方法,就像是动物们在森林里玩捉迷藏一样,让幼儿在看看、找找、说说、听听、念念、玩玩中自主地学习,快乐地表达,体验学习绕口令的愉悦。

活动目标

1.根据图片提示学习绕口令,发准字音。

2.根据绕口令内容给图片配对,帮助朗诵记忆绕口令。

3.感受绕口令的节奏和趣味。

活动准备

图片若干。

活动过程

1. 初步感受诗歌内容。

出示图片,引导幼儿观察。

指导语:图片上有什么?

它们应该在什么地方?

纠正发音:虎、鹿、猪、兔、鼠。

2. 学习绕口令。

(1)幼儿根据图片猜测每一句的内容,教师归纳成绕口令的语言。

(2)后面几句幼儿尝试自己按照上面的格式编成绕口令,教师给予帮助。

（3）欣赏教师朗诵绕口令。

（4）幼儿练习朗诵。

（5）加快速度练习。

3. 设置挑战，幼儿尝试记忆诗歌并朗诵。

挑战一：逐步去掉每一句中的动物，幼儿尝试朗诵绕口令。

挑战二：逐步去掉所有图片，幼儿尝试朗诵。

4. 丰富相关经验。

指导语：你还听过哪些绕口令？能给我们念念吗？

请2～3名幼儿表演自己的绕口令，其他小朋友来学一学。

附儿歌：数数歌

山上一只虎，林中一只鹿，路边一头猪，草里一只兔，还有一只鼠。让我数一数，一二三四五，虎鹿猪兔鼠。

（案例提供：南京第一幼儿园）

案例分析	《数数歌》
全语言理念体现域	具体体现
应用的、有需求的	绕口令读起来朗朗上口，十分押韵，幼儿为了享受这种念唱的快感就要尝试把握准确字音、节奏，自然产生语言学习的需要。
平等的、开放的	幼儿可以在绕口令的学习活动中自主地学习，快乐地表达，这使他们的学习更加自然，能取得更好的学习效果。
探索的、创新的	幼儿模仿教师创编绕口令的格式的过程是一个不断探索的语言学习过程。
活动的、操作的	幼儿在看看、找找、说说、听听、念念、玩玩中自主地学习，不断尝试操作各种语言。

4. 荷花荷花几月开

设计意图

这个文本在语言创造性空间上比较局限，我们在设计这个活动时，考虑到需要将儿歌的学习融入到阅读中，所以更加确定阅读是一种手段，要在观察和交流中为幼儿创造表述的空间，所以在活动量的分配上，前面对文本的感受、理解与阅读要充分。在阅读中，荷花变化的部分又是重点中的重点，因为它和主题吻合，同时它的绘画风格很有特点，幼儿对色彩鲜艳的事物更愿意关注。

活动目标

1. 通过阅读与交流感受、理解图画书的内容，在朗诵、游戏等活动中，学习童谣《荷花荷花几月开》。

2.能以荷花的变化及花开的顺序为线索,和同伴共同进行阅读,并能用语言清楚地讲述自己的发现和认识。

3.养成细心阅读的习惯。

活动准备

1.经验准备:幼儿欣赏过书中几种花的图片,对花的特征有基本的认识。

2.材料准备:

(1)幼儿两人一本图画书、月份的字卡与图卡。

(2)荷花变化图的PPT,其他花的PPT,集体阅读文本的PPT。

(3)配乐游戏用的童谣CD。

3.辅助准备:桌子、黑板、小簸子等。

活动过程

1.认识荷花,激发活动兴趣。

2.根据阅读线索进行阅读、理解图画书内容。

(1)以"荷花在每个月的变化"为线索进行阅读、理解。

指导语:荷花在几月会全部盛开呢? 每个月中它又会有什么不同的变化呢? 请小朋友和旁边的小伙伴一起来仔细地阅读,在书中找到答案。

①围绕线索结伴自主进行阅读。

②根据阅读经验给荷花的小图卡进行排序。

③集体观看PPT,进行阅读、交流与讨论。

教师在引导幼儿讲述的基础上,用语言帮助幼儿进行经验提升。在观察花的过程中,用不同的形式引导幼儿用语言及更多的肢体语言进行表现。

(2)以"每个月有什么花在开"为线索进行阅读、理解。

①迁移经验,认识书中素描花的名称。

指导语:在荷花没有盛开的时候,每个月都有不同的花在开,仔细看看这些花,你们认识吗?

②围绕问题再次结伴进行阅读。

指导语:等会儿请小朋友仔细地看一看,在书中找一找,然后告诉大家这些花在几月份开。

③根据阅读经验给花开的时间进行排序。

3.在阅读的基础上,运用多种方式学习朗诵童谣。

(1)跟随教师边观看PPT边学习童谣。

(2)尝试和同伴一起边看书边念童谣。

（3）边看图谱边念童谣。

（4）和同伴进行问答式朗诵。

4. 在教师的引导下，进行民间游戏《荷花荷花几月开》。

请一名幼儿做游客，其他幼儿做荷花，游戏前面由游客问"荷花荷花几月开"，做荷花的幼儿回答，游戏的最后"七月荷花全盛开"时，所有的幼儿用肢体变做一朵荷花，游客拍照。

（案例提供：南京第一幼儿园）

案例分析	《荷花荷花几月开》
全语言理念体现域	具体体现
整合的、渗透的	将科学领域中荷花的花期，以及其他花的花期渗透到语言活动中，幼儿在提高语言能力的同时也增加了关于荷花等花期的知识。
应用的、有需求的	幼儿对于"荷花几时开？"会产生强烈的兴趣，由此表现出强烈的探究欲望，这个时候语言学习就会因认知需求而发生。
整体的、平衡的	幼儿在集体观看 PPT，进行阅读、交流与讨论等不同语言学习活动时得到整体的平衡的发展。
平等的、开放的	幼儿在与同伴分享阅读、回答式朗诵时形成了一个非竞争性的学习共同体，获得了更多的交际性语言学习的机会。
活动的、操作的	活动中幼儿尝试了跟随教师一起念、与同伴一起念、自己念、与同伴对答式念儿歌，每一种都是幼儿操作语言的有效的尝试。

5. 月亮巴巴

设计意图

《月亮巴巴》这首儿歌是一首诙谐的民谣，具有儿童情趣。此儿歌的结构是连环式的，角色是一个跟着一个顶真出现，对于小班幼儿来说，方便记忆；从儿歌的句子来看，是行行押韵的，朗诵起来朗朗上口，具有音乐性；句子的句式结构整齐对应，形成一定的节奏，作为文学作品，具有形式美。

活动目标

1. 学习连环式结构的儿歌，愿意纠正自己的字音。

2. 知道看老师的提示（动作、图片）学儿歌。

3. 感受儿歌的节奏和趣味。

活动准备

1. 月亮的背景底板。

2. 上面嵌有儿歌中不同角色的图片：妈妈、奶奶、小鸟、乌龟、娃娃、鸡蛋。

活动过程

1. 引起幼儿兴趣。

(1)谈话引出月亮。

指导语:在这个上面藏了一个东西,是会在晚上挂在天上的、黄黄的、弯弯的,是什么呀?

(2)出示教具,引导幼儿观察,猜测月亮家有谁?

指导语:月亮上住着一家人,他们都有事出去了,这是他们的影子。猜猜月亮家里有谁呢?

2. 学习儿歌。

(1)老师完整地念儿歌,了解儿歌中的角色。

①教师快速地念儿歌:

指导语:月亮家里到底有谁呢?

指导语:月亮里住着谁呢? 你们听清楚了吗?

②教师慢速地念儿歌:

指导语:你们听清月亮里有谁了吗?

指导语:我们来找一找,他们藏在哪儿?

指导语:我们把他们请出来吧!

(2)教师出示儿歌角色,引导幼儿参与朗诵儿歌,并将图片对应到月亮中。

教师一边念儿歌,一边将月亮中的角色从黑板上取下来,用手推出,引导幼儿说出角色,再将角色放到月亮中去。

指导语:月亮一家人都回来了,他们相亲相爱在一起喽!

(3)用动作提示,互动问答,熟悉儿歌内容。

指导语:妈妈出来做什么?(用动作来表示)

指导语:奶奶出来……(手指奶奶做洗脚的动作)

教师以此类推,先手指角色、再用动作来表示,引导幼儿与老师共同念儿歌。

(4)集体学习儿歌。

①了解儿歌的名字。

指导语:你们知道什么是巴巴吗?

巴巴就像我们吃的圆圆的饼子,圆圆的月亮像饼子一样,所以这首儿歌叫《月亮巴巴》。我们圆圆的月亮就像是饼子被咬了一口,变成弯弯的了!

②师幼一起念儿歌。

教师以手势、动作,引导、提示、鼓励幼儿念儿歌。

③脱离角色念儿歌。

指导语：月亮家里人要躲起来了，谁躲起来了？

教师边从月亮中取下角色图片，给幼儿看，引导幼儿说出是谁。

指导语：现在只剩下什么了？（影子）

指导语：那你们能看到影子一起玩游戏吗？

教师指点影子图，引导幼儿边看影子，边在老师动作的提示下念儿歌。

④脱离月亮念儿歌。

指导语：这一次谁也躲起来了？

教师边说边用布盖上月亮。

指导语：连月亮家里人的影子也不见了！月亮躲在后面听，你们能不能念出来？

指导语：如果你们不小心忘了怎么办？没关系，你们可以看老师的动作。

指导语：记住月亮的影子、看老师的动作、口形等。

教师以动作提示，幼儿念儿歌。

指导语：鸡蛋有多大？给客人老师们看看大不大，嗯，真大！闻闻香不香？嗯，真香！

3. 欣赏儿歌。

欣赏老师用南京方言念儿歌，感受儿歌地方特色。

案例分析	《月亮巴巴》
全语言理念体现域	具体体现
整合的、渗透的	教师在设计教学内容时，可以在语言知识之中再渗透一些认知方面的知识，比如在活动之前先鼓励幼儿观察月亮的颜色、形状等。
平等的、开放的	小班幼儿的认知水平和理解能力都比较低，在语言学习的过程中更多的需要教师的引导。在活动中，教师要不断用问题引导幼儿去理解、表达，使得整个活动比较顺利地进行。
探索的、创新的	从"月亮上住着一家人"的故事导入，语言活动很有新意，容易引发幼儿的学习探究的兴趣。
活动的、操作的	在集体学习儿歌的过程中，教师引导幼儿使用不同方式进行，幼儿多次尝试，反复实践，自然而然地学会儿歌。

（案例提供：南京第一幼儿园）

6. 逗蚂蚁

设计意图

1.《逗蚂蚁》这首诗歌节奏明显、内容浅显，短小精练又生动活泼。这朗朗上口的诗歌能很快吸引幼儿的注意力,源于生活的题材也能丰富幼儿的生活经验。

2.教师采用一问一答的形式来引导幼儿熟悉儿歌内容的过程中,要注意引导幼儿感受图片与儿歌内容的关系。

3.此活动可鼓励孩子和爸爸妈妈一同用问答的形式朗诵,让孩子感受和父母共同游戏的乐趣。

活动目标

1.理解儿歌内容,感受儿歌所表现的天真烂漫的儿童情趣,感受儿歌的节奏和问答的形式。

2.根据图片符号的提示,尝试通过一问一答的方式熟悉儿歌中间段的内容。

3.积极参与游戏活动,体验在游戏中朗诵儿歌的快乐。

活动准备

1.教学图片9幅。

2.大蚂蚁、小蚂蚁图片各1幅。

活动过程

1.导入活动。

(1)情境导入,激发幼儿学习兴趣:

指导语:有一天中午,小蚂蚁正在院子里高兴地做游戏,听到妈妈喊,"小蚂蚁,快快来……"

你们猜猜蚂蚁妈妈喊小蚂蚁干什么呢?

(2)鼓励幼儿大胆猜测,表达自己的想法。

2.学习儿歌。

(1)出示图片,引导幼儿观察。

指导语:蚂蚁妈妈喊小蚂蚁干什么呢?看了这幅图你们就知道了。

鼓励幼儿结合图片内容,说说蚂蚁妈妈会让小蚂蚁做什么。

(2)结合图片,教师连续朗诵儿歌两遍。

指导语:蚂蚁妈妈叫小蚂蚁来干什么?

蚂蚁妈妈请小蚂蚁吃什么菜?吃什么饭呢?

小蚂蚁吃完了吗?怎么吃的呀?

小蚂蚁为什么是"啊呜啊呜吃得欢"?

(3)引导幼儿边看图片边学念儿歌。

①教师边指图,幼儿边念儿歌。

教师进一步帮助幼儿理解"?"的含义。

②取下三个画有"?"的图片,引导幼儿学念儿歌。

123

幼儿园听说游戏活动

③借助图片逐一减少的方法,激发幼儿记忆、朗诵的兴趣。

3. 尝试用问答的形式朗诵儿歌。

(1)出示"蚂蚁妈妈"和"小蚂蚁"图片,教师用一问一答的方式示范朗诵儿歌。

(2)鼓励幼儿做"小蚂蚁",和"蚂蚁妈妈"(老师),用一问一答的方式朗诵儿歌。

(3)教师和幼儿交换角色,继续用一问一答的方式朗诵儿歌。

(4)引导幼儿用各种不同的交换方式,进一步用一问一答的方式朗诵儿歌。如男生与女生之间、小组之间、两两结伴等。

4. 拓展经验。

(1)教师引导迁移幼儿对"饭"和"菜"的经验。

指导语:小蚂蚁吃的是白米饭,我们小朋友还吃过什么饭呢?

小蚂蚁吃的是炒青菜,我们小朋友还吃过什么菜呢?

鼓励幼儿迁移生活经验,大胆表达。

(2)教师将幼儿说的米饭和菜的名称编入儿歌中朗诵,进一步引起幼儿拓展儿歌的兴趣。

活动延伸

1. 鼓励幼儿回家后,和爸爸妈妈一同用对答的形式朗诵,让孩子感受和父母共同游戏的乐趣。

2. 鼓励幼儿将家中的饭和菜的名称编入儿歌中,和爸爸妈妈一同朗诵。

附儿歌:逗蚂蚁

小蚂蚁,快快来。

干什么? 来吃饭。

什么饭? 白米饭。

什么菜? 炒青菜。

啊呜啊呜吃得欢。

(案例提供：南京第一幼儿园)

案例分析	《逗蚂蚁》
全语言理念体现域	具体体现
随时的、无处不在的	语言学习是无处不在的,幼儿看似只是在玩耍,但在玩耍中幼儿已经在无意识地吸收儿歌这种语言材料中的语言知识了。
应用的、有需求的	小蚂蚁是幼儿非常熟悉的事物,所以很容易引起幼儿的学习兴趣。幼儿需要倾听关于蚂蚁的事情,需要用语言表达自己对小蚂蚁的观点,语言学习应需而生。
平等的、开放的	幼儿在活动过程中得到允许和鼓励去大胆猜测图中故事,并勇敢地表达自己的观点,极大地增强了幼儿语言表达的信心和兴趣。
探索的、创新的	教师将幼儿说的米饭和菜的名称编入儿歌中朗诵,幼儿觉得很有趣,会跟着模仿,这就是一种很有探索意味的语言学习。

7. 小手点点

设计意图

这是和孩子身体部位息息相关的一首儿歌,通过儿歌的学习,孩子能够更有兴趣地认识自己。通过儿歌的学习,孩子还能拓展自己的形容词词汇量,更好地读准"点点"这一叠词的发音。

活动目标

1. 学习儿歌,感知儿歌的节奏,发准"diǎn"的音,学习词的重叠。

2. 借助游戏"指鼻子"活动,帮助幼儿认识自己的五官,用动作帮助幼儿记忆儿歌内容。

3. 愿意大声朗诵儿歌。

活动准备

幼儿有玩"指鼻子"游戏的经验。

活动过程

1. 激发幼儿对自己五官的兴趣。

(1)师生玩"指鼻子"游戏。

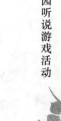

(2)教师正音,幼儿认识自己的五官。

指导语:你认识这些地方吗? 这是什么呀?

2. 学习儿歌。

(1)教师边指点自己的眼睛、鼻子、嘴巴,边念儿歌。

(2)与幼儿一起边做动作,边念儿歌。

指导语:小手点点,点点——

3. 仿编诗歌。

(1)引导幼儿用"点"的动作,点出自己五官的其他部位,进行仿编。

换词的次序可由脸上部向脸下部进行。

(2)幼儿结伴朗诵儿歌。

附:

小手点点

小手小手点点,点点我的眼睛,点点我的鼻子,点点我的耳朵。……

(案例提供:南京第一幼儿园)

案例分析	《小手点点》
全语言理念体现域	具体体现
整合的、渗透的	将关于身体五官的科学知识融入语言学习中,认知知识与语言知识相结合。
应用的、有需求的	五官是幼儿身体的重要部分,幼儿需要而且也应该关注。幼儿需要通过语言了解、表达,于是产生了语言学习的需要。
整体的、平衡的	注重"形容词"的积累,是一项重要的语言学习内容,口语与书面语对幼儿而言应该达到平衡的发展。
平等的、开放的	教师与幼儿共同游戏,引导幼儿理解诗歌,与幼儿共同建构意义。
探索的、创新的	幼儿在诗歌仿编的过程中会生发很多个性化、创新性的语言。

8. 谁会爬

设计意图

《谁会爬》是一首问答句式的儿歌,分为三小段,分别介绍了会爬的乌龟、会游的鱼儿和会飞的鸟儿,内容是幼儿非常熟悉的,极易引发幼儿的喜爱。通过图示的方式,幼儿能够根据诗歌节奏和韵律仿编诗歌内容,进一步拓展原有的生活经验,与此同时掌握了仿编诗歌的方法。

1. 学习诗歌,尝试根据动物的特性进行仿编。

2. 通过看图示,并根据诗歌的节奏和韵律进行仿编。

3. 愿意在同伴面前大胆地念,感受诗歌幽默、诙谐的风格。

□活动准备

教学图片。

□活动过程

1. 设置情境,引起幼儿兴趣。

指导语:森林里要举行一个运动会,每个动物都会来参加,它们有不同的本领。

有的参加爬的比赛,有的参加游的比赛,还有的参加飞的比赛。

指导语:哪些动物会爬呢? 哪些动物会游? 哪些会飞?

2. 教师出示图1,幼儿观察并探讨。

指导语:图片中"?"和"×"是什么意思?

3. 尝试编儿歌。

(1)出示图片,学习儿歌内容。

指导语:这些小动物来参加运动会啦!

谁会爬? 它是怎样爬的?(引导幼儿根据图示的节奏编儿歌)

(2)集体看图示,念儿歌《谁会爬》并进行仿编。

指导语:还有谁会爬? 它们是怎样爬的?

(3)仿编《谁会飞?》《谁会游?》。

(4)将图示中的"爬"替换成"飞""游"。

幼儿两两结伴尝试进行仿编。

教师提醒幼儿根据儿歌的节奏进行仿编。

(5)将自己创编的儿歌在集体面前朗诵。

附:

谁会爬?

谁会爬? 虫会爬;

虫儿,虫儿怎么爬?

一扭一扭向前爬。

谁会飞? 鸟会飞;

鸟儿,鸟儿怎么飞?

拍拍翅膀向前飞。

谁会游？鱼会游；

鱼儿，鱼儿怎么游？

摇摇尾巴向前游。

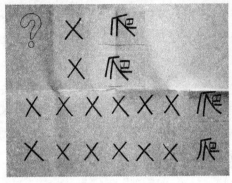

图1

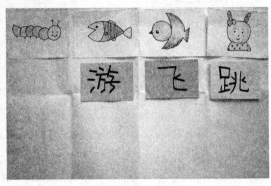

图2

（案例提供：南京第一幼儿园）

案例分析	《谁会爬》
全语言理念体现域	具体体现
整合的、渗透的	将爬行动物的相关知识融入语言学习中，幼儿学会使用语言描述爬行动物。
平等的、开放的	每个幼儿都有机会在同伴面前念唱自己编的儿歌，这种开放的语言学习氛围对幼儿是一种极大的鼓励。
探索的、创新的	幼儿尝试根据动物的特性进行仿编，在已有经验的基础上探索创新。
活动的、操作的	在集体面前表演自己仿编的儿歌，对幼儿来说是一项带有挑战性的语言实践活动，但同时也是一项很有成就感的语言操作体验。

9. 小兔子开铺子

设计意图

《小兔子开铺子》这首儿歌的特色之一是每句末尾都以"子"字押韵，读来朗朗上口；特色之二是语句根据物品数量多少进行有序排列，便于幼儿记忆朗诵；特色之三是量词不断变化，有助于丰富中班幼儿的语汇，因此适宜中班语言教育活动使用。在设计系列活动时，教师加入了量词训练，并用一些简单的打击乐来帮助幼儿感受绕口令中的韵脚。

活动目标

1.认知目标：感受儿歌的韵律，学习一些数量词：张、把、双、顶、个。

2.技能目标：在小图片和填量词游戏的帮助下记忆儿歌，正确掌握量词的使用规律。

3.情感目标:体验玩量词游戏的快乐。

活动准备

1.知识经验:幼儿已有在日常生活中"填量词游戏"的经验。

2.教具准备:1～5的数字卡片2套。绘有桌子、椅子、鞋子、瓶子、帽子、小兔子的小图片。

活动过程

1. 出示小实物卡片(小椅子、小桌子、鞋子、瓶子、帽子)。

(1)今天我带来一些小卡片,你们看它们是谁。(出示椅子)这是谁?

(2)(出示桌子)这是什么?

(3)(出示鞋子)这是什么?

(4)(出示瓶子)这是什么?

(5)(出示帽子)这是什么?

2. 学习绕口令,匹配图片。

(1)(出示小兔子)今天我还邀请了一只小兔子来到我们班做客,它开了一间铺子,你们知道什么是铺子吗?

(2)(出示数卡)铺子里有1～5数字卡。请你们听听看,铺子里有什么东西?这些东西有多少?

(3)教师连续念绕口令两遍(教师念的时候突出量词)。你们听到铺子里有什么?分别是几个呢?请小朋友上来摆一摆。

(4)摆的到底对不对呢?请再听一次哦。

3. 幼儿学习绕口令。

(1)出示快板。

①这叫快板,今天请它和我们一起念,你们来拍手,好不好?我们一起来试一试。

②刚才拍得非常好,除了拍手还可以拍哪里?

(2)出示圆舞板,除了快板可以演奏,我们还可以邀请圆舞板一同来演奏。那应该怎么演奏?

(3)第二次演奏时,教师提问。

①说说你们发现了什么问题?

②再次演奏。

4. 欣赏。

(1)教师用快板快快地演奏。

指导语:刚才我们是很慢地演奏,我还可以快快地演奏,你们来听一听。

(2)总结。

今天我们学的是绕口令,其实,绕口令想念得好听,我们除了用嘴巴来念,还可以请谁来帮忙?

对了,请它们来帮我们打节奏,就更好听了,而且绕口令要说得快快的才更有意思。回家我们可以边打节奏,边说得快快的来试一试。

（案例提供:南京第一幼儿园）

案例分析	《小兔子开铺子》
全语言理念体现域	具体体现
整合的、渗透的	认知目标、技能目标与情感目标整合,体现了语言教育目标的完整性。
应用的、有需求的	中班幼儿对量词已经有了一定的认知,学习含有量词的绕口令兴趣更高。
整体的、平衡的	教师采用了故事讲解、看图提问、打击乐器演奏等各种活动方式引导,因此幼儿在整个过程中表现出极大的学习兴趣。
探索的、创新的	在学习绕口令的过程中使用快板和圆舞板打节奏是一种创新的做法,能够激发出幼儿更多的创造性语言。
活动的、操作的	幼儿在快板和圆舞板打出来的节奏的伴随下学说绕口令,这对幼儿而言非常有趣,幼儿会反复操作。

第六章

幼儿园文学活动

儿童文学不仅仅是一种文体，它是一种世界观。儿童文学的天真不是幼稚，它是一种信仰。儿童文学不只是对儿童才有意义，真正好的儿童文学同样可以把成年人带入这样一种心灵状态。童年是一辈子的事，它不是一件可以随便丢掉的旧衣服。

——李东华

幼儿园文学活动，即是以文学作品为基本教育内容而设计组织的语言教育活动类型。这类活动围绕一个具体的文学作品教学，展开一系列相关的活动，创设幼儿学习运用叙事性语言的情境，帮助幼儿理解文学作品所展示的丰富而有趣的生活，体会语言艺术的美，为幼儿提供全面的语言学习机会。

第一节　文学活动的基本知识

一、文学活动的材料选择

幼儿园文学作品是教育目标的载体，又是活动的依据。作品选得好，教育目标的实施就有了保证。选择作品内容既要考虑到作品的教育功能，又要考虑到幼儿园的欣赏趣味和欣赏能力。可用于幼儿园文学教育的作品题材主要有生活故事、童话、寓言、民间传说、儿歌、儿童诗、抒情散文以及童话剧等。周兢指出，所选的内容应具有以下特点：

1. 作品中的形象鲜明生动。

幼儿园文学作品所塑造的形象要活灵活现，不论是人物还是小动物，都要抓住其外部特征，写出其神态和动作。如《小白兔》前两句主要写了小白兔的神态和

外部特征,后两句重点描述了小白兔的动态和习性。这些生动形象的描写增加了作品的艺术感染力和表现力,也深受儿童的喜爱,提高了儿童学习的兴趣。

2.提供多种与文学作品相互作用的途径。

儿童发展是他们自己与外界环境交互作用而建构起来的,并且他们需要通过自身的操作活动与外界环境进行交互作用。儿童语言发展也同样如此,因此幼儿园文学教育应用活动的形式来组织,使儿童在动手、动口、动脑、动眼、动耳等多种感官参与形式中参与活动,从而对文学作品有更深刻、更全面的理解与感受。

3.扩大儿童自主活动的范围。

在儿童文学作品教育活动中,儿童在教师的引导下,能够比较自由地进行讨论、操作表演等,在亲自操作实践、探索和想象创造中,达到对文学作品和文学语言准确、深刻的理解和感知。

二、文学活动的作用与特点

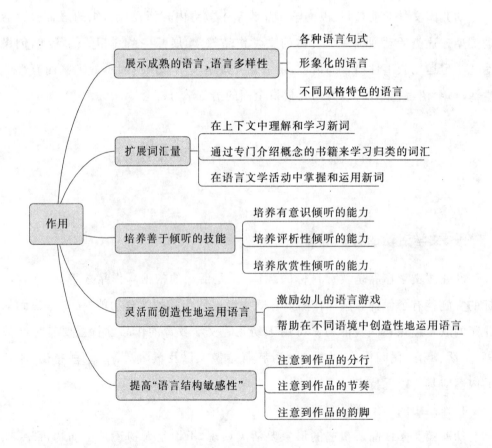

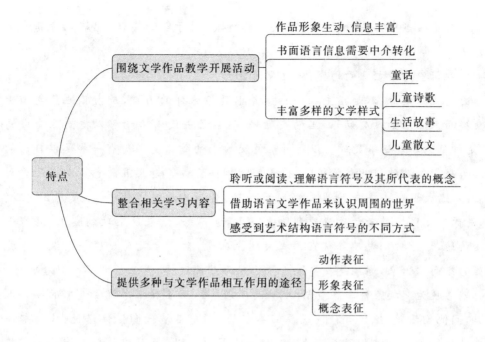

资料卡片：以"力量母题"为例解读童话之于文学活动的启示

学前教育视野中的童话"力量母题"

人类发展的过程中，力量是一个重要的关键词。人类的发展过程，就是一个漫长的不断发现自身力量、思考自身力量的过程。作为人类的童年时期，幼儿的心理发展要复演这一"发现自我的力量、深思自己的力量"的心理进程。而富含力量母题的童话体裁，是学前教育相关教学内容的重要材料。学前教育视野下的力量母题解读，将有助于其在童话阅读教学当中的实际应用。

在不同的理论中，母题的具体内涵虽然有差异，比如"故事中最小的，能够持续在传统中的成分"，比如"一种反复出现的、与叙事类型化特征相关的因素"，但有一个基本的共有特点：具有某种不变的，可以被人识别的结构。作为人类心理发展重要反映的童话，当中不变的结构常常是类型化心理结构的标识，因此成为社会科学领域多学科研究的对象。刘绪源先生曾著有《儿童文学三大母题》，详陈了"爱、顽童与自然"三大母题，笔者认为，这些母题的深刻认识有助于我们明了童话等儿童文学体裁的定位，然而对于童话可以发挥的教育理性，童话的母题还有极为丰富的宝藏可以挖掘。

"力量"是儿童成长过程当中极为关注的现象，该母题在童话中普遍存在，不管是大力士的体力还是魔法师的魔力还是母亲爱的力量，都属于童话的核心内

容。理解童话当中力量母题的存在及变化特质,对于解读童话、理解儿童具有重大意义。

1.童话中力量之源的嬗变:从他人到自己。

力量之源之他人,是指主人公自身并不具备这样的力量,是由其他角色赠予或交换而来。比如,《灰姑娘》里的灰姑娘,她自己并没有力量可以把南瓜变成马车,是神仙老婆婆送给她的。以某种条件交换来的童话更多。有一些是以自己的品质为交换条件的,比如,童话《金鸭子》里,神仙变成又老又丑的乞丐向三兄弟讨要食品,老大说:"去去去,我刚想吃还没吃呢,你就来要吃。你吃了,我怎么吃呢?哼,去你的吧!"结果老大砍柴砍到脚上,老二也不给,结果砍柴砍到腿上,只有老三给了她,于是神仙说:"你就在这棵大树上砍柴,砍一斧就会出现一个洞。你把洞里的东西拿出来,那就是我要送给你的东西。"就这样,老三得到了一只金鸭子。这是以善良为交换条件。在童话《水陆两用船》里,巫婆和三个将要造船的年轻人搭讪,问他们问题,但只有鞋匠认真回答了她,于是巫婆就向他许诺说:你的船一定能造好!并且可以娶到国王的女儿!后来果真如此,这是以尊敬和诚恳为交换条件。另有一些交换条件则以所失去换所得。比如《海的女儿》里,小美人鱼用她美妙的声音向海巫师交换人类的双腿,《加勒比海盗》里,船员用在鬼船上服役100年的条件向海魔换取活着的权利。这些力量由于主角并不具备,要靠别的角色而来,而这个角色一定是完全不同于主角类型的角色。

19世纪以来,童话开始越来越多地展示人物内部的力量来源。比如,《艾丽斯漫游奇境记》里,可以变大变小的魔药、可以变大变小的蘑菇、说话的兔子、坏笑的猫咪,但结尾却归之为艾丽斯在树下的一个梦,将魔力归位于儿童的幻想力。一些童话虽然也借用了魔法师的帽子之类的情节,但其抢眼程度已经明显让位于人物的行为与影响,比如,芬兰作家扬松的《魔法师的帽子》里,木民小人们拣到一只帽子,由于不知道它的魔力,闹出了一系列的好玩的事情,木民小人钻进帽子"躲猫猫",出来就成了谁也认不出的怪物;流进帽子里的水会变成木莓汁。这样的童话里,魔法不再影响人们的命运,相反,它只是在木民小人调皮爱玩的天性上锦上添花。澳大利亚作家特拉弗斯《随风而来的玛丽阿姨》也是同样,有魔法的玛丽不再是不可接近的巫师或者说上几句话就消失不见的仙女,而是应聘来当孩子们保姆的,而且她的许多习惯更像儿童,比如"玛丽阿姨跟着班克斯太太上楼,她两手拿着手提袋一下子很利索地坐上楼梯扶手滑上来。简和迈克尔知道,滑下去的时候常有,他们自己就常干,可滑上来的事情从来没有过!"这样的定位将魔法的拥有者变成了一个人,一个有个性的人的形象。

而当代的许多备受幼儿喜爱的童话,甚至根本没有魔力的影子,而开始关注主人公自身的力量。比如花格子大象艾玛系列里的《花格子大象艾玛》和《艾玛与蝴蝶》,如果说大象艾玛这个角色有什么力量的话,是巨大的大象本身的体重以及他那比体重还要重的幽默与聪慧,如果说《艾玛与蝴蝶》里蝴蝶有什么力量救了大象,那就是小巧与飞行,这些力量不是外力赐给的,而是角色自己天生就具备的。

这种力量之源从他人到自己的转变之因,笔者认为与人类社会的发展变化是一致的。童话缘于人们的愿望与幻想,早期对于自然力和其他一些未知力量的恐怖和敬仰,人是软弱的,在童话当中力量是由神提供的,或神赐予卑微的人,到后期人类自身的力量被发现,作为童话主角的人或者拟人,才开始拥有内有的力量。

2.童话中力量之形式的嬗变:从神秘化到生活化。

在童话当中出现的大部分具有神奇性或者带有奇异、超凡的成分,是传统童话当中力量母题的大部分。比如,《灰姑娘》里神仙将南瓜变成漂亮的马车,老鼠变成车夫和马匹;《穿靴子的猫》里猫咪忽然会说话并且给主人带来侯爵的荣誉和财富;《聚宝盆》中看似普通却能够不断拿出宝贝的宝盆;阿拉伯神话里那盏能够满足主人愿望的神灯,带主人去任何地方的飞毯;希腊神话里阿喀琉斯被女神在圣水当中洗过所以变成刀枪不入的脚;《神笔马良》里那支画什么就真的有什么的笔,还有许多神话里出现的能够不断拿出食品的袋子、不断倒出美酒的小壶、能制服任何人、任何动物的宝剑或棍子、能产金子的动物,林林总总,不一而足。

而且,不仅其力量形式是奇幻的,其在语言上的表达也呈现神秘的特征。比如,巫师或仙女常常话语数量极少,又没有任何解释。有可能是"我赐予你所有的宝石!"或者"你必须拿你的声音来交换人类的一双腿",而且可以没有任何解释,神仙不会向灰姑娘解释说为什么南瓜马车到了晚上12点就会变回南瓜,海巫婆也不会向美人鱼解释把美人鱼的声音换来用做什么。她们的力量是绝对的、话语是简洁的,她们的力量天生就有,任意给予又任意收回。

而越接近当代的作品,生活化的气息就越为浓郁。比如,角野荣子的《魔女宅急便》的魔女琪琪很快就学会骑着扫帚在天空中飞翔,但因为她正在长大,所以,飞在天上时,常常会因为鼻子旁长了一个大青春痘,或是为好朋友生日时该穿哪一件漂亮衣服之类的事情分心。这种时候,扫帚就会突然往下掉。有一次,她一直在意着第一次穿的蕾丝内衣,没发现扫帚已经往下掉了,结果,一不小心,就撞到了电线杆。扫帚撞坏了,琪琪的鼻头和两个膝盖也都撞出了很大的包。《随风而来的玛丽阿姨》里玛丽阿姨的魔法使用只是用于使自己"做一个称职的保姆"。除了人物形象外,作为力量的象征,大象和鳄鱼也常常在童话当中出现。鳄鱼一向以拥有坚硬而可怕的牙齿著称,而《鳄鱼怕怕 牙医怕怕》里的鳄鱼却因为不好好刷牙得了蛀牙,在去看牙医的路上害怕得心里七上八下的。这时的鳄鱼就变成了一个每天需要刷牙吃饭有病要看医生的生活化形象。新编的《加勒比海盗》里,拥有海魔力量的琼斯可以永远不死,不过他为了保护他的力量费尽了心思,展示的是一个活生生的思虑再三、权衡得失的形象。

如果说对神奇人物及宝物的幻想包含着人们渴望探究大自然奥秘、渴望控制自然力和征服敌人的精神愿望，那么，对于生活化的力量形象，依然反映了这样的愿望，但从心理距离上，则更为亲近，更接近人类自我。对于这种变化的原因，笔者认为，早期人们出于对强大的自然力量的恐惧，因此创造了富有奇幻与神秘主义的角色，比如巫师，但巫师本质上只是巫术的载体，其人性大大弱于神性或魔性，是"人附着于力量"。而后慢慢将重心由"人附着于力量"转向"人拥有力量"，就不可避免地开始加入人性的描述，才有了从简单的神秘化到细腻丰满的生活化的变化过程。所以，与"力量之源由他人向自我转变"一样，是人自身的力量被发现和被表现的过程。

3.童话中力量之变化的嬗变：从绝对化到相对化。

如果说前两个变化是人类自身力量的发现与表现过程，那么力量的绝对到相对的变化，则饱含了人类自身对于力量的解读。

在《天鹅湖》里，美丽的公主和她的侍女们被巫师变成了天鹅，巫师设定的游戏规则是，必须有王子爱上她来娶她，她才能恢复人形，事实果然如此，由于王子被骗后向其他的女人示了爱，公主即被禁锢在天鹅的身体里不能解脱。在《灰姑娘》里，神仙婆婆答应她可以开开心心玩到午夜12点，过了就作废，结果她到了时间狂奔回家，奔跑的路上果然就恢复了破衣烂裳。这些童话里，力量拥有者的力量是绝对的，非常简单，不可更改，被这种力量对付的人，一定会领受它的后果，这是一种绝对的力量。

而后来的童话故事则有了极大的改变，力量开始变得相对化。比如，《魔法的歇脚树》里，魔法师琪琪的黑猫和普通猫恋爱了，慢慢地，黑猫吉吉说的话大半不是魔女猫的语言了，而是夹杂着普通的猫语，比如"喵呜——舒诺——猫呜——店里——喵"这句话的意思是"舒诺的店里正忙，你不去帮帮忙吗？"许多话连魔女琪琪也只能听懂一半。《加勒比海盗》里，海神卡里索普拥有极为可怕的力量，她勃然大怒的时候，可以令大海泛起滔天巨浪，使数不清的水手无故葬身大海。这时，一群勇敢的海盗挺身而出，设法诱女神上当，并用咒语把她封入凡人蒂娅·达尔玛体内而失去其法力，鬼船船长琼斯有不死之身，而且可以召唤水怪，但他的心脏若是被人插上一刀他就会立即毙命。力量不再是绝对的，而是相对性、可以变化的。

这种相对的、变化的观念，是整个人类思想史上重大变更在童话创作领域当中的体现，即后现代主义的主题，比如抛弃了刻板的一般性及确定性，接受并倡导差异性、复杂性、不确定性，以及通过多种视角、历史地和情境特异性地思考。

4.童话中力量之内涵的嬗变：从一元化到多元化。

什么是有力量的？与力量的绝对到相对一样，力量内涵的多元认识，同样也是人类自身对于力量的解读。关于"什么是有力量"的问题，与"什么是聪明"的问题经历了相似的发展过程。"什么是聪明"经历了"一元智能"到"二元智能"再到"多元智能"的认识过程，反映到日常生活当中，比如许多人起先只认为数学好的人是聪明的，后来知道语文好的人也是聪明的，再后来知道音乐或舞蹈好的人也是聪明的，聪明是多元的。对于"什么是力量"，同样也存在"一元力量"到"多元力量"的认识变化。

传统的童话，里面的力量大部分是三类：体力、物质相关的魔力、精神相关的魔力。体力方面，比如掀起台风的风神、能够吃人的海怪、能够举起一座大楼的巨人；物质相关的魔力，则常常附着在主人魔棒上、咒语上、仙女的诺言、施了法的仙家宝物上，可能帮助主人公实现得到某件东西的愿望；精神相关的魔力，比如，希腊神话当中，爱神之箭射到谁谁就会陷入爱河，战神迷惑了谁谁就会充满武斗的庆气。

而慢慢的，童话当中力量的内涵发生了变化，出现了多元化的趋势。不仅有超人体力和魔力，更多地开始挖掘人内心的力量，比如自信、乐观。《鼠小弟与大象哥哥》里，鼠小弟非常羡慕大象的力量，还是大象哥哥好啊！那么高的地方也能够着，那么远的地方也看得到，还是个大力士，一步能迈那么远，什么都不怕，刮大风也没事，而且还吃得下那么多好吃的东西。但同时他也发现了自己的力量：虽然自己是胆小鬼，个子小，力气小，腿又短，但是……大象踩倒的花，他可以扶起来，大象拉的屎，他可以扫干净，而他对鼠小妹的好，得到了鼠小妹的喜爱。再比如《花格子大象艾玛》系列里的《艾玛踩高跷》里，猎象人就要来了，大象们要想办法对付他们，艾玛建议大家一起来踩高跷。在童话里，各种力量都出现了，比大象的庞大身体带来的力气更厉害的，是猎象人的枪，比猎象人的枪更厉害的是踩着高跷的大象，而比踩着高跷的大象厉害的当然是大象踩高跷这个主意，这个主意可以是大象艾玛想出来的，也可以是一只蝴蝶、一只小虫子。而爱更是，母亲的爱，朋友的爱，在许多作品里都给了主人公最大的力量。这种力量开始慢慢离开体力与外形，与心灵与头脑相关。

综上所述，在童话当中，力量母题呈现非常多样的形态，有的是现实生活的直接反映，有的带有极强的符号性并通过强烈的心理隐喻达成，不管怎样多样的形态，在其本质上仍然呈现出规律变化的特质：在力量之源上从他人到自己，在力量形式上从神秘化到生活化，力量的本质也从绝对化到相对化，力量的内涵也呈现多元发展。这种嬗变，真实地反映了人类社会的发展进程，体现了人类本体力量被发现和被表现的过程，以及人类本身对于力量的更进一步主动的解读。如何将这样的研究结论应用于学前教育实践，是需要研究者进一步思考的问题。

——郑薏苡、李晓燕

（选编自《文艺争鸣》2011年第3期里的《童话"力量"母题的嬗变》）

幼儿园文学活动

第二节　文学活动的组织与实施

幼儿园文学活动的主旨是引导幼儿积极主动地感知和理解文学作品,并能创造性地运用所学与文学艺术思维相关联的观点、技术和理解力。教师要能贯彻文学活动的基本观念,组织好教育过程,就需要具有某种规范性的活动结构形态。幼儿园文学活动是系列的、网络状的活动,具体可分为五个层次。

——周兢

一、文学活动设计的第一阶段

学习文学作品。

以文学作品作为学习内容的文学活动,首先要将作品传授给幼儿,这是任何一类或任何一个文学作品学习所不可缺少的首要环节。教师可采取不同的方式组织教学,根据作品内容的难易程度,或者采用比较直观形象的幻灯,或者使用挂图,或者配以桌面教具,利用辅助手段进行作品的教学。如果作品内容比较浅显易懂,也可直接给幼儿朗读作品,减少琐碎麻烦的程序。

在作品教学时,应注意将重点放在幼儿的理解方面。因为第一层次是文学活动的第一步,幼儿能否很好地感受理解作品,决定了他们是否能排除学习上的认知、语言和社会知识障碍,也决定了他们能否更好地进入后面的学习活动。在这一层次的活动中,有三个值得教师注意的问题。

1. 不要在第一次教学作品时过多地重复讲述作品,以免幼儿失去对文学作品的兴趣。故事类作品应以讲两遍为宜。

2. 不强调让幼儿机械记忆背诵文学作品内容,减轻幼儿在学习时的短时记忆负担,以便他们将注意力更多地投向学习过程的理解和思考。

3. 用提问的方式组织幼儿讨论,帮助他们理解作品的情节、人物形象和主题倾向,尤其是注意用联系幼儿个人经验的问题或假设性的问题引导幼儿深入思考和想象。如学习文学作品《会唱歌的生日蛋糕》时,教师不仅让幼儿讨论"故事里的小熊遇到了一件什么样的事?他们是怎样做的?你喜欢小熊吗,为什么?"而且还引导谈论"如果你是故事里的小熊,你怎样祝贺外婆生日?如果你有一个会唱歌的生日蛋糕,你用它来做什么?"这些问题都有助于加深幼儿对文学作品的理解。

二、文学活动设计的第二阶段

理解体验作品。

在教授文学作品的基础上,教师还有必要进一步组织与作品内容认识有关的活动,帮助幼儿深入理解、体验作品内涵,尤其要让幼儿切身地感受作品所展示的情感心理和精神世界。这是文学作品学习的第二大环节。

为了帮助幼儿理解和体验作品,教师可以根据每一个具体的作品内容来设计相关活动。例如:《会唱歌的生日蛋糕》作品教学之后,教师组织幼儿学唱生日歌,又在生日歌乐曲的伴随声中开展故事表演游戏的活动。这些活动是围绕生日开展的,因为《会唱歌的生日蛋糕》的主要情节内容、人物角色均与生日有关。通过学唱生日歌和故事表演游戏,幼儿进一步设身处地地感受了生日的气氛,体验了童话故事中小动物们准备过生日的情绪。特别是故事表演游戏,用玩具材料和游戏活动创造出一个假想的天地,允许幼儿在玩的时候再现作品的想象,经历小熊和其他动物的活动过程,能较好地帮助幼儿体验作品中欢乐的情绪,加深对作品的理解。

在理解和体验作品这一层次上,教师可以设计和组织相关的活动,也可以紧接第一层次的感知文学作品的活动开展。注意应从文学作品内容出发组织活动。有的时候,可以适当采用观察走访的活动方式,让幼儿接近了解与作品内容相关的自然或生活情景;有的时候,也可以选取绘画、表演的方式,引导幼儿反映表现文学作品内容;进而组织一次有关的专门讨论,也有助于幼儿对文学作品的理解体验。但是,值得注意的是,所有这些活动方式都应从理解体验文学作品出发,要让幼儿带着一个具体作品的"眼睛"去看,"耳朵"去听,让幼儿围绕着已学的文学作品去思考,只有这样,这一层次的活动才是不走题的,也才是必要的。

三、文学活动设计的第三阶段

迁移作品经验。

在帮助幼儿深入理解、体验作品的基础上,可以进一步引导幼儿迁移作品的经验。因为文学作品向幼儿展示的是建立在幼儿生活经验基础上的间接经验,这种间接经验既使幼儿感到熟悉,又让他们觉得新奇有趣。但是,仅仅让幼儿的学习停留在理解这些间接经验的基础上还是不够的,还不能充分地将这些间接经验与幼儿的直接经验联系起来。因此,需要进一步组织与作品重点内容有关的活动,帮助幼儿将文学作品内容整合地纳入自己的经验范畴,使得他们的直接经验与文学作品的间接经验实现双向的迁移。

迁移作品经验的活动往往是围绕作品重点内容开展的可操作的、或具有游戏性质的活动。例如:在文学活动"会唱歌的生日蛋糕"中,教师可以让幼儿做一做生日礼物,再给本班小朋友开个庆贺生日会,像童话中的小动物那样为别人的生日做点使他们高兴的事。再如:在文学活动"梳子"中,教师在指导幼儿用诗歌的眼睛去观察理解周围环境之后,可以让小朋友画一画周围环境中"还有什么东西

像什么东西的梳子"来迁移作品经验。幼儿在这样的活动中不仅进一步加深了对作品的理解,而且还为下一步扩展想象和语言表述打下了基础。

四、文学活动设计的第四阶段

创造性想象和语言表述。

通过前面三个层次的活动,幼儿对文学作品本身的学习、理解和体验已经到达了较好的程度。这时候,教师可以进一步创设机会,让幼儿扩展自己的想象,并创造性地运用语言去表达自己的认识与想象。

创造性想象和语言表述活动仍然立足于原有已学的文学作品内容进行。在这一层次活动中,教师可以让幼儿续编童话故事、表演故事,可以让幼儿仿编诗歌散文,也可以让幼儿围绕所学文学作品内容想象讲述。例如:在"会唱歌的生日蛋糕"活动过程中,教师在最后一个层次可以"你想怎样给爸爸妈妈过生日"为题,组织幼儿讨论、讲述。这样,每位幼儿都可能愿意像故事中的小熊那样,为自己的爸爸妈妈过个快乐的生日,并充分地开动脑筋、大胆表达,想出许多很有趣、也很有意义的祝福方式,使活动在幼儿欢快、热烈的交流中结束。

五、文学活动设计的第五阶段

在之前活动的基础之上,对儿童提出更高的要求,即是:仿编及表演。一般可以分为几类:

1. 幼儿仿编诗歌和散文

诗歌和散文的仿编,即幼儿在欣赏诗歌与散文、理解其内容及构成的基础上,仿照某一首诗歌或某一篇散文的框架,调动个人经验进行扩展想象,编出自己的诗歌或散文段落。这种活动形式往往是在围绕诗歌或散文的教学活动基础上进行的,并且在整个网络活动中处于最后一个层次。这种活动形式对发展幼儿的想象力及创造性地学习诗歌散文很有益处。

组织幼儿仿编诗歌和散文时,教师需要把握以下要点。

(1)准备。仿编诗歌和散文对幼儿来讲是一种挑战,因而要求幼儿在活动前具有良好的准备状态。幼儿参加该项活动的准备包括以下几个方面:一是对所依照的诗歌或散文要熟悉理解,对要仿编作品的内容、形式都有所认识;二是要有这方面的知识经验,在仿编过程中调动这些已有的知识经验,否则就可能"言之无物";三是要具有一定的想象能力和语言表达能力。教师必须注意幼儿在这方面的发展水平,并且在仿编前给予幼儿一定的"操作演习"机会,以了解班级内每个幼儿的不同水平,这将有利于教师在活动过程中进行指导。

(2)讨论与示范。在仿编活动开始时,教师可组织幼儿对将要仿编的作品做简单的讨论,引导幼儿注意仿编的关键问题。例如:教师要组织幼儿仿编诗歌"绿色的世界",就可以让幼儿谈一下"为什么在这个孩子的眼里世界是绿色的""假如戴上其他颜色的眼镜,世界会变成什么颜色的"。接着教师要进行示范,通过示范进一步启发幼儿的想象。仍以"绿色的世界"为例,教师可以戴上红色眼镜,把诗编成"红色的天空/红色的房子/红色的小朋友/红色的面孔/这儿一片红/那儿一片红/到处都是红、红、红"。教师的示范在启发幼儿想象的同时,又能帮助幼儿将自己的想象纳入一定的语言框架结构之中。

(3)幼儿想象与仿编。教师示范之后,开始让幼儿进行想象与仿编。为了帮助幼儿熟练掌握思路,教师可采用直观形象的教具,让幼儿借助于某一图片或实物来仿编。如果是仿编"绿色的世界",可以向幼儿提供其他各种颜色的眼镜(幼儿在操作活动中自制的玩具眼镜),让幼儿戴上这些眼镜来看周围世界,然后仿编诗歌。等幼儿熟练地进行想象并仿编出诗歌后,教师可取消直观教具的使用,要求幼儿脱离实物或图片去想象与仿编,一步步地引导幼儿掌握仿编诗歌与散文的方法。

(4)串联与总结。在幼儿分别编出自己的诗歌或散文段落后,教师可引导幼儿将原来的诗歌、散文(如果散文较短,容易记的话)复述一遍,然后将幼儿仿编的段落加上去。有的诗歌和散文原文有总结句,那么就仍以总结句来结束全文。这样的串联和总结,要求教师在幼儿仿编时,随时注意记下幼儿仿编的内容。教师可以采用在黑板上或纸上随手画记的方法,比如仿编"红色的世界",画下"房子""小朋友""红面孔"即可,而当幼儿仿编出"黄色的世界"时,记下有关的形象。这样总结时便可指引幼儿将仿编段落一段一段地加到原来的诗歌后面去。

还有一点需要教师在组织仿编时注意,不同年龄班幼儿诗歌与散文仿编的重点应当有所侧重。小班幼儿诗歌和散文欣赏的重点是理解作品的语言和画面,因此,仿编活动的重点只要求在原有画面的基础上换词,通过改换某个词来体现诗歌或散文的画面变化。改换新词后往往不是整个画面的大变动,而只是局部的迁移转换。中班幼儿诗歌和散文仿编可要求幼儿通过变换词句,使诗歌或散文整个画面出现新的内容。随着幼儿欣赏水平和仿编水平的提高,大班进行的诗歌和散文仿编活动中,可考虑对原有诗歌散文的结构进行部分变动,也可以根据幼儿的知识经验仅向幼儿提供一个开头作为想象线索,引导幼儿自己完成诗歌和散文的创编。

2.幼儿编构故事

故事是依据一定的内在规则构成的,幼儿学习编构故事就是在理解故事、积累相关知识经验的基础上,尝试运用语言来编出符合结构规则的故事。编构故事是一种对幼儿具有积极意义的创造性活动。

组织幼儿编构故事的基本思路是:在帮助幼儿感受理解故事类文学作品的前提下,不断提高幼儿对故事类文学作品内容与形式构成的敏感性,从而逐步学会

编构出完整的故事。总的说来,幼儿编构故事活动,是一种系列的、多层因素的、含有渐进要求的活动。活动的组织应当遵循下列几个顺序。

(1)从理解到表达的顺序。编构故事是建立在理解故事之上的,组织编构故事活动应从理解故事、提高对故事类文学作品构成的敏感性入手,帮助幼儿逐渐把握编构故事的要求。随着幼儿年龄的增长及编构故事经验的增加,要逐渐提高编构故事的难度。

(2)按照故事类文学作品构成因素,发展幼儿编构故事能力的顺序。故事总是包含语言、情节、人物、主题这四个基本组成部分,在这四个构成因素中,各个因素从理解到掌握运用过程是不一样的,难度也不同。因此,在组织幼儿编构故事活动时,需要根据故事类文学作品构成因素的难度顺序,制定幼儿编构故事活动的目标要求。

幼儿园编构故事应贯彻从理解到表达的原则,也要服从文学活动的整体要求。因此,编构故事活动,应从结构情节的角度进行统领,并对不同年龄儿童提出不同要求。小班编构故事的重点是编构故事结局,即幼儿依据个人对语言、情节、人物、主题的理解,在故事将结束时编构一个结局。中班编构故事的重点应放在编构故事的“有趣情节”上。这里所说的“有趣情节”是指故事情节的高潮部分。在故事情节推向顶峰时突然停止,让幼儿积极想象,编构出可能出现的发展进程。在小班、中班的基础上,大班幼儿已经基本上掌握了故事编构的情节展开方式。因此,大班的重点应放在编构完整的故事上,要求幼儿编出的故事具有语言、情节、人物和主题等构成要素。教师应逐步提高对故事结构上的要求,比如人物、主题等。在上述“第一步”指导中,向幼儿提供一点“有趣情节”,即暗示每一个故事的发展都需要有“高潮”性的情节。经过从小班、中班到大班的有序活动学习,大班幼儿能够较顺利地完成完整编构故事的任务。

3. 故事表演游戏

故事表演游戏是文学活动中的一种特殊活动形式,目的在于,帮助幼儿通过对话、动作表情再现文学作品,理解体验作品的内容。在幼儿园文学活动中,这种特别的活动形式得到了广泛的运用。

故事表演可以用来帮助幼儿理解和体验具体的文学作品。例如:在组织文学活动“小河马的用处”时,为了帮助幼儿理解小河马的自卑心理和小河马发现自己长处时的兴奋、自豪情绪,教师就可以组织全班幼儿参加表演游戏。因为用动作、语言、表情再现原来只由语言结构的人物形象和情节,向幼儿提供了身临其境、设身处地地想象和表现的机会,幼儿置于这样的活动范围中,便自然而然地向着用心理解和体验作品的方向去努力。同时,用动作、言语和表情来完成理解体验作品内容,符合幼儿具体形象思维的特点。

在文学活动中,故事表演游戏有时还用来帮助幼儿迁移作品经验,完成文学作品提供的间接经验与自己的直接经验相结合的过程。尤其是操作因素较强的故事表演游戏,给幼儿更多的实践机会,更多的创造可能,因此也更有助于幼儿把文学作品的经验纳入个人经验范畴,再将个人经验内容附加到对文学作品内容的想象中去。

故事表演游戏分为以下三种类型,分别采用不同的组织方式。

(1)整体表演型。整体表演型的故事表演游戏要求幼儿在理解作品的基础上,按照故事的情节发展连贯完整地表演动作,表演的成分比较多。在进行表演活动时,幼儿一对一地扮演角色,即故事中的个体角色由一名幼儿表演,群体角色则不作严格限制,可由若干幼儿同时担任。如"猴子学样"中的老公公由一名幼儿扮演,猴子则由多名幼儿同时扮演。表演过程中,教师在旁边领诵故事,串联情节,扮演某个角色的幼儿则在角色台词需要时参与对话独白,其余幼儿可以随教师朗诵故事。

在组织这类表演游戏时,教师应注意以下几点:首先,在作品讲述一遍或两遍之后,便着手帮助幼儿分析作品人物形象的特征。主要通过提问的方式,要求幼儿描述角色性格与特点。例如:老师讲完"猴子学样"的故事后,向幼儿提问:"老公公走路是什么样子的? 小猴子有哪些特点? 老公公生气的时候又是什么样子的?"其次,让幼儿自己讨论如何用动作表现角色的性格与特点。例如:让幼儿谈谈老公公走了很长的路,累极了,应该用什么动作来表现。再次,在进行表演游戏的过程中,不要求幼儿完整复述故事,而是由教师作为串联情节、掌握活动进程的重要人物领诵故事。教师主要通过加重语气、改变声调和语速等方法,帮助幼儿跟上故事情节的发展,进入想象的情景,不让幼儿游离于活动之外。最后,教师提供的游戏道具要简单,且易于操作,可以虚代实,只要能给幼儿一点进入角色的启示即可,不必用装饰性过强或过实的道具。我们观察发现,让扮演猴子的幼儿选择头饰与面具,大部分幼儿要求戴自制的画有小猴的头饰,因为此头饰比买来的头饰面具轻便、通气,戴上后不影响幼儿的表情与动作。而罩住幼儿面孔,只露两只眼睛的猴子面具,虽然给成人更逼真的感觉,但不能给表演游戏中的幼儿以真正的快乐。

(2)分段表演型。分段表演型的故事表演游戏是将整个故事情节切成若干段落,讲一段故事,进行一段表演。这种类型的表演游戏可由多人扮演同一角色,例如:在中班进行"三只蝴蝶"的表演游戏,就可以让一组幼儿表演红蝴蝶,一组幼儿当黄蝴蝶,再由一组幼儿扮演白蝴蝶,红花、白花、黄花、太阳公公、雨等都可根据需要,让若干幼儿分别担任。这种表演游戏允许全班幼儿共同参加,解决了角色少观众多的矛盾。表演时,听教师领诵完一段故事,轮到的角色便上场表演相应动作,教师可视情况重复刚才的故事段落,其余幼儿也可随同朗诵。当这段表演结束时,表演者做出造型,然后下一段开始。在这种游戏时,每个幼儿都扮演一定

的角色,没有台上或台下的感觉,能够比较放松地进入角色。

在组织分段表演型游戏时,教师应注意以下几点:首先,这类表演游戏将故事分成若干段落进行,在讲过故事之后,需要引导幼儿讨论作品中角色的情感变化,从而帮助幼儿体验角色心理,把握角色性格发展的线索。比如故事"三只蝴蝶"第一段,是三只蝴蝶在花园里游戏的情景,开始是快乐的,但下雨时便惊慌着急起来。帮助幼儿分析蝴蝶情感的变化,可以为他们的表演打下基础。其次,分段表演型游戏允许诸多幼儿扮演同一角色,表演前可为同一角色的幼儿提供互相交流和影响的机会,如在一起商量并试做角色动作等。同时,教师应鼓励幼儿根据自己对角色的理解和意愿做出与同伴不一样的动作来,尤其每段表演结束时的造型,可以让幼儿摆出自己认为最优美的造型动作。再次,这种活动是全班性的,因而增加了教师的指导难度。教师必须巧妙地控制表演进程,既要使幼儿愉快地进入游戏角色,又要防止失控现象发生。教师有时需要提醒角色及时上场,提醒角色做适当的动作。在每一段结束时,教师还需要提醒幼儿做静止状态的造型。最后,分段表演型游戏的道具准备要简单、方便,以帮助幼儿进入角色。

(3)角色活动型。角色活动型的表演游戏更多地兼有表演游戏与角色游戏的双重特点。在表演的场景方面,角色活动型的场景是根据文学作品提供的人物情节与场景设置的,但又有角色游戏角落的特色。例如:故事"给妈妈的一把椅子"中有家、餐厅、救火队、沙发店等场景出现,就可以按照角色游戏的要求设置这些场景。在角色扮演方面,幼儿可以一对一地扮演作品中的人物,但群众角色人数可以增加。比如:《给妈妈的一把椅子》里有妈妈、小姑娘、外婆,这些明确的角色由个别幼儿扮演,但救火队员、餐厅工作人员和沙发店人员则可让全班幼儿都分别参加。在表演动作和情节发展方面,幼儿需要根据作品提供的人物和情节线索去表现,但不严格限制,在需要表演范畴内,在玩的过程中他们可以根据自己的想象发展动作、发展情节,游戏的成分比较强。游戏的结果具有两种可能性,既可能出现文学作品的结果,也可能出现游戏活动的结果。从活动中幼儿的口语交流方面看,幼儿可能使用文学作品的角色语言,但更多的是自己沉浸在游戏中的假想的角色语言。

从角色活动型活动的特点出发,在指导幼儿开展活动时要较多地吸收角色游戏的指导方法,但必须兼顾表演游戏的特点。在组织这类活动时,教师要注意以下几点:第一,由于文学作品以间接经验的方式向幼儿展示了社会生活的一个侧面,所以,教师需要帮助幼儿联想他们自己的生活经验片断,使他们头脑中呈现的人物形象、情节和作品主题倾向有一定清晰度。第二,根据文学作品中主要活动环境来设置场景,布置游戏角落。如果文学作品中的活动环境有出场的次序,在进行这类表演游戏时可不考虑作品的时间顺序。第三,在各个游戏角落放置一定数量的玩具和材料,让扮演角色的幼儿进一步发展和组织。如在消防队角落里架起一张桌子,再放上一些插塑、红色小桶,或红色头盔。幼儿便能自己想象,戴上小桶等或头盔,用插塑拼搭成消防用的水枪,还会爬上桌子做灭火的动作。第四,角色的扮演基本由幼儿根据自己意愿选择。尤其是群体角色,作品中未呈现出鲜明的性格特征,需要幼儿调动生活经验重新组合,再创造一个符合自己想象的新形象。因此想象的余地大,对幼儿的约束较小。第五,在指导游戏过程中,教师可以运用外部干预指导方法,即不参加到游戏中去,只在各个角落及时地向幼儿提供建设性建议,同时注意控制过分的行为;也可以运用内部干预指导方法,即扮演游戏中的一个主要角色,引导幼儿游戏的进程。这两种方法的使用,有可能导致故事游戏型的表演游戏出现不同的结果。外部干预指导的活动,常常以游戏活动的结果结束,即幼儿不一定玩出像文学作品那样的结尾来。而内部干预指导的活动,则可能由教师串联文学作品的主要情节,带动其他角色完成文学作品的结局。选用何种指导方法,取决于教师对结果的预测和活动的需要。

在开展各种类型的故事表演游戏时,应明确地意识到,这是幼儿根据文学作品所进行的游戏活动。因此过于追求表演效果,追求成人欣赏的装饰美都是不必要的。只有认识到这一点,才能在幼儿园经常开展表演游戏,并且常玩常新,真正使表演游戏成为寓教于乐、乐在其中的活动。

第三节 文学活动的指导要点

一、解读赏析 凸显主题

在开展文学作品学习活动前先围绕作品,解读赏析,有助于我们选择恰当的作品进行教学,也有助于我们在教学时把握作品的基调,深深理解作品,从而引导幼儿开展对作品的讨论,帮助他们更好地理解感受作品。比如,下面的案例,教师选择故事《微笑》作为欣赏的对象,虽然情节和讲述比较简单,但是其中却有很多值得回味和深思的地方,有利于他们正确地认识自己、正确地建立一种积极的人际互动关系,有利于他们良好个性的形成。

微笑(中班)

活动目标

1.感受朋友之间的情谊是相互帮助、相互鼓励,了解真正的快乐源于共同分享。

2.通过区别不同的角色，熟悉并初步掌握故事内容。

3.理解词语：微笑、友好的、孤单的，并尝试着运用。

活动准备

故事图片、故事录音磁带、绘画工具。

活动过程

1.引入主题，了解微笑的感觉。

(1)教师出示"微笑"表情卡，请幼儿使用微笑的表情。

(2)引导幼儿感受微笑时的心情。

指导语：当你微笑时，你的心里是什么样的感觉？当你看到别人向你微笑时，你又是什么样的感觉呢？

2.完整欣赏故事一次。

(1)在这个故事里，你最喜欢谁？为什么？

(2)小鸟、大象、小兔它们能为朋友干什么？

(3)小蜗牛看到朋友们都友好地帮助别人，它却很着急，为什么？

3.分段欣赏故事，鼓励幼儿分段讲述。

(1)第一部分：小鸟、大象、小兔的有关内容。教师出示图片，带领幼儿共同讲述。

(2)第二部分：小蜗牛的改变。教师出示图片，带领幼儿共同讲述。

(3)第三部分：小蜗牛的信。教师引导幼儿理解"友好的、孤单的"，并运用到故事的讲述中。

4.幼儿自制一封关于微笑的信，送给自己爱的人和关心的人。

指导语：为什么森林里的动物都说小蜗牛真了不起呢？

我们可以用什么样的方法把快乐送给大家呢？

鼓励幼儿用小蜗牛的好方法自制一封微笑的信。

附故事：

微　笑

小鸟说："只要我醒着，我随时愿意为朋友唱歌。"

大象说："只要我醒着，谁有干不动的活，我随叫随到。"

小兔说："只要我醒着，我愿意为朋友送好消息。"

大家都在为朋友干些什么，小蜗牛好着急，它整天背着个沉重的壳在地上慢慢地爬，别的什么也干不了。

一天下午，一群蚂蚁正忙着搬东西，它们从蜗牛身边走过，小蜗牛友好地向它们微笑。

一只蚂蚁说:"小蜗牛,你的微笑真甜!"

"对呀,我可以对朋友们微笑!"小蜗牛有了新想法。

第二天,小蜗牛把厚厚一叠信交给小兔,让它给森林里的每一个朋友送去。朋友们拆开信,里面是一张画,画的是一只正在甜甜微笑的小蜗牛,画的下面还有一行小字:"当你觉得孤单或是不开心的时候,请记住你的朋友小蜗牛正在对你微笑!"

森林里的朋友都说:"小蜗牛真了不起,它把微笑送给了整个森林!"

二、创设情境 启迪思维

在呈现作品之前,为了激起幼儿欣赏作品的兴趣,需要创设一定的情境导入活动。并且在之后的活动中,始终处于一种氛围当中,诱发幼儿的思维处于积极活动的状态。创设情境的方式主要有:

1.问题引出情境。

例如在故事活动《城里来了大恐龙》中,教师可以这样提问引出情境:小朋友,你们喜欢恐龙吗?恐龙是什么样子的?如果有一天它来到我们生活的城市,你觉得将会发生什么事情?

2.游戏引出情境。

例如在故事活动《小乌龟开店》中,教师可以先布置几个动物商店的场景,组织幼儿玩"逛商店"的游戏。

3.艺术渲染情境。

艺术渲染情境,就是利用音乐、美术等艺术手段营造作品的氛围。如故事活动《梨子小提琴》,教师可以展示小提琴的图片或实物,引导幼儿欣赏小提琴乐曲,给幼儿营造美妙的艺术氛围。

4.角色扮演导入情境。

扮演故事中的角色创设情境的方式小班运用较多,例如小班故事活动《小兔乖乖》就可以直接由教师戴上头饰或手偶扮演小兔,引出故事内容。

从下面的案例中,教师运用了多种方法达到了帮助幼儿置身于情境之中,从而使幼儿的思维活动积极而流畅且富有创造性。

国王生病了(大班)

设计意图

《国王生病了》是一个诙谐有趣的故事,深受幼儿的喜爱,适合大班幼儿欣赏。教师在讲述故事中应重点突出国王的滑稽可笑。活动中,教师先让幼儿观察讨论

周一至周六国王做运动的幻灯片,然后通过教师的讲述让幼儿理解国王是怎样做运动的,理解故事中国王的滑稽可笑,让幼儿尝试想象故事情节和续编故事结尾。

活动目标

1. 体验故事的诙谐有趣,能积极地参与文学活动。
2. 尝试想象故事情节和续编故事结尾。
3. 理解故事内容,仔细观察画面人物的动作,并大胆讲述。

活动准备

课件《国王生病了》。

活动过程

1. 出示幻灯片,设置悬念,导入活动。

指导语:有一个国王生病了,他吃不下饭睡不着觉,医生给他开了一张处方(幼儿已知道什么是处方)。请你们猜猜看,这张处方上面写了什么?

(1) 引导幼儿逐幅观察幻灯片,猜猜里面说了什么。

指导语:请你们看一看,国王在星期一、星期二……都在做什么?(引导幼儿充分表达对图片的理解)他是照医生开的"药方"去做的吗?你猜猜国王的病好了没有?为什么?

(2) 播放课件,引导幼儿欣赏故事前半部分。

指导语:为什么国王的病没有好,而其他的人却病倒了?

(3) 操作活动。

引导幼儿观察表格《国王运动记录表》,判断国王每天是在做运动还是坐在轿子里,然后根据画面内容打"√"。

(4) 引导幼儿想象故事结尾,并完整地阅读欣赏故事。

2. 讨论:你认为国王的病后来治好了吗?是怎么治好的?

3. 幼儿完整地欣赏故事,感知故事的诙谐和幽默。

三、整合渗透 有效互动

文学作品向幼儿展示的是建立在幼儿生活经验基础上的间接经验,这种经验既使幼儿感到熟悉,又让他们感到新奇有趣,所以仅仅让幼儿的学习停留在理解这些间接经验的基础上是不够的,因为这不能充分地将这些间接经验与幼儿的直接经验联系起来,因此,需要进一步组织与作品重点内容相关的活动,帮助幼儿将文学作品内容整合地纳入自己的经验范畴,使幼儿的直接经验与文学作品的间接经验实现双向的迁移。

出租车是小朋友生活经验范围内的事物,坐车和开车是小朋友喜欢的扮演活动,将文学作品的欣赏理解与生活经验相互渗透,有利于文学作品的理解,有利于教学过程中的互动,同时,对于日常经验也是有效的提升。

小猴的出租车

活动目标

1. 让幼儿体验帮助别人和被别人帮助都是一件快乐的事情。

2. 激发幼儿大胆参与讨论、积极讲述创编故事的勇气。

3. 在理解故事内容的基础上,能利用故事提供的线索,大胆改编、续编故事情节。

活动准备

出租车图片、小猴图片、故事图片一套,绘画纸、笔、音乐。

活动过程

1. 出示出租车图片,引导幼儿讨论出租车的特点。

提问:这是什么车? 你坐过出租车吗? 出租车与别的车有什么不一样?

小结:出租车有一种明显的标记,能给人带来方便,但需要付钱。小猴的出租车跟别人的可不一样,它的出租车是经过改造的特殊的出租车,你们想不想知道这辆特殊的出租车会发生什么有趣的事情呢?

2. 出示小猴,教师讲述故事前半部分。

提问预设:谁来坐小猴的出租车了?

他们遇到了什么困难?

小猴是怎么做的? 小猴快乐吗? 为什么?

3. 出示图片,边提问边讲述故事的前半部分,进一步帮助幼儿理解和记住故事的前半部分。

4. 续编故事。

(1)提问引发幼儿续编兴趣:小猴的名气越来越大了,森林里的小动物都来坐它的出租车。请你们想一想,还有哪些小动物会来坐它的车呢? 它们又会遇到什么样的困难? 小猴会怎么帮它们解决?

(2)提出续编要求,并请2名幼儿示范续编。

要求:①要与故事的前面连起来想。

②要讲清楚谁来坐车,它遇到了什么样的困难,是怎么解决的。

③故事要有趣、好听。

(3)幼儿边画边讲自己续编的故事,教师仔细倾听,并给予适当的评价和帮助。

(4)幼儿分小组轮流讲述自己续编的故事。

5. 幼儿开汽车出教室。

第四节　全语言视野下的文学欣赏活动实例库

1. 小蛇多多

设计意图

　　故事《小蛇多多》的内容生动有趣，里面有许多好吃的水果，而且每种水果的形状、颜色、味道都有所不同，水果的形容词以叠词为主，这也是幼儿比较感兴趣的。另外，故事中小蛇因为经验少而贪吃的形象与小班孩子年龄特点非常吻合，这一年龄段幼儿因为年龄小、经验少，遇到喜欢吃的东西就会胃口大开，遇到不喜欢吃的就会挑食，他们还不知道吃东西要适量，这个故事对幼儿有很好的教育价值，鼓励幼儿合理饮食，也可以与健康领域进行渗透。

活动目标

　　1.在图片的帮助下初步理解故事，并能按照正确的顺序讲述故事的内容。

　　2.通过观察图片中的形状，猜测小蛇多多吃了哪些水果，学习复述固定句式"小蛇多多看见一个××，啊呜一口吃了下去，嗯，××真好吃！"

　　3.体验和同伴一边讲故事、一边表演的乐趣。

活动准备

　　大的故事图片，小的水果图片若干。

活动过程

　　1.教师出示图片，引出活动。

　　(1)教师出示第一张图片，幼儿感知故事的对象。

　　指导语：这是谁呀？跟小蛇多多打个招呼。

　　小蛇多多还带来了一个好听的故事呢！我们一起来听听这个好听的故事！

　　(2)教师讲故事的第一段，幼儿倾听。

　　(3)教师出示第二张图片进行对比，激发幼儿倾听故事的兴趣。

　　指导语：小蛇多多要出门了，妈妈对它说不要乱吃东西，可是小蛇多多不听话就出门了。你们看看，发生什么事情了？

　　(4)教师引导幼儿运用句式讲述故事内容。

　　指导语：小蛇多多走呀走，看见一个××，就啊呜一口吃了下去。嗯，××真好吃！小蛇多多吃了什么东西？它说什么了？

　　小蛇多多又走呀走，看见一个××，就啊呜一口吃了下去。嗯，××真好吃！

小蛇多多又吃了什么东西？它说什么了？

（5）教师指着图片小蛇凸起来的地方引导幼儿猜一猜、讲一讲。

指导语：小蛇多多还吃了哪些水果？猜一猜，看到水果它会说什么？

幼儿说一个。

教师出示相应的小的水果图片，并贴在小蛇身上相应的位置。

2. 在教师的引导下幼儿欣赏前半部分故事，并用语言、动作表现小蛇吃东西的地方，帮助幼儿丰富、练习相应的词语和句式。

指导语：小蛇多多吃了好多东西，它先吃了什么呀？我们一起把香蕉拿好，准备吃香蕉了……

接着小蛇多多又吃了什么呀？

教师和幼儿一起用动作、表情表演小蛇吃水果的样子。

3. 教师出示后半部分故事图片，请幼儿观察、欣赏故事内容。

指导语：多多吃得太饱了，动都动不了了，这可怎么办呀？

（1）教师引导幼儿进行讨论。

指导语：你觉得小蛇吃这么多对吗？你想对小蛇说什么话？

（2）教师讲述后半部分内容。

指导语：最后小蛇到底怎么样了？我们一起来看一看。

4. 教师引导幼儿看图片完整欣赏故事，并参与部分故事讲述。

5. 教师引导幼儿懂得再好吃的东西也不能贪吃，否则不利于身体健康。

指导语：如果你是小蛇多多，看见这么多好吃的水果，你会怎么样？为什么？

教师小结：东西好吃也不能一下子吃很多，这样对身体不好，有好吃的不一定一次就吃完。

6. 请配班老师合作表演“我生病了”，幼儿观看表演，进一步体验吃东西要适量，身体才会更健康。

活动延伸

教师可以继续引导幼儿想象小蛇还可能吃了什么，并用故事中的语言说一说，进一步丰富故事内容。

领域渗透

3.5.6环节涉及健康领域，教师可以多留一点时间让幼儿进行充分的讨论，让幼儿体验吃东西要适量对身体健康的重要。活动后可以将活动渗透到艺术领域，在美术活动中绘画水果，也可以渗透到科学领域“认识水果”，让幼儿进一步对水果有更深的认识。

附故事：

小蛇多多

有一天，小蛇多多要到外面去玩。妈妈叮嘱它不要乱吃东西。小蛇多多回答说："我知道了！我知道了！"

走着走着，小蛇多多看见了一根香蕉。它想，香蕉软软的，一定很好吃！它啊呜一口吃掉了一根香蕉。走着走着，多多看见了一串葡萄。它想，葡萄酸酸的，一定很好吃，它啊呜一口吃掉了一串葡萄。走着走着，多多看见了一个苹果，它想，苹果脆脆的，一定很好吃！它啊呜一口吃掉了一个苹果。走着走着，多多又看见了一块西瓜，它想：西瓜甜甜的，一定很好吃！它啊呜一口吃掉了一块西瓜。哎呀呀！多多吃了太多的东西，不能动了。真难受呀！既不能向前走，也不能回家。

这时，一只蚂蚁爬到了多多的鼻尖上。蚂蚁在多多的鼻尖上爬来爬去，多多觉得鼻子痒痒的、痒痒的，它实在忍不住了，打了一个大大的、大大的喷嚏——啊嚏！哈哈！肚子里的水果都飞了出来。多多觉得肚子舒服多了，于是轻轻松松地回家了。下次他再也不敢乱吃东西啦。

教学图片：

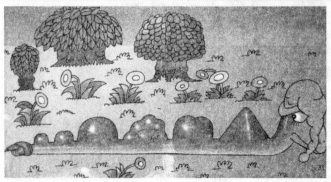

（案例提供：南京市游府西街幼儿园）

案例分析	《小蛇多多》
全语言理念体现域	具体体现
整合的、渗透的	将健康领域中的合理饮食、科学领域中的水果知识以及语言领域中的文学作品欣赏相互渗透。
应用的、有需求的	活动最后的"如果我是小蛇，面对这么多吃的，我该怎么办？"帮助幼儿将在文学作品中学习到的合理饮食的间接经验纳入自己的直接经验的范畴。
整体的、平衡的	活动形式除了故事讲述可以再丰富一些，比如可以增加绘画的部分、情境表演的部分。
平等的、开放的	幼儿模仿小蛇吃东西时的动作、表情以及语言，体验和同伴一边讲故事、一边表演的乐趣。
活动的、操作的	可以再给幼儿多一些机会去充分讨论小蛇贪吃的行为，让幼儿尝试自主表达。

2. 开心的狼

设计意图

　　此案例中狼的形象与幼儿从前认识的狼的形象是不一样的，与平时幼儿印象中的狼的形象有一定的冲突，选择这个教材的目的之一是希望在教师的引导下幼

儿能够逐步以生态的眼光去看待周围的事物,同时,也希望引导幼儿从这个故事的具体事件中学习自我归因的方法,体验用"感恩""宽容"的态度面对同伴、用积极、正确的方法解决矛盾,最终获得和谐相处的幸福感受。

活动目标

1. 尝试运用文学语言讲述故事情节,初步学讲故事。

2. 通过词图匹配,动作参与,丰富幼儿运用文学语言的表达经验。

3. 理解每个人都会遇到困难,知道做错事及时改正是件很开心的事情。

活动准备

1. 自制图片四幅。

2. 自制文字图(开心、后悔、气愤),图片下方有幼儿自己绘制的与词匹配的表情图。

活动过程

1. 教师分别出示开心、后悔、气愤的带图文字,调动幼儿的原有经验理解、体验词义。

指导语:今天老师带来了几张小图片,我们一起来看一看。

教师分别出示开心、气愤、后悔,引导幼儿逐一理解、体验词义。

指导语:这个小娃娃的心情是怎么样的? 你是从什么地方看出来的? 你什么时候会开心?

教师小结:原来别人关心你的时候你会开心;你有进步,别人肯定你的时候你会开心;有朋友和你玩你会开心。

2. 教师讲述故事,幼儿初步倾听故事,了解开心、气愤、后悔在故事中的含义。

指导语:刚才我们说了三种心情,这三种心情都藏在一个关于狼的故事里,你们仔细听一听,这三种心情到底藏在故事的什么地方?

教师讲故事,讲到三个词的时候,教师稍微做语言上的停顿,留有空间让幼儿对应词语在故事中的运用。

3. 教师出示大图,幼儿理解图意,并引导幼儿尝试将小图与大图进行词图匹配,了解故事的主要结构。

(1)教师出示图,引导幼儿用故事里的话说出自己对图的发现。

指导语:我这还有几幅图,说的也是这个故事,看一看,你看到了什么?

(2)教师出示"开心、气愤、后悔",与图片对应。

指导语:现在你们来看看,这三种心情都藏在故事的什么地方?

4. 在教师的帮助下学讲故事,动作参与,丰富幼儿运用文学语言的表达经验。

(1)教师看图再次讲述故事,幼儿参与部分讲述。

指导语:现在老师也想来讲一讲这个故事,愿意讲的小朋友可以和我一起讲。

a. 教师一边指图一边做动作(根据故事自编的动作)。

b. 放慢三种心情的图示,让幼儿说。

(2)在教师动作提示下幼儿用故事里的话说出教师做的动作,教师做——幼儿猜——幼儿讲。

(3)幼儿尝试自己边做动作边较完整地讲述故事。

5.启发幼儿讨论、理解故事的价值,知道犯了错误及时改正依旧会很开心。

(1)指导语:这只狼和我们以前认识的狼有什么不一样吗?

(2)教师手指第四幅图提问,根据幼儿不同层次的回答做不同的提升。

指导语:在这张图上,狼开心吗?为什么到了这张图的时候,狼会开心呢?

(3)指导语:那为什么在故事一开始(指图1)小鸟在唱歌,狼就很生气?为什么到了故事结束时(指图4)小鸟也在唱歌,狼却很开心了呢?

教师小结:看来做错事知道后悔并进行补救也是一件很开心的事。

活动延伸

在社会领域可以继续开展这一活动,重点从情绪调整方面让幼儿学习当自己不开心时有什么方法使自己开心。

附故事:

开心的狼

一天,大灰狼正在家里看一本有趣的书,忽然窗外传来了鸟妈妈的歌声,大灰狼说:"是谁啊,这么吵?"鸟妈妈的歌声越来越大,大灰狼非常气愤,它飞一样地冲出去,捡起一根木棍用力朝鸟妈妈扔去,受惊的鸟妈妈叫着飞走了。忽然,大灰狼听见树叶深处传来"呜呜"的哭声,大灰狼爬上树一看,原来是鸟宝宝在哭着叫妈妈。大灰狼听着听着也哭了,因为赶走了鸟妈妈,它觉得非常后悔。

大灰狼悄悄地滑下树,又悄悄地回到了家,静静地等着鸟妈妈回来,等呀等呀,鸟妈妈终于回来了,鸟妈妈唱着歌,鸟宝宝跳着舞,这时候大灰狼觉得自己好开心啊!

教学图片:

(案例提供：南京市游府西街幼儿园)

案例分析	《开心的狼》
全语言理念体现域	具体体现
整合的、渗透的	将社会情感发展的目标，即帮助幼儿体验用"感恩""宽容"的态度对待周围的人和事，与运用文学语言表述的语言学习目标相互渗透。
应用的、有需求的	幼儿在日常生活中也会像"狼"一样犯错误，当学习与自己的直接经验相关的内容时幼儿的学习需求就很高。
整体的、平衡的	活动鼓励幼儿用文学语言讲述故事，这是出于既注重幼儿口语发展又兼顾书面语言的发展的考虑。文学作品是幼儿学习书面语言的重要材料。
平等的、开放的	教师并没有采用直接的说服教育，而是通过与幼儿一起理解故事、展开讨论，使幼儿自己逐渐体到什么是正确的。

3. 你是蚂蚁，小可

设计意图

蚂蚁是幼儿非常喜欢的一种昆虫，但是幼儿对蚂蚁的生活习性、特征了解得还不够全面。通过这个活动，不仅能体现教材本身的价值，同时通过领域间的渗透也能让幼儿更全面地了解蚂蚁的特征、习性以及独特的本领。考虑到这些我们将原来的故事进行了一些改编、调整：一是把点点这个角色改为小可的妈妈，二是水蜘蛛离幼儿的生活经验比较远，换成幼儿容易理解的小鱼。故事的线索主要围绕要学会欣赏自己、认可自己，在设计中也向社会领域的自我认知进行渗透。

活动目标

1. 感知故事的情节线索，学习讲述故事中的角色对话。

2. 在图片、教师提问的帮助下理解故事以及角色特点。

3. 了解每个人都会有自己的优势，学会欣赏自己。

活动准备

1. 图片三幅、小蚂蚁和蚂蚁妈妈纸偶道具各一个、蚂蚁各部分标记图。

2. 丰富幼儿关于动物特点和本领的经验。

1.教师出示蚂蚁道具,引导幼儿观察蚂蚁的身体结构。

指导语:这是谁? 它是什么样子的? 它的身体有哪几部分? 教师可以根据幼儿的回答出示相应的小标记。

2.在教师的引导下幼儿倾听故事,了解故事主要情节。

(1)在教师的引导下了解故事角色。

指导语:它有个好听的名字叫"小可",它很喜欢做梦,最羡慕有本领的动物。

她是谁呢? 她是小可的妈妈。今天老师给小朋友带来了小蚂蚁的故事,一起来听一听好吗?

(2)教师讲述故事前三段。

指导语:故事里小可羡慕哪几个小动物?

小可在羡慕小动物的时候妈妈总会对他说一句什么话?

3.教师引导幼儿观察图片,进一步丰富对故事的理解。

(1)教师一边讲述故事一边分析理解角色的特点。

指导语:教师掀开第1幅图,小可的头在哪里? 身上有什么? 原来这就是小可的梦想,他想变成蜗牛,梦想是真的吗? 我们一起来说说这幅图上的故事。

教师掀开第2~3幅图,这幅图上小可的梦想在哪里? 我们一起来说。

(2)教师讲述故事结尾。

指导语:前面小可都在幻想变成有本领的小动物,可是现在他不想再光做梦了,你们猜小可会怎么样?

(3)教师指图,带领幼儿完整讲述故事。

指导语:这个故事好听吗? 下面我来指图,我们一边看图一边来讲一讲,会讲的地方就和老师一起说! 在对话的地方,教师可根据幼儿的情况留空让幼儿说。

4.幼儿结伴讲述。

5.引导幼儿通过游戏"变变变"迁移经验,巩固应用句式进行活动。

指导语:森林有很多有本领的小动物,小可还会遇见谁,它会有什么样的梦想? 下面我们来玩个"变变变"的游戏,当我一说完变变变,你们就要变成一个小动物,变好就不能动。我们其他人变成小可,说一说小可说的话。引导幼儿边玩游戏,边练习句式"真希望我是××,可以××,好××"。

6.教师引导幼儿由蚂蚁的本领迁移到自身本领,学会认可自己。

指导语:小可蚂蚁有自己的本领吗? 它有什么本领?

你们有本领吗? 有什么本领? 引导幼儿找一找、夸一夸自己的优点。

活动延伸

班级可以开展"夸夸我自己"的活动,让幼儿学会寻找自身的优点,有困难的幼儿,教师可以通过同伴的夸奖来帮助他。

领域渗透：第1个环节设计渗透到科学领域，教师可以根据幼儿的观察回答，把蚂蚁的身体结构用标记记录下来；第6个环节设计渗透到社会领域，通过发现自己的优点、夸夸自己，让幼儿知道每个人都有自己的优势，学会欣赏自己、认可自己。活动后可以组织幼儿到花园里或小区里寻找蚂蚁，然后用昆虫盒装起来观察蚂蚁，还可以开展美术活动让幼儿画一画蚂蚁。

附故事：

你是蚂蚁，小可

小可是一只爱幻想，爱做梦的蚂蚁，小可看着树叶上爬行的蜗牛，好美慕啊："真希望我是蜗牛，可以背着房子到处走，好方便哟。"妈妈提醒他："可是你是一只蚂蚁呀，小可。"

小可看着在水里游泳的小鱼，好美慕啊："真希望我是小鱼，可以在水里游来游去，好方便哟。"妈妈提醒他："可是你是一只蚂蚁呀，小可。"

小可看着在天空中飞翔的蝴蝶，好美慕啊："真希望我是蝴蝶，可以想飞多远就飞多远，好方便哟。"妈妈提醒他："可是你是一只蚂蚁呀，小可。"但是小可根本就听不进去。

小可爬上高高的大树，张开翅膀，往下一跳，身体很快往下掉！

还好，他先落到花上，又落到妈妈的怀抱里，小可抱着自己的妈妈说："哦，谢谢你，妈妈，因为有你，我开始喜欢做一只蚂蚁了。"

教学图片：

（案例提供：南京市游府西街幼儿园）

案例分析	《你是蚂蚁,小可》
全语言理念体现域	具体体现
整合的、渗透的	语言领域中的文学作品欣赏与科学领域中蚂蚁的相关知识以及社会领域中的自我认知相互渗透。
应用的、有需求的	蚂蚁是幼儿非常喜欢的一种昆虫,但是幼儿对蚂蚁的生活习性、特征还不是很了解,认知的需要,使语言的学习更加主动。
平等的、开放的	教师在活动设计时从幼儿的实际出发,根据幼儿现有的经验水平将文学作品进行改编,为幼儿提供了一个易于接受的语言学习环境。
探索的、创新的	使用固定句式的要求在一定程度上限制了幼儿的语言表达的创造性。
活动的、操作的	游戏活动"变变变"为幼儿提供了一个充分操作语言的机会。

4. 雾

设计意图

本活动是一首语句精炼、意境优美的小诗,内容表现的是落雾和雾散时环境的变化,适合在深秋、初冬季节教师或家长带领幼儿观察过雾后进行教学。本诗的结构有一定的特色,第一段落雾时诗中景物的出现顺序是由高到低、由远及近的,第二段雾散则相反。整个活动设计呈现从图(比较落雾和散雾的画面)到听(欣赏诗歌)到念再到讨论,和情绪、情感的表达,最后是用动作表现的过程。

活动目标

1. 欣赏诗歌,感受诗歌中落雾和雾散的意境美。

2. 通过朗诵、动作表演等多种方法,表达自己对诗歌的体验和感受。

3. 能用符合诗歌情绪的声音和动作进行表现。

活动准备

落雾和雾散图、录音机、磁带、纱巾。

活动过程

1. 教师分别出示落雾和雾散图,引导幼儿通过画面欣赏初步感受诗歌的意境。

(1)教师出示雾散图,引导幼儿了解诗歌内容。

指导语:今天老师带来一张美丽的图片,请小朋友按照从上往下的顺序看一看,并说一说,图上有什么?

（2）教师出示落雾图，引导幼儿比较诗歌所表现的不同情绪。

指导语：这儿还有一幅图，画的也是这个美丽的地方，请你们比较一下，它们有什么不同？为什么会有这样的变化？

2.教师朗诵诗歌，幼儿学习跟诵。

（1）教师配乐、指图示范朗诵诗歌。

指导语：图片到底说的是什么变化呢？听完一首诗，你们就知道了。

（2）教师再次朗诵诗歌，幼儿感受诗歌的结构。

指导语：雾是从哪里往下落的，又是从哪里升起来的？为什么？

（3）幼儿学习跟诵诗歌。

指导语：一起跟着老师来说一说这个诗歌！

3.教师引导幼儿分析诗歌的情感变化，用不同的声音表现自己的感受。

（1）教师引导幼儿分析作品。

指导语：为什么下雾的时候所有东西都睡了？它们是真的睡着了吗？为什么？

那么在念下雾这段时，你觉得心情怎样？可以用什么样的声音念？

雾散时，心情又有什么变化？怎样用声音表现？

（2）幼儿尝试用不同的情绪有感情地朗诵诗歌。

4.教师引导幼儿用动作表现诗歌。

（1）师幼一同表演朗诵，教师做雾用纱巾表演，幼儿做景物，教师的纱巾飘落在谁的身上，谁就做诗里的景物躲在雾的下面（教师空间移动，幼儿在座位上表演）。

指导语：下面我来当雾，你们当诗里的景物。

（2）请部分幼儿示范表演。

指导语：谁来扮演猫咪？猫咪是什么样子的？谁来扮演小河、小桥、小鸟、小树、教堂的塔尖？

（3）教师引导幼儿探索"睡着"的动作。

指导语：在雾里，各种景物是真的睡着了吗？我们怎样表演才能像睡着而不是真睡觉？

（4）全体幼儿进行合作表演诗歌。

活动延伸

1.在日常活动中，可以引导幼儿继续朗诵诗歌，并尝试仿编诗歌内容，发展幼儿的语言能力。

2.与班级的角色游戏相结合，把《雾》编入"小剧场"游戏的节目单中，让幼儿边表演边朗诵诗歌，培养幼儿的想象力和表现力。

附：

雾

雾
慢慢地落下来了
轻轻地盖在猫咪的爪子上
在雾里
小河睡了
小桥睡了
小鸟睡了
教堂的塔尖也睡了

雾
慢慢地升起来了
轻轻地离开教堂的塔尖
阳光里
小鸟醒了
小树醒了
小桥醒了
小河醒了
猫咪的爪子也醒了

教学图片：

（案例提供：南京市游府西街幼儿园）

案例分析	《雾》
全语言理念体现域	具体体现
随时的、无处不在的	欣赏活动看似没有进行专门的语言练习,但是幼儿在欣赏中会不自觉地吸收其中的语言知识。
应用的、有需求的	"雾"是大自然中的一种现象,幼儿对之既熟悉又新奇。他们渴望揭开这层神秘的面纱,学习的需求由此产生。
探索的、创新的	教师有意引导幼儿用符合诗歌情绪的声音和动作进行表现,这对幼儿而言是一种创新性的尝试。
活动的、操作的	幼儿在朗诵、动作表演等多种活动中多次操作自己的语言。

5. 聚宝盆

设计意图

《聚宝盆》绘本符合幼儿要东西要多要大的天性,激发幼儿阅读的兴趣,并且还与数学领域相关,使幼儿在不知不觉中便可了解许多的数学概念。教师通过"变魔术"的游戏情境让幼儿有趣地了解"聚宝盆"的作用,并且学说短句,将重点前置。在绘本阅读中,根据小班幼儿的年龄特点,运用集体与分散阅读的方法,带领幼儿更好地感受故事内容。"聚宝盆"游戏使得幼儿亲身体验感受越来越多,也使得整个阅读活动活了起来。

活动目标

1. 理解故事内容并知道聚宝盆的神奇之处:可以变出许多相同的东西。

2. 学说故事中的短句:一个变两个,两个变三个,变成许多个。

3. 能正确地翻阅图书,感受自主阅读、交流分享的快乐。

活动准备

1.《聚宝盆》课件。

2. 图书《聚宝盆》人手一本,图书袋。

3. 聚宝盆一个(此次活动中"聚宝盆"可以利用电脑制作出"越变越多"的特效)、糖果、汽车玩具若干。

活动过程

1. 以"变魔术"的情景表演导入。

(1)出示"聚宝盆"。

指导语:老师这有一个宝贝,它会变魔术,变出许多相同的东西:一个变两个,两个变三,变成许多个,想不想看一看?

(2)游戏做两次。

指导语:它叫聚宝盆,很神奇哦! 我们请它来变魔术好不好? 老师这儿有一颗糖,放进去,开始变啦! 一个变两个,两个变三个,变成许多个,够不够? (老师加快速度)赶快说:"够了,够了。"

2.阅读图书,初步理解图书的内容。

(1)观看封面的PPT。

指导语:今天,老师还带来了一个好听的故事,名字就叫《聚宝盆》,我们一起来看一看。封面上有谁? (有个小朋友和小狗)他的名字叫多多。他也有一个聚宝盆呢,他的聚宝盆变出了什么? (铅笔)多多开心吗? 从哪儿看出来的?

(2)观看气球、色纸的PPT。

指导语:咦,多多怎么了? (不开心)他手上还拿着什么? (气球)有几个? (一个)那他为什么不开心啊?

现在呢? 你发现了什么? (多多有两个气球)一个变两个,他开心吗? 怎么还是不开心啊?

多多有几个气球啦? (三个)两个变三个,多多现在怎么样? (开心了)开心得小脚都怎么样了?

三个气球变成多少个啦? (许多个)多多开不开心?

多多还想要色纸,一张够不够?

看,多多的玩具多不多? 原来,多多要东西啊,只嫌少,不嫌多。

(3)集体阅读图书,并交流。

指导语:后来多多也有了一个聚宝盆,还发生了许多有趣的事情,想不想看一看? 那等会儿我们一起来阅读《聚宝盆》这本书,大家一起看书的时候要注意什么呢? (一起翻页、轻轻翻页)请从后面的图书袋里把书拿出来。

指导语:呀,多多在干什么呢? 结果如何? 一个多多变成两个多多,两个多多变成三个多多,聚宝盆里的多多越来越多,怎么啦,谁来帮他啊?

3.带领幼儿玩"聚宝盆变多多"的游戏。

指导语:你们喜欢聚宝盆吗? 那我们来做做聚宝盆吧! 怎么变成聚宝盆呢?

(1)提示幼儿游戏玩法。

指导语:我们现在是聚宝盆啦,变多多吧,待会儿多多越来越多,装不下时,我们要喊:大家手抓紧哦!

(2)请客人老师当多多。

(3)师幼共同游戏。

4.总结。

指导语:宝宝们,聚宝盆神奇吧? 那你们想变什么呢? 我们回班以后也去变变我们喜欢的东西好不好?

附：

聚宝盆

多多要色纸，给他一张，他嫌太少。给他两张，他说不够。给他三张，他还想多要。多多要气球，给他一个，他嫌太少。给他两个，他说不够。给他三个，他还想多要。多多要东西，只嫌少，不嫌多。有一天，来了一位老公公，送给多多一个聚宝盆。老公公说："你喜欢什么东西，就放一个在盆里，一个就可以变成很多很多。只要你不说够了够了，它就越变越多，多得叫你不想再要。"老公公拿了一颗水果糖放在聚宝盆里。一颗变两颗，两颗变三颗，变成许多颗，水果糖越变越多，在聚宝盆里都装不下了。多多对老公公大叫："够了！够了！"老公公说："你告诉聚宝盆吧。"多多对聚宝盆大叫："够了！够了！"聚宝盆就不再变了。多多拿了一只玩具熊，放在聚宝盆里。一只变两只，两只变三只，变成许多只，玩具熊太多了，从聚宝盆滚到地板上来了。多多赶紧大叫："够了！够了！"从此，多多喜欢什么东西，就把它变成很多很多。多多的小房间，很快就堆得满满的了。有一天，多多想，盆子里藏了什么法宝，我一定要爬进去瞧瞧。没想到呀！一个多多变成两个多多，两个多多变成三个多多，变成许多个，聚宝盆里变出越来越多的多多，有的哭，有的笑，有的叫，有的跳！……小朋友，这可怎么办呢？谁来喊："够了！够了！"

注：《聚宝盆》（"幸福的种子"幼儿早期阅读系列丛书之一）

（案例提供：南京第一幼儿园）

案例分析	《聚宝盆》
全语言理念体现域	具体体现
整合的、渗透的	在语言领域中渗透数学领域的知识。
随时的、无处不在的	幼儿的语言学习不仅仅发生在教师的直接教授过程，还发生在文本的自主阅读、分享阅读、游戏的参与、讨论的参与中，幼儿有着敏感的语言学习神经。
应用的、有需求的	分享阅读为幼儿间的相互交流提供了大量机会，幼儿出于交流的需求不断调整自己的语言，学习向别人表达以及倾听别人的观点。
平等的、开放的	变魔术的游戏设置激发了幼儿的学习兴趣，趣味学习使幼儿的语言表达更加自然流畅。

6. 艾玛过化妆节（大班）

设计意图

在象群里有一只很特别的花格子大象——艾玛，与众不同的它在象群里会发生什么有趣的事情呢？在大象们的化妆节，它又会怎么打扮自己呢？小朋友们通过阅读画面、大胆猜测故事情节的发展以及对故事内容的讨论,感受故事的趣味性,以及艾玛用幽默而善良的方式,给同伴带来的快乐。

活动目标

1. 倾听故事,了解艾玛是怎样让大家度过一个有趣的化妆节的。

2. 在欣赏画面的过程中,大胆地猜想艾玛是怎样实施"恶作剧"的。

3. 感受用幽默的方式与他人相处给大家带来的快乐。

活动准备

1. 经验准备:看过《花格子大象艾玛》,知道什么是化妆节。

2. 材料准备:故事PPT。

活动过程

1. 欣赏图书封面,了解故事主题。

指导语:还记得这是谁吗? 今天,艾玛要去参加化妆节。猜一猜,艾玛会怎么打扮自己呢?

2. 与教师共同阅读部分故事。

(1)欣赏故事第1~2页。

指导语:其他的大象在干什么? 它们现在的心情会是怎么样的呢? 善良的艾玛看到朋友们都很着急会怎么想呢?

(2)欣赏故事第3~6页。

指导语:艾玛看见大家都很着急,想给大家带来一些快乐。于是他来到水塘边,看着自己的影子,他似乎已经有了好办法。他悄悄地走到象群中,只把这个办法悄悄地告诉了一只大象。这会是一个什么好办法呢?

(3)欣赏故事第7~11页。

指导语:一个晚上过去了,等到大家醒来发现了什么事情? 原来是艾玛趁着大家睡觉的时候把所有的大象都打扮成了花格子大象。

(4)欣赏故事第12~15页。

指导语:大家发现这是艾玛的一个"恶作剧"后,又发生了什么事情?(14页)现在你能找到艾玛吗? 为什么? 你觉得这里有什么问题吗?

3. 自主阅读部分故事。

欣赏故事第16页至最后一页。

欣赏前提问:一只灰色的大象自称为艾玛,可是大象们看着它灰色的身体不相信,于是大象们想到了一个什么办法呢?

欣赏后提问:接下来发生了什么事情呢? 河对岸站着两只大象,哪一只是刚

才自称为艾玛的那一只呢？你怎么知道的？现在你能想到昨天艾玛悄悄和另一只大象说了什么吗？大象们喜欢艾玛开的玩笑吗？你怎么看出来的？

4. 讨论、交流怎样与同伴开玩笑。

指导语：艾玛和伙伴们开玩笑，大伙不但没有生气，反而很开心，这是为什么呢？你会和朋友开善意的玩笑吗？

教师小结：可以和朋友开玩笑，但是不能伤害别人。

活动建议

1. 区角活动：

(1)在角色扮演时提供丰富的装扮材料，鼓励幼儿用各种材料来装扮自己或帮他人装扮。

(2)在美工区，提供用铅画纸做成的大象底板，幼儿用彩笔进行装扮。

2. 家园共育：

举办"亲子化妆节"：亲子共同收集环保、低碳的材料，通过加工，变成可以装扮的材料，在化妆节中进行展示。

附故事：

艾玛过化妆节

花格子大象艾玛觉得真没劲。再过两天，又要举行"艾玛化妆节"大游行了——到了这天，所有的象都要把他们的身体涂得五颜六色。颜料都已经准备好了。

所有的象正在静静地动脑筋，看该在自己身上画些什么花样。可艾玛没什么好想的。到了这个节日，他向来只有一个做法，就是把全身涂成灰色。其他象变成了彩象，他做独一无二的一只灰象。"该去散散步了。"他对自己说。

一路走一路想：这里太静了，该开个玩笑什么的让这儿热闹热闹。艾玛来到池边，在池水里照照。"你好，艾玛，"他对水里自己的影子说，"你给了我一个好主意，谢谢你。"

等到他回去，其他象仍旧在静静地动他们的脑筋。艾玛走到其中一只象的身边，跟他咬耳朵说了几句悄悄话。那只象笑笑，眨眨眼睛，可没说话。艾玛于是躺下来休息，他将要过一个漫漫长夜呢。

天黑以后，艾玛先等到其他象睡着了，然后小心不吵醒他们，开始动手了。

天亮前，艾玛已经把他要做的事做好。他踮着脚悄悄地溜到树林另一边，趁天还没完全亮，好去睡个大觉。

天亮以后，第一只象醒来，看看身边的象，说："你早啊，艾玛。"

象一只接着一只醒来，一下子只听到四面八方都在说："你早啊，艾玛。"

"你早啊，艾玛。""你早啊，艾玛。""你早啊，艾玛。"

原来，一夜工夫，艾玛已经把所有的象涂成了满身花格子，跟他自己一样。现在一下子他们全变成了艾玛，谁也不知道哪一只是真的艾玛。

那些象于是你问我我问你："你是艾玛吗？"

"我不知道，"他们你回答我我回答你，"今天我可能是艾玛，可昨天我一定不是。"

这时候有一只象大叫起来："又是艾玛搞的恶作剧。来吧，我们到河里去，河水一泡，颜色也就洗掉了。这样我们就知道，哪一只是真的艾玛。"所有的象冲到河里，噼里啪啦朝对岸走。

等上了岸，所有的象都呆住了。他们全都是灰色的。"艾玛在哪里？"他们问道。

"当然在这里，"一只灰象说，"你们不认识我了吗？"

"可你的颜色和我们一样啊。"其他象喘着气说。

"可不，"艾玛说，"那太棒了，我一直都在想，要和你们大家一样。"

"那太糟糕了，"另一只象说，"艾玛不能和我们一样。没有了艾玛，事情就完全不对头了。"

"那我也没有办法，"艾玛说，"除非……""除非什么？"其他象说。

"这个嘛，"艾玛说，"洗下来的颜色还漂在水上。也许我重新在水里走一次，颜色会回到我的身上，我会变回原来的样子。""快试试看吧，"其他象说，"什么办法都试试，只要你变回原来的样子就好。"

"那好吧！"艾玛大叫一声，扑通跳下水，飞快地游过了河，钻到对岸的树林里不见了。

几乎是同时，艾玛又气喘吁吁地出现了，不过浑身又是亮丽的花格子。

"万岁！"对岸的象同声欢呼，"成功了，我们又有了我们的艾玛。"

那些象说着又开始欢呼："艾玛，艾玛，艾玛。"

在艾玛身边，忽然从林子里又出来了一只象。"是你们叫我吗？"他问道。

其他象都傻了，鸦雀无声。这只象浑身水淋淋，就像刚从河里游过去的。

紧接着，艾玛和这一只象都哈哈大笑起来。

"你骗了我们，"一只象对那湿漉漉的灰象说，"你和艾玛合伙骗我们，假扮成他。我们本该想到艾玛的颜色是洗不掉的。这是艾玛的又一个恶作剧。"

紧接着，所有的象全都哈哈大笑起来，跑回河里去，用鼻子吸水喷那两只艾玛。

同时大家你喷我我喷你，再次欢呼："艾玛，艾玛，艾玛。"

直到整个森林都给这欢呼声震动了起来。

（案例提供：南京师范大学附属幼儿园）

幼儿园文学活动

案例分析	《艾玛过化妆节》
全语言理念体现域	具体体现
整合的、渗透的	将社会情感领域中的目标渗透进语言领域,在语言学习过程中同时学习同伴之间幽默的相处方式。
应用的、有需求的	交流讨论怎样与同伴开玩笑又不伤害同伴,这是幼儿日常生活中与他人交际所需要的一项技能,幼儿需要而且应该学习。
探索的、创新的	教师用提问的方式引导幼儿思考,幼儿可以充分发挥自己的想象力和创造性。将自己的想法组织成语言并表达出来的过程就是一次很好的语言学习过程。
活动的、操作的	可以适当增加一些情景表演,为幼儿多提供一些语言操作的机会。

7. 叶子

设计意图

1.这是一首非常优美、有童趣、有意境的诗歌,在配乐朗诵下,能引导孩子感受四季叶子的有趣故事。

2.活动中,教师要引导幼儿发掘图片所提供的理解和记忆诗歌的线索,在匹配的过程中,获得自身学习和记忆的策略。

3.在交流中,教师通过帮助幼儿调动已有经验,鼓励他们充分表达对叶子的原有认知和想象让幼儿多通道地感受诗歌的优美意境,及其中对叶子的丰富想象。

活动目标

1.学习诗歌,感受诗歌的优美意境和丰富的想象。

2.通过欣赏诗歌、图文匹配、制作诗集,理解记忆诗歌。

3.乐意参与学习诗歌的活动。

活动准备

1.操作图片:四张不同颜色的叶子、八句字图匹配的诗句。

汉字:春、夏、秋、冬。

2.制作图书的工具:订书机、笔。

3.音乐《叶子》。

活动过程

1.进行关于叶子的交流活动,进一步拓展幼儿的经验和想象。

(1)指导语:这一段时间,我们一直在研究和观察叶子。

我们看到过各种各样的叶子,说说你见过的叶子像什么。

(2)小结:在小朋友的眼睛里,有的叶子像……有的叶子像……还有的叶子像……

2. 感受并学习诗歌。

(1)出示春天的叶子,引发幼儿的想象。

指导语:瞧,我这里也有一片神奇的叶子。

这是什么季节的叶子?

你是怎么知道的?

(这是一片春天的叶子)

教师念第一段诗句。

指导语:叶子在毛毛虫眼里像什么?

(2)出示四季中另外的三片叶子,进一步感受诗歌。

指导语:我这里还有三片神奇的叶子,这是一片……的叶子,这是一片……的叶子,这是一片……的叶子。夏天的叶子像什么?秋天、冬天的叶子又像什么?

(3)欣赏诗歌。

指导语:让我们来欣赏一首优美的诗歌吧……

第一遍清诵。

第二遍在朗诵过程中摆放部分图片并配乐。

(蝉儿、秋天图片。)

指导语:你最喜欢诗歌里的哪一句?

教师引导幼儿跟念。

(4)学习用图文匹配的方法,请幼儿将剩下的图片与诗歌内容相对应摆放。

指导语:这些好听的诗句都藏在这里呢。

谁能把这些好听的诗句放到叶子上去?

你是用什么方法找到的呢?

你怎么知道应该这样摆放?

教师引导幼儿归纳匹配的方法。

(5)幼儿看图片集体朗诵诗歌。

指导语:现在四片神奇的叶子变成了一首好听的诗歌,我们一起来念一念。

指导语:刚才你们在念诗歌的时候,还听到了什么声音?

你听了有什么感觉?为什么要有音乐?

我们用像音乐一样优美的声音再来念这首诗歌。

3. 引导幼儿制作图书,并进行阅读。

(1)引发幼儿的兴趣,师生共同完成封面。

指导语:这四片神奇的叶子还可以变成一本"叶子书"呢。

你们有没有什么好办法?

现在书中间的内容有了,还缺少什么?

书的封面上应该有些什么？

（2）制作好诗集后，进行朗读。

（3）引发幼儿质疑：在这首诗歌里，你还有什么不明白的地方？

再次集体念诗歌并用歌声表现诗歌。

附：

叶子

春天的叶子像笔记，毛毛虫用嘴巴写日记。

夏天的叶子像歌谱，蝉儿唱了一下午。

秋天的叶子像卡片，风哥哥送给云姐姐。

冬天的叶子像棉被，小草在棉被里乖乖睡。

（案例提供：南京第一幼儿园）

案例分析	《叶子》
全语言理念体现域	具体体现
整合的、渗透的	语言领域与科学领域相互渗透，幼儿在欣赏文学作品的同时也获得了"叶子在四季的变化"的知识。
应用的、有需求的	叶子是幼儿日常生活中熟悉的事物，但是幼儿对叶子在四季中的变化比较新奇，认知的需要激发了语言的学习。
整体的、平衡的	语言活动方式多种多样，包括问题引入情境、诗歌欣赏、配乐朗诵、制作图书等。

案例分析	《叶子》
探索的、创新的	"叶子图书"的制作对幼儿的语言学习来说是一种创新性的尝试,选材、构思、表达、呈现都需要幼儿进行一定的语言加工。
活动的、操作的	在诗歌欣赏的过程中可以鼓励幼儿大胆说出自己的心理感受,也可以就其中的优美语言展开交流,欣赏的同时也要关注表达的需要。

8. 蛇偷吃了我的蛋

设计意图

《蛇偷吃了我的蛋》这个故事简短精练,重复的故事情节主要围绕一个疑问"蛇偷吃了谁的蛋"展开了一系列的追查。这个故事采用了重复的结构,从鸡妈妈到鸭妈妈到鹅妈妈,最后到乌龟妈妈,一环一环地追寻,激发了幼儿的兴趣。因为重复的情节能让幼儿便于理解故事情节内容,同时在不自觉中渗透了一些会生蛋的动物的知识。中班幼儿还不能比较连贯地自主推测故事情节,而故事中简单的对白和游戏的情境,让他们能跟着一起来寻找答案,预测故事的情节发展并大胆地表达,从中得到成就感和满足感。

活动目标

1. 学习故事,理解故事情节,知道几种会生蛋的动物和蛋的区别。

2. 大胆用语言描述出感受到的情节,学习鸡妈妈和其他妈妈的对话。

3. 安静倾听老师、同伴讲述,积极参与活动。

活动准备

故事录音、场景布置。

活动过程

1. 开始活动。

(1)今天天气真好呀,我们一起到小河边去玩吧。

(2)河边会有什么呢? 快来看看吧。

2. 学习感受故事。

(1)咦,这儿有个篮子,篮子里有什么呢? 我们在小河边找一个石头,坐下来休息一下仔细看看吧。

(2)请一个小朋友来摸一摸,拿出来。这是什么呀? 这是谁生的蛋? 你怎么知道的?

(3)再请一个小朋友来摸一摸,看看还有什么发现,有没有什么线索告诉我们是谁的蛋。

（4）看看河边有什么动物，我们把蛋还给它们。

请小朋友选出是谁的蛋，老师还回去。

（5）这些妈妈们生蛋都很厉害呢，猜猜看，它们都生了多少蛋？

先集体数，贴上点卡，然后再请小朋友来数。大声告诉大家它生了几个蛋。

（6）动物妈妈们生了蛋，都在窝里孵蛋呢，要孵很久，小宝宝才能出来哦！我们不要发出声音影响它们，陪它们一起等吧！

（7）咦，你们有没有听到什么声音呀？是什么呢？我去看看。

（8）老师扮演蛇："哎呀，我的肚子好饿呀，有没有什么好吃的东西呀？哎哟，这儿有这么多的蛋呀，让我吃一个吧！"

（9）老师变出鼓肚子的蛇，贴在黑板上。

（10）哎呀，蛇的肚子怎么啦？它偷吃了谁的蛋呀？

（11）你怎么知道的呀？

（12）我们赶快告诉它吧！"不得了啦，鸭妈妈，鸭妈妈，蛇偷吃了你的蛋！"

鸭妈妈还没有听到呢，我们一起大声一点告诉它。

鸭妈妈赶紧跑回家数数。没少哎，蛇吃的不是我的蛋。

（13）那蛇到底偷吃了谁的蛋？你怎么知道的呢？第二个，请小朋友来告诉鹅妈妈。

（14）第三个请两个小朋友表演。

3. 完整欣赏故事录音。

究竟是谁的蛋给蛇吃掉了呢？我们一起看看吧。

4. 结束活动。

（1）讨论：鸡妈妈的蛋被蛇吃掉了，怎么办？

（2）我们一起来帮助鸡妈妈吧！我们一起喊："快把蛋还给鸡妈妈！"喊三声，老师从黑板后面变出。

（3）变出小鸡，大家来摸一摸、亲一亲。（放音乐）

（4）我们一起帮助鸡妈妈送回去吧。

（案例提供：南京第一幼儿园）

案例分析	《蛇偷吃了我的蛋》
全语言理念体现域	具体体现
整合的、渗透的	语言领域中渗透了科学领域的知识，在听故事的过程中也增加了关于会生蛋的动物的知识。
应用的、有需求的	整个故事是围绕"蛇偷了谁的蛋"的问题展开的，幼儿为了寻找这个答案展开想象、预测、验证。

案例分析	《蛇偷吃了我的蛋》
平等的、开放的	教师在整个活动中特别注重幼儿的感受,请幼儿用身体感受"摸一下",用眼睛感受"看一看",用耳朵感受"认真倾听"。幼儿的亲身体验能够激发幼儿的主动学习。
探索的、创新的	故事表演游戏能够帮助幼儿通过语言、动作、表情深入体验文学作品,同时,也会萌生很多创造性语言。

9. 爱妈妈的小乌鸦

设计意图

在幼儿的印象中总是妈妈照顾孩子,但是当乌鸦妈妈需要照顾的时候,小乌鸦又会怎么做呢? 在欣赏故事的过程中,幼儿通过教师问题的引导,感受小乌鸦关心妈妈、急着回家照顾妈妈的心情。在扮演小乌鸦表演故事的游戏过程中,体验爱妈妈的情感。

活动目标

1. 理解故事内容,尝试复述故事中小动物间的对话。

2. 在图片及教师留白的帮助下,与教师合作,分角色进行对话。

3. 感受小乌鸦对妈妈的爱,萌发关心妈妈的情感。

活动准备

1. 幼儿经验:认识乌鸦、喜鹊,能够指认两者的图片。

2. 材料准备:乌鸦、喜鹊、蜜蜂,以及生病的乌鸦妈妈图片。

活动过程

1. 欣赏图片,对故事产生兴趣。

教师出示小乌鸦图片并挥舞图片做快速飞舞状,提问:这是谁啊? 它在干什么?

指导语:小乌鸦为什么飞得那么快呢? 发生了什么事情呢? 我们一起听一听!

2. 欣赏故事,了解故事名称和主要角色。

教师完整讲述故事。

指导语:这个故事的名字叫什么? 故事里有哪些小动物?

3. 通过教师提问及图片提示,了解故事中的主要情节。

(1)教师出示蜜蜂和乌鸦的图片。

指导语:蜜蜂想请小乌鸦干什么? 小乌鸦答应了吗? 为什么?

幼儿园文学活动

（2）教师出示喜鹊和乌鸦的图片。

指导语：喜鹊想请小乌鸦干什么？小乌鸦答应了吗？为什么？

（3）出示蜜蜂、喜鹊和乌鸦的图片。

指导语：蜜蜂和喜鹊看见小乌鸦总是要去捉虫子，就说，"小乌鸦，大肚汉，肚子填不满。"它们这是在干吗呀？什么叫"笑话"？（嘲笑别人，是不礼貌的行为。）

指导语：小乌鸦捉虫只是给自己吃吗？妈妈为什么还要孩子来喂呢？

（4）出示生病的乌鸦妈妈的图片。

小蜜蜂和小喜鹊来到小乌鸦家，看见了什么？它们知道自己错了吗？

4. 引导幼儿表达自己的感受。

指导语：你喜欢这只小乌鸦吗？为什么？妈妈生病的时候，你是怎么照顾她的呢？

5. 再次完整欣赏故事，尝试与教师合作表演。

（1）教师完整讲述故事，鼓励幼儿轻声地跟念对话部分的内容。

（2）全体幼儿饰演小乌鸦，教师饰演小蜜蜂和小喜鹊，分角色进行对话。

活动延伸

在日常活动中，引导幼儿讨论，妈妈生病的时候自己是怎么照顾妈妈的。

1. 区角活动：

（1）在角色区中，提供相关的头饰，播放故事录音，供幼儿分角色进行表演。

（2）在阅读区中，提供相关的图片，供幼儿自主阅读及复述故事。

2. 家园共育：

提倡在家里，鼓励幼儿帮助其他家庭成员做一些力所能及的事情，体会亲人间相互关心，相互照顾的温馨。

3. 领域渗透：

在科学活动中，可以引导幼儿了解乌鸦反哺的科学知识。

附故事：

爱妈妈的小乌鸦

改编　安旻

乌鸦妈妈生完小乌鸦以后，全身的羽毛脱落了，不能飞行捕捉虫子，全靠小乌鸦捉虫子喂它。

一天，小蜜蜂对小乌鸦说："小乌鸦，我们一起捉迷藏好吗？"小乌鸦说："不行，我不能和你一起玩，我要捉虫子。"

小喜鹊站在树枝上唱歌，看见小乌鸦就对它说："小乌鸦，我们一起唱歌好吗?"小乌鸦说:"不行,我不能和你一起唱歌,我要捉虫子。"

小蜜蜂和小喜鹊都笑话小乌鸦:"小乌鸦,大肚汉,肚子填不满。"

小乌鸦对它们说:"我捉虫不是自己吃,是喂我妈妈。"

小蜜蜂和小喜鹊说:"乌鸦妈妈是懒虫,还要孩子来喂它!"

小乌鸦说:"妈妈生病了,我要照顾她!"

小蜜蜂和小喜鹊来到小乌鸦家,看见乌鸦妈妈身上的羽毛掉光了,蹲在窝里,小乌鸦正在喂妈妈吃虫子。小蜜蜂和小喜鹊不好意思地说:"我们错了,小乌鸦是爱妈妈的好孩子,我们不应该笑话他。"

(案例提供:南京师范大学附属幼儿园)

案例分析	《爱妈妈的小乌鸦》
全语言理念体现域	具体体现
整合的、渗透的	语言领域与社会情感领域相互渗透,学习语言的同时学会给予妈妈爱与关怀。
应用的、有需求的	活动可以延伸到幼儿的日常生活经验,自己的妈妈生病的时候自己是怎么做的呢?以后会怎么做呢?这样就把从学习中获得的已有经验迁移到自己的直接经验之中了。
平等的、开放的	教师与幼儿共同参与故事表演游戏,一方面可以引导幼儿学习,另一方面又可以支持、鼓励幼儿学习。
探索的、创新的	教师用提问的方式引导幼儿思考,幼儿可以充分发挥自己的想象力和创造性。

10. 彩虹色的花

设计意图

《彩虹色的花》是一本风格极其独特的作品,它厚重的纹理,大块的色彩,都给这本书带来一种原始粗犷的美,但它叙述的却是一个极其温柔细腻的故事:一朵彩虹色的花,将自己的花瓣都用来帮助有困难的小动物了,最后,自己却被覆盖在白雪下面,可是,它的希望和梦想还在继续,当春天来到时,新的花朵又在阳光下绽放开来……相信阅读过的孩子在后来长大的路上,都会将一颗"帮助"的种子深深地埋在自己的心底。

活动目标

1.理解故事内容,学习句式"送你一片×色的花瓣做××"。

2.通过观察猜测和讨论,了解彩虹色的花给予别人的帮助。

3.大胆表达自己的想法,感受彩虹色的花的善良和乐于助人。

活动准备

《彩虹色的花》PPT,音乐,彩虹色的花。

活动过程

1. 开始活动。

(1)你们都见过花吗？你见过什么样的花,它是什么颜色的?

(2)教师出示花,并提问:今天我也带来一朵花,看看,它是朵什么样的花?

(3)这朵花漂亮吗?哪里漂亮?花瓣上有什么颜色?(五颜六色、五彩缤纷⋯⋯)这么多漂亮的颜色,就像天上的——彩虹,对啦,我就叫"彩虹花"。

(4)你们喜欢我的花瓣吗?送给你一片红色的花瓣做衣服吧,送给你一片黄色的花瓣做发夹,送给你一片绿色的花瓣做××,送给你一片紫色的花瓣做××。

(5)有一天,这朵彩虹色的花怎么了?

它怎么会变成这样的呢?我们一起来看一看吧。

2. 通过图片理解故事。

(1)出示蚂蚁:一天,一只蚂蚁从彩虹色的花身边经过,彩虹色的花看见了,说:"你好,我是彩虹色的花,你是谁呀?""我是小蚂蚁,我要去奶奶家,可是前面有一条小河挡住了我的路,怎么办呢?"

如果你是彩虹色的花,你会怎么帮助它呢?

(2)出示蜥蜴:一只蜥蜴从彩虹色的花身边经过,彩虹色的花看见了,说:"你好,我是彩虹色的花,你是谁呀?""我是蜥蜴,我要去参加舞会,可是我没有漂亮的衣服,怎么办呢?"

彩虹色的花会怎么帮助它呢?你想送给它什么颜色的花瓣做衣服?那你来说说。

(3)出示老鼠:一只老鼠从彩虹色的花身边经过,彩虹色的花看见了,说:"你好,我是彩虹色的花,你是谁呀?""我是小老鼠,天气热得真难受呀,怎么办呢?"

彩虹色的花怎么才能帮助老鼠凉快一点?谁来说说?

(4)出示小鸟:一只小鸟从彩虹色的花身边经过,彩虹色的花看见了,说:"你好,我是彩虹色的花,你是谁呀?""我是小鸟妈妈,我的女儿要过生日了,我送给她什么礼物呢?"谁来当彩虹色的花,怎么对鸟妈妈说?

(5)出示刺猬:一只刺猬从彩虹色的花身边经过,彩虹色的花看见了,说:"你好,我是彩虹色的花,你是谁呀?""我是小刺猬,天就要下雨了,怎么办呢?"

看看彩虹色的花,还剩几片花瓣啦?它还愿意再帮助刺猬吗?为什么?

(6)彩虹色的花都不漂亮了,花瓣都快没有了,它还愿意帮助别人,你们觉得彩虹色的花怎么样?彩虹色的花最后怎么样了呢?我们一起来完整听一遍故事吧!

3. 完整欣赏故事。

(1)彩虹花帮助过的那些小动物们都来到了彩虹底下,它们向彩虹许了一个美好的愿望:"彩虹花、彩虹花,我们都很想念你,请你快快回来吧。"

(2)小动物们向彩虹花许了一个什么愿望？你们想让彩虹花快点回来吗？那我们和小动物们一起许愿吧！

(3)讲述最后一页。

4. 结束。

又见到彩虹花了，你心里有什么感觉？你们喜欢彩虹花吗？我们一起去找找，看看能不能找到一朵彩虹花吧！

（案例提供：南京第一幼儿园）

案例分析	《彩虹色的花》
全语言理念体现域	具体体现
整合的、渗透的	活动将丰富的审美语言、美丽的画面、乐于帮助别人的情感相整合,实现了语言领域、艺术领域以及社会情感领域的内容相互渗透。
应用的、有需求的	使用关于彩虹花的问题引出语言学习的情境,激发幼儿学习兴趣和学习需要。
整体的、平衡的	活动形式除了故事讲述可以再丰富一些,如故事表演,形式的多样性可以为幼儿的语言学习提供整体发展的机会。
探索的、创新的	观察画面是一项重要的学习内容,但是作为一节语言学习课,除了观察画面内容更应该关注作品中的有魅力的语言文字,这样更有助于幼儿对语言的探索学习。
活动的、操作的	欣赏活动并不是一味的倾听,幼儿同样需要自己体验、自主表达,欣赏之后的想法需要更多的活动机会去表达。

11. 一只手套

设计意图

一只小小的手套,却带给小动物们大大的温暖,这是幼儿想象不到的。合理的夸张使得故事的内容更加生动有趣。在此次阅读活动中,通过合作讲述、观察讲述等各种方式,使得幼儿和教师进入情境中去阅读故事。在故事的每一次情境变换中,都将带给幼儿幽默诙谐的快乐感,并亲身体验"拥挤"的感觉。

活动目标

1. 理解故事的内容,尝试和老师合作讲述故事。

2. 在老师引导下,学习观察图中动物的表情、动作,从而猜测故事情节发展。

3. 感受故事中幽默诙谐带来的快乐。

活动准备

红色毛线手套,PPT,动物胸牌若干。

活动过程

1. 调动已有经验,引出故事主题。

(1)出示手套,幼儿感受手套。

指导语:这是什么？寒冷的冬天戴上手套什么感觉？

(2)教师小结。

指导语:寒冷的冬天戴上这只红色的、柔软的手套,很温暖、很舒服。

2. 学习观察故事的封面,了解故事中的主要角色。

(1)指导语:今天老师就要说一个关于红色手套的故事,请小朋友仔细观察封面。

(2)通过短暂观察记忆的游戏,帮助幼儿熟悉故事角色。

指导语:请问封面上都有哪些小动物？

(3)再次观察,通过细节判断故事发生的季节。

3. 初步感受故事前半部分,学习角色间的简单对话。

(1)老师播放幻灯片,开始讲述故事。

(2)还有哪些动物没有出现,出现后会发生什么事情？请你们一起跟我讲故事。

(3)师幼合作,分角色讲述故事。

4. 通过对比的方法引导幼儿观察图片,讨论故事情节发展并尝试进行简单的表述。

(1)指导语:空空的手套一下住进了四只动物,他们可能会怎么样？

(2)现在他们还舒服、还暖和吗？

(3)引导幼儿依次观察并讲述,并亲身体验"拥挤"的感觉。

①对比观察发现兔子和老鼠前后的不同,感受"拥挤"。

②请若干个幼儿钻进一个"手套"中,亲身体验"拥挤"的感觉。

(4)提升小结,帮助幼儿梳理图片的内容。

(5)故事继续延伸。

①"大熊"出场,幼儿猜测故事情节的发展。

②出示破裂的画面,细节观察,幼儿表述,体会故事发展的幽默。

5. 完整欣赏故事,并揭示意想不到的故事结尾,进一步体会其幽默的风格。

(1)观察破碎的手套,引发幼儿的思考:手套被大熊撑炸了,还有用吗？真的没有用吗？

(2)揭示故事结尾,大家模仿小鸟,戴着小帽子离开。

(案例提供:南京第一幼儿园)

案例分析	《一只手套》
全语言理念体现域	具体体现
整合的、渗透的	将语言领域的内容与社会情感领域的内容相互渗透,幼儿在学习语言的同时学会给予别人温暖的情感。
应用的、有需求的	手套是幼儿熟悉的事物,教师从幼儿的已有经验出发引出所要学习的间接经验,调动幼儿的学习兴趣和积极性。
平等的、开放的	师幼合作,分角色讲述故事,共同建构对故事的理解,教师起到引导与支持的双重作用。
探索的、创新的	出示破裂的画面,鼓励幼儿根据画面猜测故事的情节,最后才揭示故事的结尾,给幼儿充分的语言探索空间。
活动的、操作的	师幼合作,分角色讲述故事,整个过程中大家共同讨论每个角色的语言、动作、表情,充分体验到操作语言的乐趣。

12. 四季的故事

设计意图

谁能够当上四季之王?春、夏、秋、冬四季娃娃为此争论不休。最后的结果会是怎样?谁能够最终胜出?幼儿在欣赏故事的同时进一步了解四季的特征,并调动已有经验对某一季节的缺失各抒己见。通过关于合作的讨论,以及合作用绘画的形式表现四季,感受合作的重要性。

活动目标

1. 初步了解故事内容,理解词语"缺一不可"。

2. 在故事内容的提示下,尝试与同伴合作以绘画的形式表现四季的特征。

3. 知道与同伴合作的重要性,愿意与他人合作。

活动准备

1. 经验准备:学过儿童诗《四季歌》,知道四季交替出现的常识。有合作绘画的经验及作品可以展示。

2. 材料准备:四个季节娃娃的图片(春姑娘以绿色为主色调,夏小姐以红色为主色调,秋妹妹以金黄色为主色调、冬哥哥以白色为主色调)。

活动过程

1. 回忆以往与同伴合作的经验。

教师出示幼儿合作绘画作品,幼儿说说与同伴是怎样共同创作的。

指导语:除了和小朋友合作画画,你还和小朋友合作过什么事情?你喜欢和小朋友合作吗？为什么？

2．倾听故事，初步了解故事内容。

指导语：这里有四个可爱的娃娃，它们是谁呢？

（1）教师出示春姑娘、夏小姐、秋妹妹、冬哥哥的图片，并用故事中角色的口吻介绍：大家好，我是春姑娘！瞧，我这一身绿裙子，好看吗？你们喜欢我吗？

（2）教师依次出示夏、秋、冬季的图片，并提问：小朋友们，猜一猜，我是什么季节的娃娃呢？你喜欢我吗？

（3）指导语：每个季节娃娃都觉得自己是最好的。有一天，它们吵起来了。听一听，它们在吵什么呢？教师讲述故事至"它们几个吵得不可开交"。

（4）指导语：四季娃娃为了什么事情吵得不可开交？春姑娘是怎么说的？夏小姐是怎么说的？秋妹妹呢？冬哥哥又是怎么说的？你觉得它们说的对吗？为什么？

3．围绕故事展开交流，表明自己的观点。

（1）教师讲述故事的结尾部分。

指导语：什么叫"缺一不可"。

指导语：你同意太阳公公的说法吗？为什么？如果没有了春天（夏天、秋天、冬天）世界上会发生什么问题呢？

（2）教师小结：在地球的中纬度地区四季交替是一个自然现象，就像小朋友在一起，很多事情都需要相互合作才能做好，所以我们要学会与别人合作，相互关心、相互帮助。

4．与同伴合作，用绘画的形式表现四季的特征。

指导语：你愿意和朋友一起用画笔画出美丽的四季吗？和朋友怎么合作呢？

（1）教师可以提示幼儿，四人一组通过协商决定每个人承担哪个季节的绘画创作。

（2）教师将幼儿作品展示出来，请每个小组介绍自己的作品。

活动建议

1．区角活动：

将活动中使用的图片投放在科学区，并提供若干表现季节特征的图片，供幼儿进行匹配游戏。

2．家园共育：

提倡在家庭大扫除时，所有家庭成员分工协作，体会合作优势及快乐。

3．环境创设：

主题墙上展示幼儿眼中的四季，鼓励幼儿向他人介绍自己的作品。

附故事：

四季的故事

有一天，春姑娘、夏小姐、秋妹妹和冬哥哥在一起，为了谁排第一位的事情而争论不休。

春姑娘第一个说："我是四季之首，当然应该排第一啦！你们想，在春天，万物复苏多美呀！"

夏小姐不服地嚷道："我应该排第一，你们想想看，在夏天，小草碧绿碧绿的，池塘里的荷花也很美，这样的景色，你们会有吗？"

秋妹妹也毫不示弱："你们喜欢吃水果吗？"大家异口同声地回答："喜欢呀！" "那就好，在这段时间里你们要吃的水果应有尽有，想吃什么就有什么，多开心啊！当然得推选我排第一啦！"

"小妹，别说了。"冬哥哥接着说，"怎么也轮不上你呀？我可是你哥哥呀！冬天，天上的雪花纷纷扬扬地飘下来，小朋友们可以玩堆雪人、打雪仗等游戏。"

其他三人可不这么认为，都反对冬哥哥的想法，于是，他们几个吵得不可开交。

太阳公公听见了他们的争吵声，便出来瞧瞧。太阳公公对他们说："大家都不要吵了，你们说的话都很有道理，但你们这样吵闹，是不行的。你们都很好，缺一不可！只有你们互相合作，才能把整个世界装点得更美好。"

春姑娘、夏小姐、秋妹妹和冬哥哥听了，惭愧地低下了头。从此以后，他们互相合作，把世界装点得更加美丽了。

（案例提供：南京师范大学附属幼儿园）

案例分析	《四季的故事》
全语言理念体现域	具体体现
整合的、渗透的	将科学领域的内容渗透在语言领域之中，幼儿在语言学习的同时对一年四季的特点获得了初步的认知。幼儿在先前的美术活动"四季的绘画"中获得的经验，丰富了这次语言活动。
应用的、有需求的	一年四季是幼儿生活中的自然现象，幼儿应该而且需要认识和理解。这个活动以幼儿能够接受的方式展开，很有意义。
整体的、平衡的	讲述故事、合作绘画、相互点评等多种活动形式的设计，为幼儿的语言学习提供了整体平衡发展的机会。
平等的、开放的	对其他幼儿的作品进行评价是对幼儿语言的一次很好的锻炼，营造了一种语言交际的开放环境。
活动的、操作的	小组合作绘画需要幼儿使用交际性语言相互协商才能顺利完成，这对幼儿而言是一次很好的语言操作机会。

幼儿园文学活动

13. 四季歌(中班)

四季歌

设计意图

种子、小花、红果、雪花有着不一样的愿望。它们的愿望和春天、夏天、秋天、冬天的四个季节有什么关系呢？幼儿通过教师有感情的朗诵,在诗歌拟人化的情境中,感受四季不同特征的美好景致,以及诗歌行文的优美。在迁移生活经验、仿编诗歌的过程中感受四季的美好。

活动目标

1. 初步欣赏儿童诗,体会诗句的优美并尝试有感情地朗诵。

2. 理解诗歌中四季与对应事物的关系,并迁移已有对四季认知经验仿编诗歌的部分片段。

3. 体会儿童诗的优美意境,愿意参与仿编活动。

活动准备

1. 幼儿经验:知道四季交替的顺序,了解四季中的动植物的基本特征。

2. 材料准备:大班幼儿画的四季的画各一张,包括春天小树吐芽、夏天百花盛开、秋天果实成熟、冬天白雪覆盖。

活动过程

1. 谈话、交流,对四季的话题产生兴趣。

指导语:小朋友们,现在是什么季节?你喜欢吗?为什么?

指导语:除了××,你还喜欢什么季节?为什么?请你和身边的好朋友说一说。

2. 欣赏图片,倾听故事。

(1)依次出示图片,幼儿猜测季节。

指导语:我这里有几幅哥哥姐姐画的画,请你来猜一猜,他们画的分别是什么季节?

(2)教师有感情地朗诵诗歌。

指导语:听一听,画上是怎么说的?

教师边朗诵边在画上指出相关的事物。

指导语:诗歌里说了哪些季节?诗歌里说××(春天、夏天、秋天、冬天)是什么?

(3)教师再次朗诵诗歌,幼儿进一步欣赏诗歌。

指导语:种子说了什么?小花说了什么?红果说了什么?白雪说了什么?

教师用完整的诗句将幼儿回答的内容再朗诵一遍,引导幼儿尝试用完整的诗句回答问题。

(4)师幼合作朗诵诗歌。

指导语:你们来做春天的种子,当我念到"种子对太阳说"的时候,你们来念后面的话。

以同样的方式合作朗诵接下来的部分。

3. 尝试仿编儿歌的一部分,引导幼儿说说每个季节的特征。

指导语:在春天(夏天、秋天、冬天)里,还会有什么东西发生变化呢?

教师将幼儿讲述的部分内容编进诗歌里,朗诵给幼儿听。

活动建议

1. 领域渗透:

在科学活动中,可以一颗种子为线索,探索四季的特征给予种子哪些成长的有利因素,以此来巩固掌握四季的特征。

2. 区角建议:

(1)将幼儿仿编的内容绘画成册,投放在阅读区,供幼儿自主阅读、自主朗诵。

(2)家园合作,收集有关四季的歌曲,在表演区播放,供幼儿舞蹈。

3. 家园共育:

在外出游玩的时候,家长有意识地引导幼儿观察季节中动植物的变化以及该季节中人们活动的特征。

附:

四季歌

春天是一颗种子,种子对太阳说:妈妈,妈妈,我要长叶,我要发芽。

夏天是一朵小花,小花对太阳说:妈妈,妈妈,我要结果,我要长大。

秋天是一枚红果,红果对太阳说:妈妈,妈妈,我要成熟,我要回家。

冬天是一片白雪,白雪对太阳说:妈妈,妈妈,我要永远洁白,我要永远不化。

(案例提供:南京师范大学附属幼儿园)

案例分析	《四季歌》
全语言理念体现域	具体体现
随时的、无处不在的	幼儿有着敏感的语言学习神经,善于模仿和吸收语言环境中的语言信息。行文优美的诗歌《四季歌》为幼儿提供了一个丰富的语言刺激环境。
整体的、平衡的	书面语言的学习经常会被忽视,本活动选取了行文优美的诗歌文本,不仅关注了幼儿的口语发展,也兼顾了幼儿的书面语言的学习。

案例分析	《四季歌》
平等的、开放的	教师允许并鼓励幼儿自由创编,并将幼儿讲述的部分编进诗歌里为幼儿朗诵,这使幼儿产生了语言学习的积极性。
探索的、创新的	诗歌仿编的过程中,幼儿将学习到的间接经验与已有经验联系起来,而这项工作的完成需要幼儿反复尝试使用什么样的语言以及怎样使用。

14. 想飞的小猴

设计意图

在幼儿的经验和印象中,猴子喜欢爬树、吃桃子……如果一只猴子想飞,会发生什么样的事情呢? 故事里的人物"小猴飞飞"与幼儿一样喜欢想象,有许多愿望。在扮演"小猴飞飞"表演故事的环节中,幼儿通过人物对话、动作表演,会对"小猴飞飞"想飞的愿望有进一步的感受。

活动目标

1. 欣赏、理解故事内容,学习讲述故事中的对话。

2. 通过教师问题的引导,以及对故事中角色的扮演,用语言、动作表达对故事情节的理解。

3. 感受故事中的"小猴飞飞"想飞起来的愿望。

活动准备

图片:小猴、小鸟、瓢虫、蝴蝶、天鹅各一个。

小猴坐在毯子上的图片一张(小鸟、瓢虫、蝴蝶和天鹅用嘴衔着毯子)。

小猴、小鸟、瓢虫、蝴蝶、天鹅的胸饰若干。

活动过程

1. 猜谜语,引出故事。

(1)讨论有关猴子的生活习性和特点。

指导语:图片上有谁,它在干什么? 你知道小猴平时喜欢做些什么呢?

(2)了解故事的人物和背景。

指导语:这是小猴飞飞,今天它要做的事情和平时可不一样。小猴在故事里会发生什么样的事情呢?

2. 完整欣赏故事,了解故事内容。

教师边操作故事图片,边生动地讲述故事。

3. 幼儿在教师提问的引导下,理解故事内容。

(1)指导语:小猴飞飞对小鸟提了什么问题?

（2）指导语：小猴飞飞听了小鸟（瓢虫、蝴蝶、天鹅）的话，它是怎么做的，发生了什么事？

（3）指导语：最后小猴飞飞飞起来了吗？它是怎么飞起来的？

4. 幼儿进一步感受小猴的愿望。

（1）指导语：小猴飞飞摔下来的时候，它的心情怎样，会想些什么？

（2）指导语：小鸟、瓢虫、蝴蝶、天鹅为什么要来帮助小猴飞飞？

5. 再次欣赏故事，尝试讲述故事的对话部分。

指导语：我们一起来说一说"小猴飞飞"的故事吧！

讲到对话部分，教师放慢语速，用眼神和身体动作，鼓励幼儿复述。

6. 幼儿和教师合作表演故事《想飞的小猴》。

（1）请一组幼儿分别扮演小猴飞飞、小鸟、瓢虫、蝴蝶、天鹅。

（2）教师讲述故事的旁白部分，幼儿用动作、表情、语言表现故事情节。

（3）幼儿分组表演。

7. 给故事起名字。

活动延伸

教师可以引导幼儿帮小猴飞飞想一想，还有什么办法可以让自己飞起来？编成故事情节，仿编新的故事结尾。

1. 家园共育：

请孩子回家后把故事《想飞的小猴》讲给爸爸妈妈听，并和爸爸妈妈一起扮演故事中角色，进行故事表演。

2. 区域活动：

教师可以把故事中小猴、小鸟、瓢虫、蝴蝶、天鹅的棒偶（或胸饰、布偶），放在语言角，幼儿可以分角色表演故事。

附：

想飞的小猴

飞飞是一只既聪明又灵巧的小猴，他能跑会跳，还会抓住树枝荡秋千。

他看着小鸟问："为什么你能飞，我飞不起来呢？"

小鸟仔细看了看飞飞："啊，我知道啦，你穿着靴子呢，把靴子脱了，爬上树梢，就能飞了。"

飞飞脱下靴子爬上了树梢，大叫着："我会飞啦——"他往树下一"飞"，扑通一声摔了下来。

瓢虫飞过来说："不行呀,你没有披上像我这样的大衣。"瓢虫的大衣是红色的,上面有漂亮的黑点。

飞飞给自己画了一件大衣,和瓢虫的一样。他爬上树梢:"我会飞啦——"可是,他又掉了下来。

"哎呀!瓢虫的大衣里面还有翅膀。"蝴蝶一边飞,一边说,"你瞧,我有一对又美又大的翅膀呀!"

飞飞用硬纸做了一对大翅膀,又爬到树梢上"飞"下来。他又摔了一跤。

"不对,不对,翅膀上应该有羽毛。"天鹅站在湖边说。

飞飞用树叶粘在身上当羽毛,结果还是掉了下来。

这时候,小鸟、瓢虫、蝴蝶、天鹅都来了。

"你再试一次吧,这回一定能飞起来。"大伙儿说。

"好吧。"飞飞闭上了眼睛。

唉,飞飞飞起来了。原来是小鸟、瓢虫、蝴蝶和天鹅一起用嘴衔着一块毯子,把他接住了。大伙儿一齐拍动翅膀,帮助飞飞飞了起来。

(案例提供:南京师范大学附属幼儿园)

案例分析	《想飞的小猴》
全语言理念体现域	具体体现
整体的、平衡的	猜谜语、欣赏故事、合作表演故事、给故事起名字等各种的语言活动方式为幼儿提供了丰富的语言学习环境。
平等的、开放的	合作进行故事表演使幼儿觉得自己在集体中是受欢迎的,他们就会善于倾听并乐于表达。长此以往,幼儿的语言能力就发展起来了。
探索的、创新的	合作进行故事表演是一个很好的语言学习机会,表演前的协商,表演中的配合,种种过程都离不开语言的探索。
活动的、操作的	教师可以引导幼儿发挥想象,仿编不同的故事结尾,使幼儿有充分操作语言的机会。

15. 小路沙沙

设计意图

小动物们看见林间的小路铺满五彩的树叶,会发生什么有趣的事情呢?小朋友们通过欣赏散文,在教师问题的引导下理解散文,用身体动作的模仿,扮演小动物们踩落叶玩耍,感受秋风、落叶和小动物的亲密关系,获得快乐的情感体验。

活动目标

1. 欣赏散文,理解散文内容。学习象声词:窸窣窸窣、踢踏踢踏、吱嘎吱嘎。

2. 通过朗诵和表演,感受作品中秋风、落叶和小动物的亲密关系。

3. 积极参与表演游戏,体验大自然的美好。

活动准备

1. 梧桐树叶、银杏树叶、枫树叶的实物若干(也可用图片)。

2. 小刺猬、小白兔、小蚂蚁、风儿的胸饰各两个。

活动过程

1. 欣赏梧桐、银杏、枫树的叶子,引出散文。

(1)感受散文的意境。

指导语:秋天到了,这些树叶变成了什么颜色?

指导语:秋风吹呀吹,这些树叶落到林间小路上,小路会变成什么样子呢?

(2)幼儿大胆猜测散文的内容。

指导语:在铺满了五彩树叶的小路上,会有谁来呢? 他会在小路上干什么呢?

2. 欣赏教师有感情地朗诵散文,初步理解散文的内容。

(1)教师操作图片,生动地朗诵散文。

(2)通过教师提问的引导,理解散文。

指导语:谁走过了小路,它是怎么走过小路的?

指导语:铺满了树叶的小路会发出什么样的声音,像什么呢?

指导语:谁会学一学小刺猬(小兔、小蚂蚁)走过小路的样子。

指导语:风儿来了,小动物们是怎么做的? 小动物们挡住风儿说些什么呢?

(3)感受秋风、落叶和小动物的亲密关系,进一步理解散文。

指导语:小动物们为什么不愿意风儿来吹跑树叶呢?

3. 幼儿再次欣赏散文,并尝试用语言和身体动作表现散文。

(1)指导语:你们会表演小刺猬、小白兔、小蚂蚁、风儿们在小路上发生的故事吗? 老师朗诵,你们来表演。

(2)幼儿随着教师朗诵,表现小刺猬、小白兔、小蚂蚁、风儿。

4. 幼儿表演《小路沙沙》。

(1)幼儿用树叶铺成小路,布置《小路沙沙》的表演区。

(2)幼儿自由选择小刺猬、小白兔、小蚂蚁、风儿的角色,进行表演游戏。

活动建议

1. 活动延伸:

教师可以引导幼儿进一步想象其他小动物走过小路的情节,并把新的情节创编到散文里,讲述给同伴听。

2. 领域渗透:

教师组织幼儿带上画板、记号笔、油画棒,到公园或树多的地方,进行"秋天的树"的写生,进一步感受秋天的美景。

3. 家园共育:

请幼儿回家后把散文讲述和表演给爸爸妈妈看,请家长休息的时候带孩子到公园去捡一捡、踩一踩落叶,感受散文里小动物的快乐。

附:

小路沙沙

秋风吹呀吹,梧桐树、银杏树的叶子都变黄了,枫树的叶子也变红了,林间小路上铺满了五彩的树叶。

小刺猬走过小路,他在树叶上打滚,窸窣窸窣,像许多小刺猬在路上慢慢散步。

小白兔走进小路,她脱下鞋子,踢踏踢踏,像小姑娘一样在树叶上跳舞。

小蚂蚁也爬进小路,他在树叶上摇啊摇啊,吱嘎吱嘎,像躺在摇床上做着美梦。

风儿来了,小动物们挡住风儿:"请你别刮走小路上的树叶,树叶的声音多么好听。"于是风儿踮着脚尖轻轻跑过小路……

(案例提供:南京师范大学附属幼儿园)

案例分析	《小路沙沙》
全语言理念体现域	具体体现
整合的、渗透的	将语言学习的目标与社会情感目标相结合,感受大自然的美好是比简单的词语句式的学习更为重要的。
随时的、无处不在的	散文是一种文学语言及其丰富的体裁,幼儿可以受到优美语言的熏陶,有助于培养幼儿的文学语言表达的意识与能力。
探索的、创新的	教师可以引导幼儿进一步想象其他小动物走过小路的情节,并把新的情节创编到散文里,这样可以帮助幼儿进一步探索语言。
活动的、操作的	教师朗诵只是要求幼儿表演动作,但是在语言学习活动中应该给幼儿更多的自主操作语言的机会。

第七章　幼儿园早期阅读活动

早期阅读活动是幼儿生活中不可分割的部分,是儿童成为成功阅读者的基础,也是儿童成为终身学习者的开端。

——凯瑟琳·斯诺

幼儿园的早期阅读活动是有计划、有目的地培养幼儿学习书面语言的教育活动。它是幼儿语言学习的一个不可缺少的部分,对促进幼儿的语言发展具有重要价值。近年研究认为,幼儿学习读和写并不是在某一特定的时间内发生的,而是有一个在生活中持续萌发展现的过程。儿童早期阅读能力的发展包括早期识字行为、早期图书阅读行为和早期书写行为。早期阅读活动是幼儿接触书面语言的途径。对幼儿来说,早期阅读活动可以帮助他们"接近"书面语言、了解书面语言知识、发展早期阅读自我调适能力。幼儿园早期阅读活动应具备以下几个条件:创设丰富的阅读环境;提供具有表意性质的阅读材料;提倡整合的阅读活动;具有鲜明的文化和语言背景。

更通俗的说法是,早期阅读是指学前教育机构(幼儿园、托儿所)、家庭通过对婴幼儿提供与视觉刺激有关的材料(图片、标识、电视、录像、光盘、计算机多媒体等),让婴幼儿接受有关材料的信息,在观察、思维、想象等基础上对材料内容进行初步理解和语言表达,发表自己的观点、见解,倾听成人讲述的认知过程。因此,早期阅读的范围很广。事实上,婴幼儿在家或在学前教育机构观看电视、录像、光盘等都是在进行早期阅读,即使走在马路上,看马路上的交通标识、商店的店名等,也都是在进行早期阅读。我们把凡是利用图书、图片、标识等作为阅读材料的,称为静态性早期阅读;凡是利用电视、录像、光盘、计算机多媒体等作为阅读材料的,称为动态性早期阅读。

第一节 早期阅读活动的基本知识

一、早期阅读活动的意义

早期阅读活动是幼儿接触书面语言的途径。过去,人们一向重视学前阶段儿童口头语言的发展,比较忽视早期阅读的问题。近年来,国际幼教界普遍重视和加强了这个方面的研究。有关的研究指出,学前阶段儿童早期阅读行为十分重要,它与儿童进入学校教育阶段后的读写成绩存在着很高的相关关系。

但是我国近几年对早期阅读的价值存在一个误区,认为"早期阅读有利于幼儿潜能的开发"。这种说法隐含了两个观念。其一是幼儿的潜能开发最为重要,其二是提前读写必然导致潜能的开发。细究起来,这两种观念都存在问题。首先,强调潜能开发最为重要与幼儿学习的价值在于促进幼儿认知、个性全面发展的趋势背道而驰。早期学习最重要的价值在于形成促进人一生发展基础的学习动机、态度,而非掌握读写算的基础知识和基本技能。其次,早期阅读并不必然能促进幼儿智能的发展。语言文字是表示事物或概念的一种符号代码,如果让幼儿在不熟悉某一事物或概念之前死记硬背地掌握其符号代码的读法和写法,那么,这样的活动不仅无法引发幼儿对文字的兴趣,而且还可能抑制幼儿心智的发展。

真正意义上的早期阅读对儿童的全面发展具有其他活动不可代替的价值,这种价值并不体现在"开发幼儿潜能"上,而体现在使幼儿通过接触书面语言获得与书面语言有关的态度、期望、情感和行为,培养幼儿认识世界的基本能力,发展其终身学习的能力上。早期阅读对幼儿的价值具体体现在以下几个方面:

1. 扩大生活、学习的范围。对幼儿来说,文字符号,如同手势、儿童创造的书面符号、泥捏的物品等符号一样,可以用来表达他们的经历、感情和想法,也可以用来超越时空去创造虚幻的世界。所以,早期阅读使得幼儿的生活和学习的范围逐渐扩大。一方面,早期阅读使幼儿交流的范围从面对面的口语交流扩大到通过图画、文字符号实现读者和作者的间接交流,另一方面,早期阅读使幼儿可以突破现实的限制,走向想象的世界。

2.建立初步的"读写"自信心。幼儿通常以玩读写游戏开始他们的早期阅读活动,如乱涂乱画、假装读写等,他们可以随心看想看的图书、写自己想写的字、编自己想编的故事。这些读写游戏不仅可以帮助儿童建立初步的"读"和"写"的信心,而且还有助于儿童进行读写活动的思考和尝试,会激发儿童学习读写的欲望,使他们在正式学习书面语言时不会产生畏惧感、失去自信心。

3.了解书面语言的特点和功能,为正式的阅读作准备。研究发现,经过早期阅读培养的儿童有良好的阅读习惯与能力,早期阅读与儿童后来的读写水平有很高的相关关系。在早期阅读过程中,幼儿逐步了解书面语言的特点,增长有关书面语言的知识,懂得"读"和"写"的初步规则。他们从不知图画、文字是何物到知道图画、文字与口头语言一样可以用来表达书面要求、做标记或标签、描述现实世界或超越此时此地的幻想世界、表达友谊和愤怒、引起他人的注意,到掌握有关阅读的知识和技能,并逐渐认识到,书是有趣的、带有挑战性的、激动人心的和令人鼓舞的。这样就为幼儿日后在学校的正式读写打好了基础。

4.提高儿童自我调适能力。传统的学校教育比较重视用外部订正的方式来进行阅读教学,而新近的研究提出了培养儿童内部调整能力,提高阅读水平的问题,并且强调了早期培养儿童自我调适阅读技能的重要性。实践也已证实,幼儿可以在早期阅读中建立起一种自我纠正、自我调适的阅读技巧,这对于他们进入学校的书面语言学习有很好的作用,有利于儿童获得较高的阅读水平。

5.享受分享阅读的乐趣。幼儿园有计划、有目的地组织早期阅读活动,向幼儿提供了集体学习阅读行为的环境。这将产生不同于幼儿在家或自学的效果。在幼儿园早期阅读活动中,教师与幼儿之间的相互作用,可以帮助幼儿获得最佳的早期阅读效果,幼儿在集体环境中学习阅读,可以与同伴一起分享早期学习阅读的快乐,从而提高他们参与阅读的积极性;教师还能够通过观察比较,发现某些幼儿阅读的特别需要,这样可以提供恰当的帮助。

总之,学前儿童的早期阅读不仅可以帮助他们形成对书面语言的知识、态度和技能,而且还有利于儿童借助符号,如文字、手势、在纸上创造的符号、泥捏的物品等来表达他们的经历、情感和想法,可以帮助儿童超越时空去创造虚幻的世界。早期阅读是幼儿语言学习的一个不可缺少的部分,对促进幼儿语言发展具有重要的价值。也正因为如此,在幼儿园组织幼儿早期阅读活动十分必要。

二、早期阅读活动的作用与类型

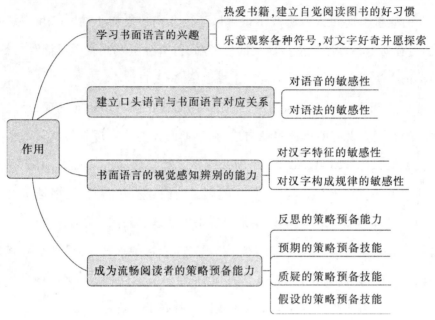

作用
- 学习书面语言的兴趣
  - 热爱书籍,建立自觉阅读图书的好习惯
  - 乐意观察各种符号,对文字好奇并愿探索
- 建立口头语言与书面语言对应关系
  - 对语音的敏感性
  - 对语法的敏感性
- 书面语言的视觉感知辨别的能力
  - 对汉字特征的敏感性
  - 对汉字构成规律的敏感性
- 成为流畅阅读者的策略预备能力
  - 反思的策略预备能力
  - 预期的策略预备技能
  - 质疑的策略预备技能
  - 假设的策略预备技能

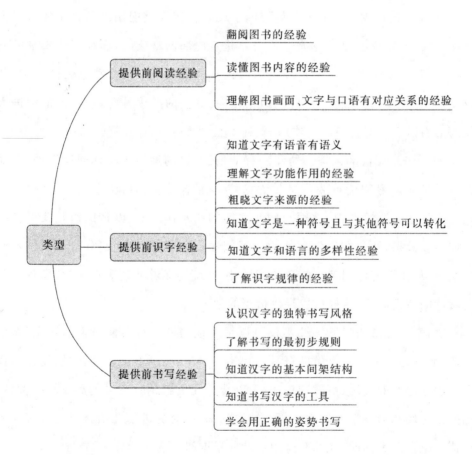

类型
- 提供前阅读经验
  - 翻阅图书的经验
  - 读懂图书内容的经验
  - 理解图书画面、文字与口语有对应关系的经验
- 提供前识字经验
  - 知道文字有语音有语义
  - 理解文字功能作用的经验
  - 粗晓文字来源的经验
  - 知道文字是一种符号且与其他符号可以转化
  - 知道文字和语言的多样性经验
  - 了解识字规律的经验
- 提供前书写经验
  - 认识汉字的独特书写风格
  - 了解书写的最初步规则
  - 知道汉字的基本间架结构
  - 知道书写汉字的工具
  - 学会用正确的姿势书写

资料卡片

成功的早期阅读者需要什么条件

多股线整合成熟练的阅读

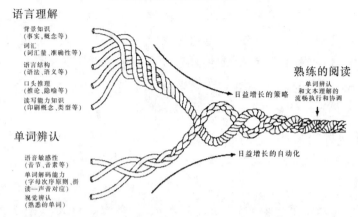

语言理解

背景知识
(事实、概念等)
词汇
(词汇量、准确性等)
语言结构
(语法、语义等)
口头推理
(推论、隐喻等)
读写能力知识
(印刷概念、类型等)

单词辨认

语音敏感性
(音节、音素等)
单词解码能力
(字母次序原则、拼读一声音对应)
视觉辨认
(熟悉的单词)

熟练的阅读

单词辨认
和文本理解的
流畅执行和协调

日益增长的策略

日益增长的自动化

第一,阅读所需要的核心知识是语言知识,即"语言是什么",是对语音、词法、句法和语义的了解。有研究表明,在该领域中,语言理解和单词辨认是有效的阅读者的两个核心成就。对于幼儿来说,早期的阅读主体是图画书阅读。单词辨认因为涉及到识字的问题,是一个相对滞后的过程,共同的方面是理解的问题。阅读理解需要有坚实的语言知识基础:比如,词汇量不足的幼儿,日常交流都会存在问题,遑论整理故事情节表达中的词汇与句型。当幼儿理解和运用的词类的范围扩大的时候,当幼儿慢慢开始掌握复杂句的表达,从不完整句到完整句,从无修饰句到修饰句,相应的,幼儿也能更熟稳地捕捉到阅读材料中的语言信息,并根据图意使用自己的语言表达出来,使自己的阅读水平得以提高,可知语言知识基础的不同方面的知识直接影响了幼儿的阅读水平。

与此对应,幼儿在这方面的阅读需要的指导是语言知识方面的指导,它需要教师具备关于语言学的知识准备。教师需要对语言结构,即语言的系统、子系统有所了解。当教师对幼儿进行阅读指导时,可以直接针对语言知识基础的不同方面:音素敏感性指导阐释了语音和元认知;单词处理和声学指导增加了词法、语源学;单词意义和词汇指导指向语义;理解策略指导增加了句法和语用,尤其是语篇语用;流畅性指导则促进了这些系统的整合。

第二,阅读需要关于认知方面的知识。理解阅读内容还需要大脑再现书中传达的信息。这是一个非常复杂的过程,涉及到注意力,短时记忆,长时记忆,背景知识,读者预先存在的理论或认知结构,从拼写准确地转换为语音表达,等等。虽然幼儿并不一定都识字,但具备一定的认知能力使得他们可以读图。

与此相对应,幼儿在这方面的阅读需要认知能力提升的指导,它需要教师具

备关于认知心理学、阅读心理学方面的知识准备。研究者曾使用眼动仪研究两名幼儿阅读图画书的情景，指导者请幼儿自己对故事书边看边讲，其中一名幼儿仅能描述其中的个别因素，如对图画书中物体的颜色类型、动物名称进行指认，对故事情节无涉及，眼动数据表现为视点分散，注视故事信息密集区与非密集区无差异，无意义地回视。另一名幼儿则能完整地讲述故事，眼动数据表现为注视故事信息密集区与非密集区的次数与时间有显著差异，随着情节的进展出现选择性注视和回视。表明，前者未能在大脑中再现书中传达的信息，而后者能相对成功地建构起相关故事框架在脑中的图景。可知认知能力对于阅读之重要性，而教师对幼儿认知能力状况的了解，也有益于进行针对性的指导。

第三，阅读所需要的关于元认知方面的知识——比如，儿童很早就开始注意到语言的结构或形式，而不仅仅是交流的有效性；许多学步儿喜欢有语音模式的语言事件：歌曲、摇篮曲，以及强调韵律切割的游戏；在看图画书故事的过程中，当页码出现缺失导致情节中断时，儿童能够意识到；当自己对故事进行讲述时，讲述者表现出迷惑的神情，儿童意识到并自发地澄清、修正自己的话语。这些都是有效地进行成功阅读的元认知策略。

与此相对应，幼儿在这方面的阅读需要语言上的元认知能力方面的指导，它需要教师具备关于心理语言学方面的知识准备。心理语言学上关于语言上的元认知能力包括：语音敏感对语音结构的元分析能力、理解字母的书写体系以及说双关语是直接相关的；语法结构的元分析能力对理解文本、理解结构多义、分析文体以及修改文章是有帮助的；语篇结构的元分析能力对文学分析、从文本中能获得什么，以及理解不同流派和文化相关文本中的差异是非常重要的。因此，了解儿童语言上的元认知能力，提供给他们相应的元认知能力的指导，对于提高儿童的阅读水平，是十分重要的。

第四，阅读动机。动机是内心能量迸发的动力，有时是由于意志，比如，为了试试自己的耐力，逼迫自己看不感兴趣的阅读材料；有时是由于情感，比如，因为很想看到妈妈表扬自己的样子，所以努力地去看阅读材料；有时是由于兴趣，看到一本花花绿绿的故事书，就很想知道里面有什么内容。

与此相对应，幼儿这方面能力的提高需要教师具备相关的社会心理学、阅读心理学的知识。对于幼儿来说，意志的能力还很薄弱，抗拒一颗糖的诱惑已经难能可贵。只有对阅读的情感和兴趣，才能决定幼儿是否能够把注意力指向阅读，之后展开一个认知的过程。幼儿对什么样的阅读材料会产生情感？是否经验类就必然能引发他的兴趣？对什么样的阅读材料会产生兴趣？是否色彩不鲜艳就无法引起幼儿的注意？这就要求教师了解幼儿的动机类型，组织好各种有关刺激，如有意采用有强度和速度变化的、抑扬顿挫、急缓相宜的语言；新颖莫测、令人好奇的导入方法；适当的、帮助语言表达的身姿手势等等。

第五，阅读策略。所谓"策略"（strategy），是指达到某种目的或完成某种任务所采取的思路、安排、方式、方法、技术、技巧、工具、活动等。凡是有助于提高学习质量、学习效率的程序、规则、方法、技巧及调控方式，均属学习策略范畴。阅读策略，就是在阅读过程中使用的学习策略。比如，预测策略，善于阅读的幼儿，会在阅读前进行一些预测。他们看到封面，会利用已知信息，对内文的内容进行预测，可以更好、更快地理解文本，在阅读过程中，他们会有意识地验证、调整预测。还有猜测策略（guessing）、推断策略（drawing inferences）、寻读策略（scanning）、组织策略（Recognizing patterns of organization）等等。

相对应的，幼儿这方面能力的培养需要的是教师具备相关的阅读策略知识。比如，幼儿刚刚接触书籍的时候，往往还不能够分清书的正面与反面，不懂得逐页翻，不懂得从封面画来推测内文的情节，这时候，就需要教师运用一定的阅读策略指导，比如，运用做游戏的方式引导孩子一页一页翻书；在讲故事之前，引导幼儿从画面中的角色的面部表情、色彩运用等一步一步地预测；教幼儿运用"第一天、第二天、后来"等标识词来组织情节等。

第六，其他与阅读有关的背景知识。Brandford and Johnson 曾指出，背景知识对阅读理解有影响，包括个人经验、间接经验、学科知识等。阅读涉及到大量的背景知识，儿童依赖于背景知识来正确理解文本。从婴儿起，儿童就生活在社区中的读写环境中：符号、书、标签、杂志和字母等等，他们在所看、所感，甚至所尝、所闻中获得自己的经验，见证并参与到成人平凡的读写世界里……这些经验，会有意无意地在幼儿记忆中留下烙印，当他进行相关的阅读时，相关记忆被激活，一开始一个物品的图示被缓慢地识别出来，通常还出错。接触得越多，联系加强，因为连接的场景被经常激活，其中的内容物也就被经常激活。有了强大的和变化多端的联系，识别变得又快又准。他以他的经验填充阅读文本特有的留白，获得了理解。教师掌握较为丰富的背景知识可以帮助幼儿提高其对阅读任务的理解有效性。见下表：

成功的幼儿阅读指导者应具备的知识

幼儿成功阅读需要的知识	相关的指导需求	为满足指导需要教师应具备的相关知识	
语言知识	语言知识指导	语言学知识	发展心理学、阅读教学法知识
语言理解	阅读理解指导	认知心理学、语言心理学	
阅读动机	阅读动机引发	社会心理学、阅读心理学	
阅读策略	阅读策略指导	阅读策略指导	
背景知识	阅读理解指导	丰富的背景知识	

——Catherine Snow，周兢，李晓燕（本文改编自周兢编著的《早期阅读发展与教育研究》，教育科学出版社，2007 版。）

幼儿园早期阅读活动

第二节　早期阅读活动的步骤

在研究幼儿园早期阅读的时候，有关早期阅读活动如何设计和组织的问题，始终是研究者探讨的重点。因为正如前面所述，幼儿园早期阅读活动，是有计划、有目的地培养幼儿学习书写语言行为的教育活动，所以我们对此关注的中心问题，在于幼儿园班级集体教育范围内，怎样促使幼儿生动活泼地参与早期阅读学习。幼儿园早期阅读活动按以下几个步骤进行设计和组织。

一、早期阅读活动设计的第一阶段

幼儿自己阅读。

在阅读活动开始时，教师首先创设让幼儿自己阅读的机会。这一步骤将阅读活动学习的书面语言展现在幼儿面前，让幼儿自由地"接近"本次活动的学习内容，观察自己的认识对象，获得有关的信息。

以大班早期阅读活动"象形文字到现代文字"为例。在活动开始时，教师先出示象形文字的贴绒卡片，告诉幼儿这是我国最早的文字，叫象形文字。然后采用看图卡猜谜的形式，启发幼儿认识象形文字日、月、水、木、山、火、目、口、人、田。再逐一出示相应的现代文字卡，并排成一排，采用画线连字的游戏方式，鼓励幼儿找出与象形文字对应的现代汉字，通过这样积极的探索活动，让幼儿在观察分析过程中初步认识这些象形文字和现代汉字，并且知道现代文字是从古代象形文字发展演变而来。

当然，为幼儿提供自己阅读的机会，并不意味着教师可以放手不闻不问。恰恰相反，活动开始在幼儿自己阅读过程中，教师要巧妙而实在地起到引导作用。在前面列举的阅读活动中，教师两次出示贴绒卡片，分别给予幼儿象形文字和现代文字的概念，并且让幼儿用连线的方式来建立两种文字的对应关系。可以说，幼儿是在教师的具体指导下去开始观察认识活动的。有的时候，教师采用提问的方式，用问题引导幼儿的思路，指示他们观察认识的途径。还有的时候，教师向幼儿提出观察的要求，然后教师操作、表演，让幼儿完整地、安静地阅读观看。凡此种种，只说明一点，"幼儿自己阅读"是给幼儿自己"接近"本次阅读学习内容的机会，但也是在教师指导下观察认识一定书面语言的开始。

二、早期阅读活动设计的第二阶段

教师与幼儿一起阅读，实际上是在幼儿自己观察认识接触到的书面语文信息的基础上,由教师带领幼儿来进一步学习理解这些书面语言信息。

仍以大班早期阅读活动"象形文字到现代汉字"为例。继幼儿自己阅读之后,教师逐一出示现代汉字的卡片,请幼儿认读。然后,教师带领幼儿阅读两遍。在幼儿认读过程中,教师及时纠正幼儿不正确的发音,特别是"山""水"这两个南方口音中容易忽视的卷舌音。同时引导幼儿解释字义,让幼儿了解字的含义,如知道日指太阳、目指眼睛、口指嘴巴等等。

应当指出,教师和幼儿一起阅读,创造了教师带领幼儿阅读、指导幼儿阅读的条件。在这一活动环节中,教师按照自己的理解和设想,将要求幼儿掌握的书面语言信息贯穿到阅读的过程中去。教师的作用在于帮助幼儿明确此次早期阅读内容,并正确地掌握书面语言的信息。值得教师们注意的是,在这一环节活动中,教师不必着重"告诉"幼儿什么,而是可以采用"平行"的方式,与幼儿平起平坐地共同阅读。换句话说,教师可将自己的指导作用放在"一起阅读"之中。不是告诉幼儿,你们应该学习什么,而是与幼儿一起去学习这些内容。这种方式将有助于幼儿从自由"接近"阅读信息,过渡到按照教师指导接受阅读的信息。

三、早期阅读活动设计的第三阶段

围绕阅读重点开展活动。

每一次阅读活动均有一定的重点,事先教师应当做到心中有数,并能有计划地在活动中贯彻落实。经过上一步骤"教师与幼儿共同阅读"的活动后,教师可以组织幼儿围绕阅读重点开展活动,着重帮助幼儿深入地掌握学习内容和正确的学习方式。

在大班早期阅读活动"象形文字到现代汉字"中,教师采用了组织幼儿讨论的方式帮助幼儿去掌握重点信息。教师与幼儿一起找出象形文字和现代汉字相似和不同之处,知道"日""目""口""田"都是全包围结构的字,能够区别和掌握这四个字,并且理解这些字都是由象形文字变形转化而来。此外,教师还帮助幼儿学会运用已学的这四个字,通过口头组词练习去丰富词汇、扩展词汇。

除了组织讨论之外,教师在指导幼儿围绕阅读重点开展活动时,还可以灵活地采用其他活动形式,比如表演、游戏等等。只要能够引导幼儿深入掌握学习的重点,加深对所学的书面语言的印象,各种活动方式都可以在这一环节的活动组织过程中使用。

四、早期阅读活动设计的第四阶段

归纳阅读内容。

归纳阅读内容是总结性的活动环节,它的主要作用在于帮助幼儿巩固、消化所学的内容,是整个活动中不可缺少的一个组成部分。

归纳阅读内容的组织方式亦有多种,其一是用竞赛性质的活动方式帮助幼儿巩固所学内容。例如:在大班早期阅读活动《象形文字到现代汉字》中,最后将幼儿分成两组,通过教师举字卡→幼儿念字或教师念字→幼儿举字卡的活动方式,开展竞赛。凡是回答正确的一方,就可在黑板上画一个五角星,若有一个人不正确,就不能给这一方添上五角星。最后,评出五角星多的一方为胜利者,集体鼓掌表示祝贺,然后结束活动。这种活动方式使幼儿注意力集中,能够调动他们参与的积极性,激励他们主动地投入已有基础的复习巩固阅读活动之中,比较适合于在大班使用。

其二,教师可通过表演的方式来组织归纳阅读内容。也有的阅读图书活动最后用配乐童话的方式进行,让幼儿跟随音乐做动作,体会图画故事所表现的情节和人物角色心理,加深对故事的理解。

此外,教师可用游戏的形式组织归纳阅读内容环节的活动。比如大班早期阅读活动“文字的家”,采用幼儿循环游戏的方式来帮助幼儿巩固有关田字格与汉字间架结构前书写的学习内容。教师将幼儿分成 6 组,每组都有不同的游戏材料,包含有不同的与学习内容有关的信息。幼儿可在 6 个组轮流玩,每人可获得 6 次关于所学的前书写内容的练习机会。而教师在交代活动规则之后,放手让幼儿去循环游戏,教师则巡回指导,重点对有困难的幼儿进行个别辅导。

总之,归纳阅读内容的方式各种各样,教师可以创造性地设计和组织这一环节的活动。只要有利于幼儿巩固掌握阅读内容,有利于他们形成正确的书面语言观点,各种活动形式都可以尝试运用。

资料卡片

幼儿多元阅读教育

根据研究,儿童与书对话的能力,他们在阅读中延伸思维的能力,都是需要学习的。孩子不是从一出生,就有这样自主阅读的能力的。阅读能力的发展,有其历程,也要有方法。许多相关研究显示,正是在 3～8 岁奠定孩子自主阅读能力的重要关键阶段,孩子的语言世界将会以惊人的速度开展,文字将与孩子的思考能力相互串联,在生活中发生作用。他们开始认识符号、声音与意义的关联性,学习如何看待一张纸、一本书、一则新的知识,也尝试用自己所学的语言解释所见的世界内容,进而自我展现。这些基础能力的养成,将影响孩子在学校学习的适应能力,更是个人终身学习的要件。而这一切能力的进展,需要正确的引导,也要温暖的陪伴。因此我们说,培养儿童早期阅读能力是我们成人包括教师和家长可以给孩子的最好的人生发展的精神食粮。

基于这样的理念,我们认为在幼儿阅读能力发展的关键阶段,最为重要的是提供一个多元阅读的环境。给幼儿多元阅读的情境,给幼儿多元阅读的引导,帮助他成为一个可以独立自主阅读的人。具体来说,应当包括下列一些注意要点:

1. 多元阅读情境的创设。将孩子拉进阅读世界的第一步,就是引发他想阅读的动机。想要孩子爱读书,就要让他在读书之前先爱上读书的气氛。我们提倡把书放在孩子伸手可及的地方,营造一个自在、有趣,而且丰富的阅读情境,这是引领孩子成为爱书人的必要条件。家里的书房、客厅,幼儿园的教室、图书室,公共场所的儿童书房、文化中心,都可以是孩子阅读的场所。在安全的前提下,不论大书还是小书,给孩子看的书都要放在他伸手可及的地方。像是将书放在幼儿园教室的图书角内,或者放在儿童图书馆里开放式的书架上,更多的机会也许是放在家里的书桌上。孩子摸得到书,就多一个机会拿起书,多了一个机会和书建立感情。

2. 多元阅读互动关系的建立。一个温暖的阅读情境的组成,不止是一个地点、一本书;人,才是引导孩子学习如何"与书对话"的重要关键。读书的是人,思考的也是人。人是整个阅读行为最重要的一环。多元阅读是通过人的参与实现的,需要时刻注意引导幼儿与书对话。通过教师和家长的努力,可以让阅读真正进入师生互动之间,进入家庭亲子互动之间,成为幼儿生活的一部分。在每个可能的阅读环境里,都应当有能够引导孩子的人:引导孩子选书、看书、读书;引导孩子发问、讨论、思考;并进而了解阅读的过程必须"有自己"。再好的书,只有将书和个人的体验串联,才能产生趣味和意义。这是阅读最终的价值。

3. 多元阅读材料的选择。该让孩子读些什么,想必是许多教师和家长所关注的。唯有透过多样化的内容和题材,才可以提供孩子丰富的阅读经验,进而培养出全方位的阅读能力。建议教师和家长可以提供多样的选择,在为幼儿选择阅读内容时注意几点:(1)题材的多样化。从儿童生活到科学知识,从环境问题到生命教育,亲情、友谊、克服困难、经历奇险,各种不同的题材和不同的讨论议题,都可以让幼儿接触。在这样的多元阅读内容中,孩子所阅读的便是多元的知识与多元的情感经验。(2)文体的多样化。幼儿的阅读不仅可以是儿歌、童谣、诗、故事,还可以有传记、散文和知识性图书。不同的文体,不同的呈现方式,孩子所浸润到的便是语文的多元风貌和运用语文的能力。

4. 多元阅读途径的尝试。我们在指导幼儿阅读时,还应当注意阅读形式的多样化。幼儿阅读可以是读书,即阅读各种不同形式的图书,比如能操作的立体书、玩具书、塑料书、布书等等。也可以是听故事、看戏、甚至观察人的表情行为。应当说,生活里处处都有儿童阅读的机会和阅读的内容。当然要提醒的一点是,多

样化的阅读并不是芜杂或没有选择的,因为幼儿早期的阅读已经在建立初步的阅读品位,决定他以后跟什么样的书交朋友,有什么样的生命情调。

——节选自《幸福的种子》(幼儿园早期阅读系列丛书)编辑导读

第三节　全语言视野下的早期阅读活动实例库

1. 月亮的味道

设计意图

　　绘本《月亮的味道》是幼儿很喜欢的故事,故事情节简单,但结尾又有些出乎意料,很适合小年龄段幼儿学习和阅读,而且故事中的情节等都是孩子喜欢的。针对这些特点我们进行了设计:一、对故事的文学语言进行了改编,把一些难以理解的文学语言,变成了适合小班小朋友能够理解的表达方式。二、动物出现的方式改成由一个到一组的动物,既有所变化,又加快了故事推进的速度,符合小班幼儿喜欢重复但又需要新刺激的心理需要。

活动目标

　　1. 欣赏绘本故事《月亮的味道》,初步理解动物们相互帮助、探索月亮味道的故事内容。

　　2. 在视频、动作的帮助下,表述故事中小动物的名称和简短的对话。

　　3. 体验集体阅读、表演故事带来的乐趣。

活动准备

　　月亮的图片、PPT、绘本《月亮的味道》。

活动过程

　　1. 教师出示月亮的图片,引导幼儿猜测、联想,引出活动内容。

　　指导语:这是什么? 月亮是什么味道?

　　谁想来摸一摸月亮? 够不着,怎么办? 我们一起来请好朋友帮忙。

　　2. 教师用PPT逐幅引导幼儿欣赏、理解动物们的相互帮助,探索月亮味道的故事内容。

　　指导语:小动物在哪里? 它怎么爬的? 用力地伸长手臂,我们一起来学一学往上爬的动作。

　　我们来看一看小乌龟的好朋友是谁? 它怎么喊的?

　　老师直接示范对话和相应动作。

对话："××，××，快来帮帮忙呀！"相应动作："××，××"，做左右呼喊状，"快来帮帮忙呀！"做招手动作。

指导语：这次月亮够到了吗？大象的好朋友是谁？我们一起来喊××帮忙。

幼儿一边跟着老师做动作一边说对话。

够着月亮了吗？怎么办？你们来喊。

指导语：小老鼠够着月亮了吗？

3.教师引导幼儿完整看故事书《月亮的味道》，师幼共同阅读。

(1)出示故事，引导幼儿观察封面。

指导语：小动物最后有没有吃到月亮的秘密就藏在这个故事里，这本书的名字叫作《月亮的味道》，我们一起来看一看。

(2)教师交代阅读要求。

指导语：小朋友要和老师一起仔细地看，和老师一起说，小手做动作，才能帮助小动物吃到月亮呢！

(3)师幼共同阅读《月亮的味道》，教师重点引导幼儿参与讲述动物名称和对话部分。

4.游戏"月亮回来了"。

指导语：月亮好难过，动物们，赶快把月亮还回去吧。

附故事：

月亮的味道

麦克·格雷涅茨

月亮是什么味道的呢？是甜甜的？还是咸咸的？真想咬一口呀！

晚上，一群小动物看着月亮，总是这么想，可是，无论它们伸长了脖子，伸长了手，伸长了腿，还是够不着。

一天，有一只小乌龟下定决心，一定要爬到最高最高(做动作)的山上，摸一摸月亮。它爬呀爬，爬呀爬，好不容易爬到山顶，伸长了脖子，可是够不着。它就喊好朋友帮忙，(它的好朋友是谁呀？)"大象，大象，快来帮帮忙呀！"

"来咯！"大象爬呀爬，爬呀爬，爬到了乌龟的背上，用力地伸长鼻子去够月亮，可是够不着。(怎么办？它的好朋友是谁？)它就喊好朋友帮忙，"长颈鹿、斑马，快来帮帮忙呀！"

"来咯！"长颈鹿和斑马爬呀爬，爬呀爬，爬到了大象的背上，用力地伸长脖子去够月亮，可是够不着。(怎么办？它们的好朋友是谁？)"大狮子、狐狸、猴子快来帮帮忙呀！"

"来咯!"大狮子、狐狸、猴子爬呀爬,爬呀爬,爬到了斑马的背上,用力地伸长手去够月亮,可是够不着。(怎么办?)它们的好朋友是小老鼠,(我们一起轻轻地喊)"小老鼠、小老鼠,快来帮帮忙呀!"

"来咯!"小老鼠爬呀爬,爬呀爬,爬到了猴子的背上,用力伸长手去够月亮,它够着了吗?

"咔嚓",小老鼠咬下了一片月亮,月亮的味道好极了,它分给猴子、狐狸、狮子、斑马、长颈鹿、大象和乌龟,每人一口。大家都觉得这是它们吃过的最好吃的东西。

吃饱了,大家在月亮下静静地睡着了。

（案例提供:南京市游府西街幼儿园）

案例分析	《月亮的味道》
全语言理念体现域	具体体现
应用的、有需求的	"吃"在幼儿的生活中有着重要地位,"月亮的味道"吊足了幼儿的胃口,幼儿自然产生语言学习的需要。
整体的、平衡的	对故事的文学语言进行改编,把一些难以理解的文学语言改成能够被幼儿所理解的表达方式。建立口头语言与书面语言之间的关系,使二者平衡发展。
平等的、开放的	教师与幼儿共同阅读时不断引导幼儿猜测而不是直接说明故事情节,这种平行的阅读方式有利于幼儿自由地接近阅读信息。
探索的、创新的	以"月亮的味道"为语言学习的内容有很强的创新意味,有利于激发幼儿学习动机,能获得阅读的快乐及良好的学习效果。
活动的、操作的	阅读活动的最后可以引导幼儿对阅读内容进行归纳,这样做的主要作用是帮助幼儿对已经学到的内容进行巩固和消化,这同时也是一种很好的语言操作方式。

2. 耳朵套

设计意图

此活动文本选自中国文联出版社互动分享图书中的一册,故事线索清晰,在鼠妈妈给小动物量耳朵时,又融入了一些简单的科学知识,兔子的耳朵长、河马的耳朵圆、小猫的耳朵尖等,非常适合小班幼儿学习。量耳朵的情节还可以设计成游戏环节,让幼儿参与活动动起来,符合小班幼儿喜欢动静交替的情景游戏的学习特点。

活动目标

1. 欣赏绘本故事《耳朵套》,初步理解小老鼠帮助小动物们量耳朵编制耳朵套的故事内容。

2. 在 PPT、动作的帮助下,表述故事中小动物的名称和简短的对话。

3. 体验集体阅读、表演故事带来的乐趣。

毛线手套、毛线帽子、PPT。

1. 教师出示毛线制品,引导幼儿猜测、联想,引出活动内容。

指导语:今天老师给你们带来了一些小礼物,这是什么?帽子和手套是怎么做出来的?

2. 教师操作PPT,引导幼儿逐幅欣赏、理解故事内容。

出示图1。

指导语:我带来了一本有趣的书。咦,书上有谁来和我们玩?这是谁?我们给它起个名字。

老鼠妈妈也在用毛线织东西呢,猜一猜,她织的是什么?

她到底织的是什么?我们来看一看。

出示图2。

指导语:戴在手上的是手套,戴在耳朵上的是——耳朵套。

我还会夸一夸小老鼠的耳朵套呢,耳朵套真漂亮。你们也来夸一夸?

出示图3。

指导语:小动物也想要耳朵套,它们会是谁呢?

幼儿简单猜测后出示图片认识并小结。

出示图4。

指导语:鼠妈妈拿着什么?她在给小兔子量耳朵呢,它怎么给小兔子量耳朵的?把你的尺拿好,我们学学看,小兔子的耳朵长长的。

出示图5。

指导语:下一个给谁量呀?河马的耳朵——圆圆的,圆圆的像什么?

出示图6。

指导语:小猫的耳朵是什么样子?小猫的耳朵尖尖的。

小老鼠为什么躲在妈妈后面呀?它们的表情是什么样子的?

你们看小猫的表情,学一学。她在不好意思呢,原来小猫看到鼠妈妈没有怪她,还给她织耳朵套,她不好意思啦,小猫说:我下次再也不欺负你们啦。

出示图7。

指导语:现在轮到谁啦?小猴子的耳朵小小的。小猴子为什么弯着腰?我来当小猴子,谁愿意当鼠妈妈帮我量一量我的小耳朵。

出示图8。

指导语:最后轮到谁?大象的耳朵怎么样?哦,大象的耳朵大大的。

出示图9。

指导语：你们看鼠妈妈把毛线都拿了出来，毛线不够了，你们说，怎么办？

3.教师带领幼儿看PPT完整讲述故事。

指导语：这个故事好不好玩？我们一起说一说。

4.教师带领幼儿玩游戏碰一碰。

指导语：好，我们玩一个变耳朵的游戏吧。

附：

天气冷了，鼠妈妈给两个鼠宝宝小红和小绿用毛线织了一对彩色的耳朵套。

小红和小绿戴上漂亮的耳朵套走到大街上，小动物们看见了都夸："耳朵套真漂亮！"

兔子、河马、小猫、猴子和大象也想有漂亮、温暖的耳朵套，小绿指挥他们排好队，小红拉来了鼠妈妈，要给小动物一个一个地量耳朵，织耳朵套。

第一个是兔子，兔子的耳朵长长的。

第二个是河马，河马的耳朵圆圆的。

下一个是——小猫，小红小绿紧紧地拉着妈妈的裙子，躲在妈妈身后，好害怕呀！小猫不好意思地低下头说："鼠妈妈，我再也不欺负你们了，我也想要耳朵套。"温柔的鼠妈妈也给小猫量起了耳朵，小猫的耳朵尖尖的。

第四个是猴子，猴子的个子有点高，鼠妈妈站在板凳上让猴子弯下腰量耳朵，猴子的耳朵小小的。

最后一个是大象，大象的耳朵好大呀！小红和小绿爬上大象头顶给大象量耳朵，鼠妈妈找出所有毛线，不够不够，怎么办？

（案例提供：南京市游府西街幼儿园）

案例分析	《耳朵套》
全语言理念体现域	具体体现
整合的、渗透的	在语言领域的学习中又融入了一些诸如小动物耳朵的科学知识，实现了语言领域与科学领域的相互渗透。
应用的、有需求的	耳朵是幼儿身体的重要部分，人的耳朵与动物的不同，动物之间的也不同。幼儿对此有探索认知的需要，由此产生学习的需要。
平等的、开放的	游戏不是单纯的玩乐，教师要带领幼儿在轻松愉快的游戏情境中加深所学书面语言的印象。
探索的、创新的	"给小动物量耳朵"是一项非常有趣的工作，幼儿对此有着浓厚的兴趣。在这项创新性的工作中幼儿会生发出有创意的语言。
活动的、操作的	阅读活动的最后可以引导幼儿对阅读内容进行归纳，这样做的主要作用是帮助幼儿对已经学到的内容进行巩固和消化，这同时也是一种很好的语言操作方式。

3. 打喷嚏

时间：家长开放日

地点：本班教室

活动内容

1.教师集中家长，简单介绍活动的目标、内容和亲子阅读要求。

指导语：今天我们要和宝宝一起读一本书，故事的名字叫《打喷嚏》。在大人的眼里，这本书也许非常简单，情节没有什么很大的起伏，似乎没有我们所需要的教育作用。但是，我们今天带孩子不只是听故事，而是学习怎样让孩子正确阅读图书，家长在指导孩子看书时可以关注什么。因此，请各位家长关注老师的示范和引导语言，积极鼓励孩子按照老师的步骤安静地去看、大胆地去说。回家以后，也选一本画面清楚、字少的图书，带着孩子一起看一起说。

2.家长和幼儿入座，演唱歌曲，营造温暖的亲子阅读气氛。

指导语：请爸爸妈妈坐在自己孩子的身后。

指导语：小朋友们，爸爸妈妈来和我们一起玩，你们高兴吗？我们来唱一首好听的歌吧！

教师可以选一首孩子会唱的，表达亲子情感的歌曲。

3.教师出示大书，引导幼儿集体阅读理解故事。

(1)教师介绍活动内容。

指导语：今天我们要和爸爸妈妈一起看一本书。这本书和我们平常看的一样吗？有什么不一样？对，这是一本大家一起看的大书。

这，是书的封面。小朋友，你看到了什么？

教师手指图片上的动物对幼儿进行暗示。

教师指封面上的文字：故事的名字叫打喷嚏，猜猜故事里还会说什么。

(2)教师示范翻书，引导幼儿一页一页地看书。

指导语：那么，我们一起来看一看到底讲了什么故事。下面，开始从书的右上角往下，翻开第一页，从左往右开始一页一页地看。

第一页：图上是谁在打喷嚏？你是怎么知道的？

小兔会对小老鼠说什么？你们说的都有可能，我们来听一听小兔会说什么。

教师做倾听状：小兔说，你妈妈想你啦，快回家去吧。小老鼠吧嗒吧嗒跑回家去了。

幼儿集体说一说。

第二页：书是我们的朋友，要轻轻翻。这次是谁在打喷嚏？

狮子会对他说什么？

教师与幼儿共同讲述第二页内容：小兔打了一个喷嚏，狮子说：你妈妈想你啦，你快回家去吧。小兔吧嗒吧嗒跑回家去了。

第三页：小兔在玩什么？大狮子呢？

这次讲故事时我们可以把他们玩的事情也说一说。

幼儿集体讲述，教师用动作提示幼儿。

用同样的方法讲述第四页、第五页内容，最后两页不讲。

4. 家长和幼儿在老师的引导下，自主阅读故事书。

指导语：书读完了吗？你怎么发现的？

其实，我们每个小朋友的小书袋里都有一本小书，把它拿出来，用老师刚才教的方法和爸爸妈妈一起从头到尾读一读，看一看，猜一猜，后面说了什么？小布娃娃为什么会哭？

秘密在哪里呀？原来最后还有字呢，请爸爸妈妈读给宝宝听一听。

5. 和家长一同表演小娃娃打喷嚏的故事。

指导语：这个故事真有趣，我们一起来表演吧，小朋友当小娃娃，爸爸妈妈当小动物。

温馨提示

1. 教师大图书一本，幼儿人手一本图书。

2. 椅子排成双半圆，幼儿坐在家长的身前。

3. 每个幼儿的椅背上套有图书袋，每袋内放一本图书。

附故事：

小老鼠在草地上搭积木，她打了一个喷嚏，"阿嚏"，小兔对她说："你妈妈想你啦，快回家去吧。"小老鼠吧嗒吧嗒跑回家去了。

小兔在草地上跳绳，她打了一个喷嚏，"阿嚏"，狮子对她说："你妈妈想你啦，快回家去吧。"小兔吧嗒吧嗒跑回家去了。

狮子在草地上玩滑板车，她打了一个喷嚏，"阿嚏"，小猪对她说："你妈妈想你啦，快回家去吧。"狮子吧嗒吧嗒跑回家去了。

小猪在草地上滚铁环，她打了一个喷嚏，"阿嚏"，布娃娃对她说："你妈妈想你啦，快回家去吧。"小猪吧嗒吧嗒跑回家去了。

布娃娃在草地上打了一个喷嚏，"阿嚏"，小姑娘对她说："你妈妈想你啦，快回家去吧。"布娃娃呜呜哭了，她说："我没有妈妈。"

小姑娘抱着她说："我来做你的妈妈吧，我们一起回家去。"

教学图片：

（案例提供：南京市游府西街幼儿园）

案例分析	《打喷嚏》
全语言理念体现域	具体体现
整合的、渗透的	将培养幼儿良好的阅读习惯，指导家长正确的亲子共读的做法与语言学习相整合。
随时的、无处不在的	幼儿的语言学习无处不在、无时不在，指导家长关注亲子共读中所需要注意的问题，有助于营造有效的家庭阅读环境。
平等的、开放的	在良好的亲子阅读氛围中幼儿与家长共同阅读，幼儿处于一个安全又温馨的阅读环境中，幼儿非常享受整个语言学习的过程。
活动的操作的	幼儿和家长一同表演小娃娃打喷嚏的故事，是一种很好的语言操作方式。

4. 小猪盖房子

设计意图

　　这次故事中的三只小猪各有自己所代表的身份，猪大哥是诗人，猪二哥是画家，猪小弟是建筑师。由他们不同的角色身份及性格，决定了各自盖什么房子。老故事中的价值取向是猪大哥、猪二哥因为偷懒才盖的草房子、木房子，而这个故事与现代人的生活理念及观念相结合。其实每一种房子都有它的好处，都能给我们生活带来方便，使我们生活得更加悠闲自得，由此，让孩子们感受到事物的美好，使孩子学会利用生活中每一种事物的优点，这跟我们现代人的生活理念是一

致的，也是符合幼儿内在阅读需要的。

活动目标

1.初步感知故事中造房子、吹房子、重建房子的情节线索，学习讲述故事《小猪盖房子》。

2.尝试在图片、对话框、教师提问及动作的帮助下理解故事以及角色特点。

3.能体验和表达不同房子都有自己的优势，善于接纳别人。

活动准备

1.故事《小猪盖房子》的PPT。

2.幼儿每人一本图画书《小猪盖房子》和一个图书袋。

3.活动前幼儿对成人的工作职业有初步的了解，为理解故事主人翁的性格特点奠定基础。

活动过程

1. 教师引导幼儿认识封面、角色，初步感知小猪的性格特征。

(1)出示PPT,认识封面，猜测故事名称。

指导语：今天老师带来了一本有趣的书，我们一起来看看好吗？

现在看到的是这本书的封面，有谁知道这本书叫什么名字？

小结：原来图和文字都可以帮助我们知道书的名字。

(2)出示PPT扉页，逐一出示对话框，猜测三只小猪的角色身份。

指导语：我们小朋友都有自己喜欢做的事情，对不对呀？其实三只小猪和我们一样，也有自己喜欢做的事情！我们来看看，他们喜欢干什么？

小结：哎！我发现一个秘密，这个点点是诗人，这个点点是画家，这个点点是……原来这个点点就代表没有说完的话，以后我们还会经常遇到它呢。

2. 教师引导幼儿逐幅观看PPT，了解故事情节，表述不同房子的优势。

(1)教师讲述第1幅图片内容，幼儿理解词语"定居"。

指导语：什么叫"定居"？

(2)引导幼儿讲述第2、3、4幅图片内容，讨论三种房子不同的优势。

3. 教师引导幼儿尝试自主阅读图画书，初步了解并表述大野狼吹房子的故事情节。

(1)幼儿自主阅读。

指导语：三只小猪造了房子以后，发生了什么事情呢？等会儿请小朋友从椅子后面拿出书，仔细地看一看、读一读。

(2)提炼故事线索，理解画面内容，关注细节阅读。

指导语：刚才小朋友们都看过了、读过了，三只小猪造了房子以后，发生了什么事情呀？

草房子重点：刚才小朋友说大野狼吹房子，你在图上是怎么看出来的？

木房子重点：这次大野狼吹房子的力气和吹草房子一样吗？你怎么知道的呀？

大野狼爬烟囱：大野狼还想到了一个什么办法？结果怎么样呀？

4. 在对话框的帮助下，幼儿尝试用声音、表情、动作表述故事内容。

指导语：大野狼吹草房子的时候说了什么话？你来告诉大家，用力吹是什么样子呀？你们吹给我看看，我们一起来学大野狼边说边吹草房子。

野狼在吹木房子的时候说了什么话呀？他为什么要使出吃奶的劲儿吹呢？刚才你们吹的是草房子，现在让你们吹木房子，你会怎么吹？看来真的很难吹！

哎！大灰狼有没有吹呀，它怎么坐在地上呀？吹得累倒了，你是怎么知道的？

5. 教师引导幼儿在猜测中了解故事结局。

指导语：大野狼走了，房子也倒了，老大和老二会重新建造什么样子的房子呢？猜一猜。

为什么它们还造了自己原来的房子呀？

小结：原来它们知道每一种房子都有它们的好处，都能给我们的生活带来需要和方便，让我们的生活变得更加丰富多彩。

6. 教师引导幼儿观看PPT，完整阅读故事。

指导语：下面让我们一边看图一边来说一说这个有趣的故事吧！

附故事：

猪大哥喜欢写诗，还喜欢念诗，是个诗人。猪二哥喜欢画小动物，还喜欢画小草，是个画家。猪老三喜欢造房子，还喜欢造大桥，是个建筑师。

很久很久以前，三只小猪告别父母，离开家开始独立生活。

他们来到一处美丽的山谷，决定在这里造房子定居。

老大造了一座小草屋。

老二造了一座小木屋。

老三造了一座砖房。

有一天，爱吃小猪的大野狼流着口水来到这里。

大野狼先来到老大的小草屋，敲敲门说："小猪胖乎乎，快把门儿出。"老大吓得直发抖，一声也不敢出。大野狼张开大嘴："我吹，我吹，我用力吹！"把小草屋吹倒了。老大逃到老二家。

大野狼跟着来到老二的小木屋，敲敲门说："小猪胖乎乎，快把门儿出。"老大和老二吓得直发抖，一声也不敢出。大野狼张开大嘴："我吹，我吹，我使出吃奶的劲儿吹！"把小木屋吹倒了。老大老二逃到了老三家。

大野狼跟着来到老三的砖房，敲敲门说："小猪胖乎乎，快把门儿出。"老三大声说："天热不想动，请你吹吹风。"大野狼非常生气，他张开大嘴："我吹，我吹，我使出吃奶的劲儿吹！哎呀，我吹不动了！"

大野狼想从烟囱爬进屋子，结果被火烧着了尾巴，惨叫着逃走了。这回他丢尽了脸，再也没有回到这片山谷。

老大和老二重新建造了自己的房子，从此以后，三只小猪幸福地生活在这里。他们的房子成了这里最有名的景点，还有很多游客去参观呢。

（案例提供：南京市游府西街幼儿园）

案例分析	《小猪盖房子》
全语言理念体现域	具体体现
整合的、渗透的	在语言学习内容中融入不同职业角色以及性格的粗浅知识。
应用的、有需求的	猪兄弟使用的每种建筑材料都有一定的优点，让幼儿感受到生活的美好，符合幼儿的内在需要。
平等的、开放的	教师采用提问的方式，用问题引导幼儿的思路，成为幼儿阅读的指导者但非控制者。
探索的、创新的	阅读活动前创设幼儿自己阅读的机会，让幼儿自己观察自己的学习对象，猜测故事情节，是一种很好的探索方式。

5. 女巫扫帚排排坐

设计意图

在这个绘本故事中，小狗、小鸟、小青蛙因为帮助了女巫因而实现了和大家一起飞翔的梦想，最后女巫也因为这群会做"加法"的朋友而获救，故事传递的情感价值就是互相帮助。此外，前半部分情节重复，特别是小动物和女巫之间的对话非常有趣，尤其是小动物介绍自己的语言，儿歌的形式，重复而朗朗上口，孩子们很喜欢模仿。这也是这一绘本的特点，讲故事像小诗，这样的故事对幼儿文学语言的获得是很有帮助的。除此以外，最后大家一起排排坐也很有趣，各得其所，各享其乐，很吸引人的眼球。

活动目标

1. 通过自主阅读、集体观察理解故事，感受故事内容和情节的变化发展。

2. 学习故事中小动物和女巫的对话，在"谁在扫帚上排排坐"的线索下，进一步理解、表达画面。

3. 体验和同伴一起交流、表达的乐趣。

1. 图书人手一本,用夹子把火龙部分夹住,放入幼儿椅后图书袋中。
2. PPT、图卡。

1. 教师引导幼儿自主阅读绘本前半部分,了解故事主要线索。

(1)观察封面,引起幼儿阅读兴趣。

指导语:女巫是什么样子的? 我们这里也有一个女巫,你们看看她是什么样子。女巫还带来了一个故事,名字叫什么? 排排坐是什么意思?

看看图上谁和女巫排排坐啦?

(2)集体阅读图一,初步了解故事线索。

指导语:他们的心情怎么样? 可是突然发生了一件事——帽子被风吹掉了。这时女巫和小猫的心情怎么样?

女巫能找到她的帽子吗? 谁会和她排排坐呢?

(3)幼儿自主阅读前半部分故事,了解故事情节。

指导语:请你把后面的书拿出来,看一看,看到小夹子的地方就可以。

2. 教师引导幼儿集体阅读绘本前半部分,进一步理解、表现故事。

(1)教师出示图片进行线索整理。

指导语:女巫的帽子找到了吗? 谁帮她找到并和她一起排排坐的?

还有什么东西掉了? 谁帮她找到?

还有什么掉了? 谁捡到的?

还有……

(2)学习并创编小动物的语言,尝试表演小动物和女巫之间的对话。

指导语:刚才你们都看懂了这个故事,现在我们仔细地看一看。

小花狗把帽子还给女巫,看到了女巫的扫帚,它也想怎么样?

小花狗为什么想坐上扫帚呀?

小花狗想坐上女巫的扫帚,它会怎么夸自己让女巫同意它坐上扫帚呢? 我们一起来学一学小花狗。女巫说:"坐得下、坐得下。"

假如你是这只小翠鸟你会怎么夸自己?

现在你们是小青蛙,我是女巫。夸得好,我让你们坐上我的扫帚。

(3)教师引导幼儿讨论"龙",引出后面故事情节。

指导语:这是一条什么样的龙?

3. 教师引导幼儿阅读绘本后半部分故事。

(1)幼儿自主阅读绘本后半部分。

指导语:女巫有没有被吃掉呢? 请小朋友们打开夹子看一看,把夹子放在后面的书袋,从先前夹子夹的地方继续看。

（2）观看PPT,集体讨论"龙",引出后面故事情节。

指导语:女巫有没有被吃掉,谁救了女巫?

小动物们怎么救女巫的?

假如你是女巫,你会说什么魔法咒语?

这把扫帚神奇吗? 哪里神奇?

4.师幼完整阅读绘本,进一步感受绘本的诙谐、幽默。

指导语:这个故事好玩吗? 我们一起来看一看。

附故事:

女巫有一只猫,有一顶很高的尖尖帽,金黄色的长辫子垂在她的后脑勺。她们骑着魔扫帚,一路迎着风飞跑。猫咪开心得喵喵叫,女巫也抿嘴咪咪笑。可突然,一阵狂风吹来,把女巫的帽子给吹掉。女巫急得哇哇喊,猫也跟着呜呜叫。"下去!"女巫一声大叫,魔扫帚降落到地面上。她们找啊找啊找啊找,可连帽子的影儿也没看到。

忽然,什么东西从矮树丛里噼噼啪啪往外跑,跑出来的是只小花狗,嘴里就叼着女巫那顶尖尖帽。小花狗轻轻把帽子放下,接着就急急地开了腔:"我是一只小花狗,聪明伶俐人人夸。像我这样一只狗,扫帚上可否坐得下?""坐得下。"女巫说。小花狗马上爬上扫帚,女巫拍拍扫帚,呜——他们就飞走了。

飞过森林,飞过稻田,大家一路嘻嘻哈哈,大风呼呼迎面吹,小狗高兴得摇尾巴。女巫哈哈大笑,可把帽子抓得牢,谁料到,这次却把蝴蝶结给吹掉。"下去!"女巫一声大叫,魔扫帚降落到地面上。他们找啊找啊找啊找,可连蝴蝶结的影儿也没看到。

忽然树上传来一声鸟叫,飞下来一只小翠鸟,蝴蝶结就叼在它的嘴角。小翠鸟把蝴蝶结轻轻放下,深深鞠躬把话讲:"我是一只小翠鸟,翠绿羽毛人人夸。像我这样一只鸟,扫帚上可否坐得下?""坐得下。"女巫说。小翠鸟马上飞上扫帚,女巫又拍拍扫帚,呜——他们就飞走了。

他们飞过芦苇,飞过小河,大家一路嘻嘻哈哈。大风呼呼迎面吹,小鸟乐得吱吱喳。他们飞到了很远很远的地方。女巫把蝴蝶结抓得牢,这次却掉落了魔棒。"下去!"女巫一声大叫,魔扫帚降落到地面上。他们找啊找啊找啊找,可连魔棒的影儿也没看到。

忽然从池塘里跳出一只湿嗒嗒的小青蛙,青蛙手里拿着一根魔棒,魔棒也是湿嗒嗒。小青蛙把魔棒轻轻放下,礼貌地开始呱呱讲:"我是一只小青蛙,讲究卫生人人夸。像我这样一只青蛙,扫帚上可否坐得下?""坐得下。"女巫说。小青蛙马上跳上扫帚,女巫又拍拍扫帚,呜——他们就飞走了。

他们飞过沼泽,他们飞过群山,飞到了很远的地方。青蛙乐得蹦蹦跳。可突然咔嚓一声,魔扫帚一下子断成了两半。猫啊、狗哇、还有青蛙,连同半根魔扫帚,他们一个一个倒栽葱,掉进了一个烂泥潭里头。女巫和另外半根魔扫帚却越飞越高。忽然,云中传来一声咆哮,女巫的心扑通扑通直跳……"我是一条大恶龙,恶得不能再恶。我要拿女巫加上土豆条当作点心吃了。""不行!"女巫大叫,飞得更高。大恶龙紧紧跟在她后面,并喷出火舌去把她烧。"救命啊,救命!"女巫叫着,降落到地面上。她往东瞧瞧,往西看看,看来不会有人来救她。

　　这时,从泥潭里冒出一个怪物。这个怪物浑身黏糊糊,又高又大。他有四个吓人的脑袋,身上又是皮毛又是羽毛。说起话来那声音又是汪汪、又是喵喵、又是呱呱还会叽叽喳喳叫,听了让人直起鸡皮疙瘩。怪物大摇大摆地从泥潭里走上来,身上的泥浆还在往下掉,走起路来咕叽、咕叽、咕咕叽叽。他对着恶龙怒吼道:"滚开! 别碰我的女巫!"大恶龙吓坏了,他结结巴巴地说:"对不起,都是我的错。我这就走,这就走!"说完,张开翅膀,腾空开溜。这时,从最上面飞下来一只小鸟,接着跳下来一只青蛙,再接着爬下来的是那只猫,小花狗在最底下。"哦,谢谢,谢谢你们!"女巫满心欢喜,"如果没有你们,这会儿,我已经到了恶龙的肚子里。"

　　女巫生上火,支好了锅,她神秘地笑了笑说:"你们各去找一样东西放进这口锅。"小青蛙拿来一朵大百合,小猫拿了一个松果,小鸟衔来一根树枝,小狗叼来了一根骨头。他们把这些东西统统放进这口锅。女巫把它们搅啊搅,搅来又搅去,她一边搅一边念咒语:"米哩嘛哩哄!"变出来的东西世间真少有——一把非同寻常的魔扫帚。它有三个座位,分别给女巫、小狗和小猫,给青蛙一个淋浴器,给小鸟一个舒适的巢。"上去吧。"女巫叫道。他们爬上扫帚,一个挨一个,排排都坐好。女巫拍拍扫帚,呜——他们就飞走了。

(案例提供:南京市游府西街幼儿园)

213

案例分析	《女巫扫帚排排坐》
全语言理念体现域	具体体现
整合的、渗透的	将社会情感领域的内容渗透在语言领域的活动中,幼儿在语言学习的过程中体会相互帮助的美好情感。
随时的、无处不在的	前半部分情节重复,特别是小动物和女巫之间的对话非常有趣,尤其是小动物介绍自己的语言,儿歌的形式,重复而朗朗上口,孩子们很喜欢模仿,对幼儿文学语言的获得很有帮助。
平等的、开放的	关于"龙"的讨论,使幼儿体验到和同伴一起交流、表达的乐趣。
探索的、创新的	阅读活动展开之前,教师引导幼儿自主阅读绘本前半部分,了解故事情节,并猜测接下来可能发生的事情。
活动的、操作的	学习并创编小动物的语言,尝试表演小动物和女巫之间的对话,对幼儿语言操作是一种锻炼。

6. 最强大的勇士

设计意图

　　这本图画书表达了一种观点——最强大的勇士不是身体强健、表情凶悍、身材高大的巨人,也不是吼声惊人的动物,而是具有怜悯之心、善良的弱小老太太。最强大的勇士是不需要用王冠来证明自己的。希望通过教师的引导幼儿可以认识到价值观是多元的,你可以拥有自己的价值观,也可以接纳同伴、教师的价值观,通过活动希望幼儿可以积累更多看问题的角度。

活动目标

　　1. 尝试理解故事情节的线索,学习书面语言"号啕大哭、俯视、咆哮"等。

　　2. 通过猜测、编构、表达、翻页、交流、倾听感知和理解故事情节。

　　3. 通过阅读,初步理解"最强大的勇士是不需要戴王冠的"这句话的意义。

活动准备

　　1. 活动前通过交流,让幼儿对"勇士"建立初步的看法。

　　2. 绘本故事PPT。

　　3. 幼儿人手一本图书,图书用小夹子夹住"巨人把动物夹住"后边的部分。

活动过程

　　1. 教师引导幼儿通过讨论引入图画书的主要线索。

　　(1)教师引导幼儿回忆已有经验,交流对"勇士"的看法。

　　指导语:今天我们要讨论关于勇气的话题,你觉得自己勇敢吗? 为什么?

　　　　　　你觉得身边谁最勇敢? 他做了什么勇敢的事情?

　　(2)教师引导幼儿通过对图画书封面的阅读,初步理解故事的线索。

　　指导语:森林里也有一个关于谁是勇士的讨论,你觉得这三个动物谁可以做勇士? 为什么?

　　2. 幼儿自主阅读图书的前半部分。

　　指导语:那么到底谁是"最强大的勇士"呢? 请你把后面的书拿出来,看一看,看到小夹子的地方就可以。

　　3. 教师引导幼儿细致理解故事内容,积累相应的表达词语。

　　(1)教师引导幼儿阅读图书第2~4页。

　　指导语:读一读石头上的字,你觉得这个王冠怎么样?

　　　　　　三个动物都想戴这个王冠,如果你是其中一个动物,你会怎样说服另外两个动物给自己戴王冠?

　　　　　　正在他们争执的时候谁来了? 会发生什么事情?

（2）教师引导幼儿阅读图书第5页。

指导语：动物们是怎样吓唬老太太的？学一学他们的样子。老太太怎么样了？

　　　　动物们的争论有结果吗？

（3）教师引导幼儿阅读图书第6～8页。

指导语：就在他们争执不下的时候，你们有什么发现？他可能会是谁？

　　　　巨人是怎样对待动物的？动物们心里会怎么想？学一学动物的样

　　　　子。用什么词语形容一下现在的动物？

（4）教师引导幼儿阅读图书第9～12页。

指导语：看看这幅图，你认为发生什么事情了？

　　　　看看你们猜得对不对。

（5）教师引导幼儿阅读图书第10页。

指导语：你感觉这个时候的巨人怎么样？

　　　　接着会发生什么事情呢？

　　　　它们为什么把王冠放回到石头上？

4. 完整欣赏图画书，理解：真正的勇士是不需要戴王冠的。

指导语：完整听一听故事，听完后说说，他们为什么都不要王冠了？

原来真正的勇士是不需要戴王冠的！

附故事：

最强大的勇士

庆子·凯萨兹

　　在寂静的森林深处，一顶金色的王冠静静地躺在一块大岩石上。

　　一天，三个动物发现了这顶王冠。"谁捡到就归谁！"熊大喊，"王冠是我的。""没门儿，"大象说，"是我先看到的！""等一下，伙计们。"狮子说，"石头上刻着字呢，写的是给'最强大的勇士'。哦，那好吧，"狮子说着，把王冠抓过来，"很明显喽，这王冠是我的。"

　　"不，不是你的，"熊说，"我才是最强大的勇士。"

　　"都给我靠边站，"大象说，"把我的王冠还给我。"

　　三个动物就这样争论不休。突然，狮子看到远处走过来一个瘦小的老妇人。"听着，"狮子小声说，"让我们来了结这件事吧。我们每个人都来吓一吓那个老太婆。她最害怕谁，这顶王冠就归谁。"

　　"听上去还算公平。"其他两个动物同意了。

　　他们藏在灌木丛后面，焦急地等待那个老妇人走近。当她终于走到灌木丛边的时候……

狮子先跳了出来。

"嗷——嗷——"

"啊呀,我的天呐!"瘦小的老妇人喊起来,"你把我的魂都吓飞啦!"接着熊也跳出来。

"呃——呜——"

"啊呀,我的天呐!"瘦小的老妇人喊起来,"你把我的魂都吓飞啦!"最后轮到大象了。他深深地吸了一口气,然后……

"叭——呜——"

"啊呀,我的天呐!"瘦小的老妇人喊起来,"你把我的魂都吓飞啦!"没有办法搞清楚老妇人最怕他们当中的哪一个。

"我的嗷嗷,把她吓得一蹦三尺。"狮子自夸道。

"我的呃呜,把她震得浑身发抖。"熊咆哮道。

"我的叭呜,把她吹得无影无踪。"大象大吼道。

他们都忙着争论,谁也没有注意到身边又来了一个家伙。突然,这个无比高大的巨人凌空对他们三个喊道:"去你们的嗷、叭、呜!我才是世界上最高大、最狠毒、最强壮的勇士。把那顶王冠给我!"

巨人把王冠戴在头上,然后把三个动物一股脑儿夹到胳膊下面。

"我要证明给你们看,我才是最强大的勇士。"巨人咆哮着,"我要把你们统统丢下悬崖!""救命!有人吗?救救我们呐!"三个动物号啕大哭起来。

可是现在谁能救他们呢?

就在此时,传来一声尖叫——"小志!"

巨人被吓得跳到半空,丢开动物,一屁股摔在地上。

站在世界上最高大、最狠毒、最强壮的巨人面前的,不是别人……正是那个瘦小的老妇人。她把巨人的魂都吓飞啦!"小志!"老妇人喊道,"我告诉你多少次啦,不要欺负可怜无助的动物。"

"嗯,嗯,很多次啊,妈妈。"巨人呜咽着说,"我再也不敢了。真的,妈妈,我保证。""那好吧,小志。"老妇人说,"听你这么说我很高兴。"

三个动物简直不敢相信他们的眼睛。他们从巨人头上拿过王冠,把它郑重地戴在老妇人的头上。

"这顶王冠是属于您的,夫人!"大象说。

"啊呀,我的天呐!"瘦小的老妇人不好意思地说,"真是不敢当呢!""可是……"老妇人说,"我真的不需要这个,还是把它放回你们找到它的地方吧!"

"放回去?"他们齐声问道。

"是啊，"瘦小的老妇人说，"我有一顶小帽子，足够啦。"

小志和三个动物都无比钦佩地注视着她。原来，最强大的勇士根本不需要戴王冠！

他们离开了，森林重归寂静。

金色的王冠静静地躺在石头上，就像从前一样。

（案例提供：南京市游府西街幼儿园）

案例分析	《最强大的勇士》
全语言理念体现域	具体体现
整合的、渗透的	幼儿在学习语言知识的同时，可以积累更多看问题的角度。一个人可以拥有自己的价值观，也要接纳同伴、教师的价值观。
应用的、有需求的	幼儿对"强大"总是有着膜拜的心情，但是什么才是真正的"强大"，怎样才能变得"强大"是幼儿需要而且应该知道的。
整体的、平衡的	学习"号啕大哭、俯视、咆哮"等书面语言体现了对口头语言与书面语言的平衡发展的重视。
活动的、操作的	猜测、编构、表达、翻页、交流、倾听，进行感知和理解故事，各种活动方式使幼儿有充分的机会操作语言。

7. 米格爷爷的鞋匠铺

设计意图

新年快要来临的时候，每个人都会有礼物和祝福，可是有一个人却连一双鞋子都没有。在寒冷的冬天，小约翰赤着脚，拿着身上仅有的三个银币，要给妈妈做一双新鞋子，这个情节本身就有感人至深的魅力，因为对于今天生活幸福、衣食无忧的孩子来说，这样的情节几乎是不可思议的。教师综合运用教学手段，引导幼儿走进作品，感悟作品中传递的爱与善良的种子，知道"快乐是和朋友在一起""快乐是你帮我来我帮你""快乐还是学会说谢谢"。

活动目标

1. 在逐幅图的阅读中感受图画书的情节线索，尝试用自己的语言表述图画书的内容。

2. 通过寻找"快乐的秘密"对图画书的情感价值进行深入的探讨和分析。

3. 感受图画书中传递的"帮助别人和被别人帮助都是快乐的"，利用现实场景体验说"谢谢"给自己带来的愉悦。

活动准备

1. 教师制作PPT。

2. 幼儿人手一本图书，图书放入椅背后的图书袋中。

活动过程

1.教师引导幼儿通过对图画书封面的信息分析解读故事发生的背景,引出活动。

指导语:猜猜今天要讲述什么故事。

这个故事发生在我们周围吗?

这个老爷爷在干什么? 卖鞋的店铺,叫作鞋匠铺。

2.教师出示图2,猜测故事内容,幼儿自主阅读图书。

指导语:这个小朋友叫作约翰,小约翰长得什么样? 他来鞋匠铺干什么?

请小朋友拿出书袋里的图书,看一看,轻轻地和好朋友说一说。

教师在幼儿自主阅读时,关注幼儿的阅读习惯,鼓励幼儿两两讨论、交流故事内容。

3.教师引导幼儿完整观看PPT,在边读边讲中进一步感知理解图画书的内容。

指导语:鞋匠铺里发生了什么故事?

我们一起来看一看这本书。

(1)教师引导幼儿观察图2。

指导语:这是什么? 谁会用好听的词句,说一说这些漂亮的小鞋子。

(2)教师引导幼儿观察图3、4。

指导语:小约翰来鞋匠铺干什么? 你怎么看出来是给妈妈买鞋子?

他会怎么说?

为什么小约翰不给自己买鞋子?

(3)教师引导幼儿观察图5~7。

指导语:爷爷是怎样做鞋子的? 谁会把做鞋子的过程表演给大家看。

(4)教师引导幼儿观察图8、9。

指导语:爷爷做好了约翰妈妈的鞋,故事结束了吗?

小老鼠、小蚂蚁在干什么?

它们是怎么合作做鞋的? 谁能完整地说一说。

(5)教师引导幼儿观察图10~12。

指导语:圣诞节到了,小约翰收到了鞋子,心情怎样? 他会对爷爷说什么?

4.教师带领幼儿完整阅读图书。

指导语:我们一起来从头到尾说一说这个故事。

5.教师用PPT引导幼儿用"快乐是……"的核心话题,进行对作品主题的进一步挖掘和理解。

指导语：在鞋匠铺里有着许多快乐的秘诀，小朋友你们发现了吗？

秘诀一　快乐是……和朋友在一起。重点探讨和朋友在一起可以做哪些快乐的事情。

秘诀二　快乐是……你帮我来我帮你。重点探讨作品中谁帮助了别人和怎样帮助的。

秘诀三　快乐是……学会说谢谢。重点探讨谁在说谢谢。（约翰、妈妈、老爷爷、小老鼠、小蚂蚁、小鞋子。）

总结：会说谢谢的人能快乐一辈子。

在我们的周围，你想对谁说谢谢？

（案例提供：南京市游府西街幼儿园）

案例分析	《米格爷爷的鞋匠铺》
全语言理念体现域	具体体现
整合的、渗透的	将社会情感领域的内容渗透在语言领域的活动中，幼儿在语言学习的过程中体会相爱与善良的美好情感。
应用的、有需求的	生活在物质条件优越的现代社会的幼儿对书中的生活背景是比较陌生的，在活动开展之前可以组织幼儿观看一些影视作品，给予幼儿一些相关经验。
平等的、开放的	通过寻找"快乐的秘密"对图画书的情感价值进行深入的探讨和分析，充分激发了幼儿的表达意愿。
探索的、创新的	教师引导幼儿用"快乐是……"的核心话题，对作品主题进一步挖掘和理解。

8. 彩虹色的花

设计意图

绘本《彩虹色的花》，是一个很有意境的故事，故事传递了许多情感，有奉献、有感恩、还有重生的喜悦。教师在活动中，不只是引导幼儿读绘本，理解故事内容，而是综合运用PPT色彩的变化、音乐气氛的烘托、动作体验等手段，带幼儿走进绘本的世界中。幼儿为小花自我奉献的精神而感动，为小花在雪后的新生而欣喜。

活动目标

1.通过排图、对于故事情节不断完善的过程，理解作品的逻辑线索与情感基调。

2.通过动作表演、参与讲述，表达自己对作品的理解。

3.在动作表演时，能注意控制自己动作的幅度和与同伴的关系，不破坏表演的气氛。

活动准备

1.把绘本《彩虹色的花》做成PPT。

2.音乐《圣母颂》。

3.线索图片(把绘本的1、2、4、6、8、10、12页印成图片)。

4.幼儿人手一本图书(图书用夹子夹住彩虹色花枯萎后的部分)、书袋。

活动过程

1.教师出示图书,幼儿自主阅读。

(1)教师出示图书,引导幼儿观察封面,进行想象。

指导语:今天老师给你们带来了一本非常漂亮的书,你们看,这是一朵什么样的花?对,这本书的名字就叫作《彩虹色的花》,请你们自己一页一页地看一看,一直看到有小夹子的地方。

(2)幼儿自主阅读,教师个别指导。

指导语:看完的小朋友请把书合起来,放回书袋里。

2.教师引导幼儿用排图的方法,感知理解故事线索。

(1)教师出示图片,引导幼儿进行排图。

指导语:刚才我们通读了一遍图书,谁来把这些图片按顺序排一排?

(2)教师引导幼儿讲清自己在排图中使用的策略。(图片隐含的变化线索:花、季节、色彩、天气……)

指导语:你为什么要这样排?

我们从头到尾看一看这些图片,你发现有什么在变化?怎么变的?(彩虹色的花在变化,花瓣在变少;土地的颜色在变化,越来越深;天空的颜色在变化,越来越暗。)

3.教师演示PPT,完整讲述故事的前半部分。

指导语:故事的结尾会怎样?

我们一起来听一听这个故事。

4.教师讲述到"天空越来越暗,传来阵阵雷声。大风把最后一片花瓣也刮走了。彩虹色的花慢慢凋零,枝干也折断了,但她仍然静静地站在那儿。"营造表演情景,引导幼儿用动作表现"雪花拥抱彩虹色的花"。

(1)教师引导幼儿用动作表现"彩虹色的花"。

指导语:这时彩虹色的花是什么样子的?谁来表演一下?

(2)教师引导幼儿用动作表现"雪花"。

指导语:小雪花们是怎样轻轻盖在小花身上的?为什么这样做?

(3)教师播放音乐,幼儿集体表演"雪花拥抱彩虹色的花"。

指导语:我们一起来当小雪花,好吗?

5.教师引导幼儿表达自己的感想。

指导语:这个故事给你什么样的感觉?你喜欢彩虹色的花吗?为什么?

1.在活动后教师可以让幼儿用画画的方式,展示故事中自己最受感动的情节,相互交流。

2.在表演角可以用故事做剧本,引导幼儿进行表演。

(案例提供:南京市游府西街幼儿园)

案例分析	《彩虹色的花》
全语言理念体现域	具体体现
整合的、渗透的	将社会情感领域的内容渗透在语言领域的活动中,幼儿在语言学习的过程中体验奉献与感恩的情感。
应用的、有需求的	"通过排图、对于故事情节不断完善的过程,理解作品的逻辑线索与情感基调",这个目标对于幼儿来说过难,幼儿无法达到这个目标。
整体的、平衡的	综合运用课件色彩的变化、音乐气氛的烘托、动作体验等活动方式开展语言学习活动。
活动的、操作的	在动作表演时,能注意控制自己动作的幅度和与同伴的关系,不破坏表演的气氛,这是同伴相处中交际语言的操作的锻炼。

9. 棒棒天使

设计意图

生活中处处有"相反",你能找到它们吗?大小、高矮、胖瘦、长短等,真是越找越有趣。当你引领孩子们阅读图书名字"天使"的时候,就激发了他们对"天使"的快乐愉悦联想。在设计中,突出图书当中的"天使般快乐",在这样的基础上读出"相反",找出"相反",继而扩大到孩子们的生活中去寻找:在你们的周围你能找到哪些"相反"呢?

活动目标

1. 在感知作品"天使"般的乐趣中寻找"相反"。

2. 在质疑、阅读、游戏中不断感悟、体验和表达。

3. 能有意识地寻求自己理解的"相反"。

活动准备

1.生活中相反事物的图片。

2.《棒棒天使》大书1本、小书每人1本。

3.动画《棒棒天使》。

活动过程

1. 寻找生活中的"相反"。

(1)出示准备好的图片,请幼儿找找图片中的"相反"。

教师仔细、认真地看过图片后提醒幼儿:哎呀,我发现这些图画中有许多有趣的地方呢?

当有幼儿找出图画中的"对应"时,引导幼儿们说出它的趣在于"相反"。

(2)再次寻找图片中更多的"相反"。

当孩子再次找出图画中更多的"相反"时,出示相对应的汉字。

(3)在两位同伴身上寻找有趣的"相反";在自己的身上寻找更多的"相反"。

当孩子从图画找到自己身上的"相反"时,再次用汉字引领孩子进行符号的迁移和表达。

2. 在读出图书"天使般快乐"中体验出"相反"。

(1)阅读封面:什么是天使?

①出示大书,让孩子读出书名,引发交流,什么是天使?

②延伸、拓展孩子对天使的感悟:神仙、在天空中、有一对翅膀、快乐、爱……

(2)完整欣赏《棒棒天使》。

师生共同阅读:幼儿翻小书,教师翻大书。

①翻开大书,用"天使般的语气"完整读书给幼儿听。

指导语:这本书中藏着许许多多的"相反",找一找哦!

教师在读书过程中,不时神秘地提醒幼儿:藏在哪里? 但是,一定不要停下阅读来提问。

②在读完了图书后,集体探讨。教师点击 PPT,让孩子说出自己找到哪里藏着"相反"。

3. 游戏:"相反"国。

(1)玩法:出示相应的图画,孩子用语言、动作、声音表达与之"相反"。

(2)教师:再见了;幼儿:不再见。老师带着诙谐的表情离开了,小朋友这才恍然大悟:这个"再见"是活动结束的"再见"。

活动延伸

指导语:我们生活的周围,教室里、花园里、家里你能找到有哪些东西是相反的呢?

(案例提供:南京第一幼儿园)

案例分析	《棒棒天使》
全语言理念体现域	具体体现
随时的、无处不在的	通过故事理解"相反"的概念,再回到生活中寻找"相反",语言学习无处不在、无时不在。
应用的、有需求的	生活中处处有"相反",这对幼儿来说真是一件有趣的事情,通过有趣的故事理解"相反"的概念,符合幼儿的学习需求。
整体的、平衡的	将"相反"的概念理解渗透在图书《棒棒天使》的阅读活动中,但是整个活动将重点放在"相反"的认知与操作上,丧失了阅读的本质意义。
活动的、操作的	"相反"国的游戏给予幼儿充分的操作语言的空间。

10. 我砍倒了一棵山樱花

设计意图

童年,像一幅迷人的画,勾勒出我们心底多少动人有趣的故事;童年,又像一首婉转悠扬的短笛,奏出了多少人心底那纯洁美好的幻想;童年,更像一束绚丽的茉莉,儿时的欢笑像茉莉散发出的醉人的芳香,朵朵洁白的花瓣就仿佛是一件件回忆。当我们翻开图画书《我砍倒了一棵山樱花》时,它把我们带进了童年的回忆……

书中作者向孩子们介绍了自己的家乡和童年。村子里为了防洪,种植了很多山樱花。那时的生活和现在完全不同,吃什么,玩什么,看到的景观和世界,都和现在城市里的孩子迥然不同。木匠阿发叔送给"我"一个木头小汽车,但是没有轮子。于是"我"就砍倒了一棵小山樱花,给车子装上轮子,一度成为村里最风光的小孩。很多年过去了,山樱花遍野,村子成了旅游胜地。而在漫山遍野的山樱花中,有一个小小的缺口,那就是"我"当年的家。

作者是台湾的刘伯乐,他在创作本书时40岁出头。书中蕴含了一位中年人的含蓄的深刻的情怀,他的语气中流露出来深藏的愧疚。这些是否能被如今的孩子们所理解?

于是教师用玉米串起"我小时候"和现在孩子们的生活,找到我们可以共同"聊"的话题,激活幼儿已有的认知经验。从诸多的活动价值点中切取本次活动的价值点,那就是"我小时候"吃过的东西,玩过的玩具……用来感知,用来体验,用游戏的一种方式来阅读,以此引导幼儿读图的能力。另一种方面引导幼儿通过质疑、讨论、交流、了解"砍倒山樱花"的原因。教师没有做过多的表态,而是预留了足够的空间让幼儿去思考,去讨论,去交流。

活动目标

1. 有兴趣阅读并理解"我小时候"的故事。

2. 在讨论、质疑交流的过程中了解"砍倒山樱花树的原因"。

幼儿园早期阅读活动

3. 知道一本书可以一直一直读下去,丰富相应的词汇和语言。

活动准备

PPT《我砍倒了一棵山樱花》、配套 DVD《我砍倒了一棵山樱花》、大书一本。

活动过程

1. 将幼儿带进"我小时候",了解"我小时候"吃过的刺莓、百香果、玉米。

(1)指导语:今天,老师要讲一个自己小时候的故事。老师也有和你们一样的小时候呢! 想听老师小时候的故事吗? 对了,故事得先从我小时候吃过的东西开始。

(2)运用 PPT 资料,教师与幼儿观看并了解刺莓、百香果的样子。

出示刺莓、百香果、山樱花。

你们吃过它们吗? (再出示相应的图像)

指导语:你们现在吃过它们吗? 怎么吃?

教师再出示玉米图片,请幼儿用身体当作火,老师在"火"上烤玉米,香香地一口吃下去,用动作帮助幼儿体验。

(3)指导语:我小时候的故事很多。想知道我小时候怎么吃野生的刺莓、百香果的吗? 就在这一本书里呢!

2. 师生共同阅读《我砍倒了一棵山樱花》,重点关注"我小时候的故事"。

(1)教师出示图书,和幼儿一起念出书名。提示幼儿注意书名,并一起来理解书中的"砍倒""山樱花"。

(2)指导语:好,我的故事开始了。

教师用一种深情回忆的语调和情感读书给孩子听。

(3)第 2~3 页:我的家在这个小村庄。这,就是我小时候住过的地方。山清水秀,道路弯弯曲曲。

(4)第 4~5 页:全村的人都在马路的两边种上山樱花。我呢,也在我家的后院种上了一排小树苗。

(5)重点引导幼儿看图:引导幼儿看书第 6~8 页,看看我小时候是怎么玩的。观察图画中人物的细节。如眼睛、衣服、手、声音、心情等。

"我"小时候吃什么? 怎么吃? 观察人物动作细节。如怎么摘,怎么掰? 怎么闻?

百香果长在很高的树上,摘的时候,要几个人合作,搭成梯子一样,才能摘到。两手握在一起,使劲捏。还是没捏开。放在两腿的中间,使劲儿"掰"。

小结:我的童年充满了乡村味道的快乐!

(6)指导语:有一件事是我小时候做的事情,现在我非常的后悔。那时⋯⋯

教师从第 16 页开始讲起,到有一天⋯⋯结束,引发幼儿讨论。

3. 教师指图讲解。

指导语:许多年过去了,家乡的山樱花长成了大树。每棵树上开满了樱花,满山遍野美极了!

"我"家在什么地方呢? 我们在图画书中找一找。

你们看,在这儿,花海中光秃秃的缺口,就是"我"的家。小时候为了给玩具车装上四个轮子,"我"砍倒了一棵山樱花。

4. 再次感受"我小时候"的故事。

现在我就带你们到我的家乡去看一看,放DVD《我砍倒了一棵山樱花》。

5. 结束。

指导语:小时候的故事可多呢! 关于吃的、玩的、唱的……

还有关于猎人、穿山甲、滑板、采花……好多好多的故事呢! 这本书
还有很多很多要再一次、再一次地读呢!

活动延伸

1. 幼儿收集自己小时候的东西。

2. 整理:在展览室内进行《成长宝盒博览会——我小时候的故事》展览。

(案例提供:南京第一幼儿园)

案例分析	《我砍倒了一棵山樱花》
全语言理念体现域	具体体现
随时的、无处不在的	可以在活动之前请幼儿采访自己的爸爸、妈妈的童年是什么样子的,在获得相关经验的基础上会更加容易接受所要学习的内容。
应用的、有需求的	语言学习内容的选择要以幼儿的需要为本位,活动中的文本是一个40多岁的中年人眼中的童年,年龄接近的教师可能比幼儿更容易产生共鸣,但不一定是幼儿所需要的。
平等的、开放的	引导幼儿通过质疑、讨论、交流、了解"砍倒山樱花"的原因,教师没有做过多的表态,而是预留了足够的空间让幼儿去思考,去讨论,去交流。
活动的、操作的	阅读活动的最后可以鼓励幼儿大胆谈一下自己的阅读感受,如,如果我是故事的主人公,我会不会去砍樱花树,给予幼儿更多的语言表达的机会。

11. 小鲸游大海 1

设计意图

抹香鲸这种生长在海洋里的动物离孩子实在是太遥远了。如何把它拉到孩子的面前,让孩子亲近它,将它看个仔细,与它一起嬉戏,体验海洋里又冒险又快乐的生活呢?用图书来呈现当然是再好不过的过程,就是幼儿与小抹香鲸一起成长的过程。最令人感动的是故事中传达出来的浓浓的母爱。小抹香鲸的妈妈温柔地教给小抹香鲸各种知识,喂小抹香鲸吃奶,在小抹香鲸累了的时候,让他躺在

她的手掌上，然而除了慈爱以外，妈妈也有严厉的一面。当大乌贼将小抹香鲸捆住的时候，妈妈并没有急于救助，而是在旁边看着小抹香鲸，希望他能在这次搏斗中吸取经验，把这次搏斗当成是一次良好的学习机会。最后，当小抹香鲸支持不住的时候，妈妈才冲出去赶走大乌贼。

大班的幼儿对于海洋生物有一定的了解，对于鲸的外形特点有一定的认识，但对于鲸的生活习性还缺乏一定的了解。例如：鲸属于哺乳动物，它是喝妈妈的奶水长大的，这些还需要进一步去探究。

[活动目标]

1. 阅读了解鲸鱼的生态环境。

2. 初步认知有关海洋的词汇词义。

3. 尝试通过前书写来记录老师的指示语言。

[活动准备]

1. 布景图、图画书（每人一本）、背景音乐。

2. "海岛、浅海、陆地、港湾、深海、鲸鱼、海风、海水、海底"的字卡。

[活动过程]

1. 了解海洋中最大的动物。

(1)指导语：你知道的最大的动物是什么？

出示5匹马，2头象，在小抹香鲸的肚子里放一放，让幼儿感受鲸鱼体积的巨大，然后再在布景图上演示小抹香鲸钻到妈妈肚子下面吃奶。

(2)指导语：这么大的动物，还是刚刚生下来要吃奶的鲸鱼宝宝！

过渡语：我们今天要讲的故事发生在大海里，故事的主人公是它们。

教师出示抹香鲸和小抹香鲸图片和字卡"鲸鱼"。

在进行到这一环节时，教师要充分让孩子讲述他知道的有关抹香鲸的知识，并尽量让孩子说出抹香鲸的故事来。

2. 最大的动物抹香鲸和它的家。

(1)介绍两条鲸的名字：妈妈叫"抹香鲸"，宝宝叫"小抹香鲸"。

指导语：我们跟着它们到大海里去游一游、瞧一瞧。

教师边讲边出示相应的汉字卡和图片放在背景图上。同时，可以提出一些引起孩子质疑的问题。如，鱼是不能上岸的，抹香鲸是鱼，不能游上岸。

(2)教师用大书（或PPT）讲述故事前半段。边讲边在相关的位置出示相关词卡，比如"海岛""浅海"等。边出示边与孩子展开讨论：海洋里有海岛？什么是海岛？等等。让孩子用绘画、集体语言讨论的方式展开活动。还可以让孩子用肢体语言表达自己的理解。

（3）出示字卡：浅海。

指导语：浅海里有好多小鱼在游玩，请你们也来做小鱼好吗？

这时，幼儿做场景。请幼儿双手合起来，做小鱼游。教师拿下抹香鲸和小抹香鲸在幼儿间游一游。

3. 让图书"动"起来。

（1）在音乐声中，教师继续有声有色地朗读故事《小鲸游大海》的上半部分。

（2）幼儿在音乐、故事朗诵声中自然地用身体语言来"演讲"。

活动延伸

1. 请家长与孩子收集大量有关海洋的知识资料。

2. 将大家收集的资料进行展示、交流。

3. 在班级布置有关海洋的展板。

案例分析	《小鲸游大海》
全语言理念体现域	具体体现
整合的、渗透的	将科学领域的知识渗透进语言领域中，让幼儿在语言学习中获得更多的海洋生物的知识。
随时的、无处不在的	小抹香鲸的成长过程充满了妈妈对它的爱，幼儿由此会联想到自己的成长和小抹香鲸是一样的，实现了间接经验与直接经验的连接。
应用的、有需求的	海洋生物抹香鲸对幼儿而言十分陌生，但是这丝毫不影响幼儿对它的认知兴趣，以一种幼儿能够接受的方式向幼儿介绍这种神奇的生物是幼儿所需要的。
整体的、平衡的	初步认知有关海洋的词语以及词义，使幼儿不局限于日常口语学习。

12. 小鲸游大海 2

设计意图

围绕"细节"展开，复习上次活动中的海洋、海洋动物的知识，带着问题自主阅读故事的后半段（细节故事），主要和孩子们一起谈论细节：妈妈爱孩子吗？

活动目标

1. 仔细阅读，读出小抹香鲸与妈妈的故事。

2. 能用绘画的方式做记录。比如记下老师的问题与自己的解答。

3. 感受鲸鱼妈妈对宝宝深深的、浓浓的爱。

活动准备

背景音乐、大书（动画）、人手一本小书、图画纸、水彩笔等。

活动过程

1. 在故事录音营造的环境中进行故事表演。

(1)放故事CD(已经读过的前半段)。

(2)在与孩子充分欣赏后,让孩子用自己的肢体语言进行听录音表演。这一环节中,教师再次观察孩子对相关概念的理解和表达。如,抹香鲸、抹香鲸妈妈、鱼弟弟妹妹等。

2. 从书中读出了哪些"抹香鲸和它家的故事"。

(1)指导语:小抹香鲸渐渐长大了,四个月大的时候,妈妈决定带小抹香鲸去大海里到处游一游、学一学。

(2)教师神秘地翻开书中的每一页:这里讲述了小抹香鲸和妈妈的许多有趣的故事呢!要读出这些有趣,只要带着这样几个问题,你一定能发现海洋中的秘密呢!有4个问题,这么多的问题容易记漏掉,可以用什么方法记下来呢? 问题可以用文字、图画结合的方式来记录。

(3)指导幼儿用图画的方式记录一下问题,带着问题去阅读。

教师的问题:

①抹香鲸头上为什么会有白色的水柱?

②抹香鲸的弟弟和妹妹是小鱼吗?

③小抹香鲸学了哪些本领?

④妈妈在孩子遇到危险时为什么一开始不帮助小抹香鲸呢?

(4)请幼儿将图画纸一折为二,一半用红色水彩笔记录下问题,一半用蓝色的水彩笔记录下自己的"回答"。

(5)幼儿自主阅读,可以读小书,也可以读动画。

教师观察、了解孩子读懂了图书中的哪些内容,引领孩子再次阅读和体会、理解。

3. 谈论妈妈对小抹香鲸的爱。

(1)先请孩子谈谈自己不懂的地方,师幼共同进行交流。

(2)教师提出自己的想法:我觉得妈妈不爱小抹香鲸。你们说呢?

(3)完整欣赏故事。

教师和着音乐讲述故事,幼儿边听边翻阅图书。

温馨提示

家长朋友们:

下周,我们将与孩子一起阅读《小鲸游大海》。为使孩子能更好地读出书中"小鲸鱼与妈妈的母子情深",请与孩子一起进行如下的生活调查活动。

1. 你知道的鲸鱼是怎样的？（绘画、撕贴等）

2. 你还知道哪些有关海洋的知识？请孩子在调查后，用自己的方式进行书写。

调查途径	海洋知识

3. 调查的工具和途径：在书中、在网上查找；询问成人。

（案例提供：南京第一幼儿园）

案例分析	《小鲸游大海2》
全语言理念体现域	具体体现
整合的、渗透的	将社会情感领域的内容渗透在语言领域的活动中，幼儿在语言学习的过程中体会母爱的温暖。
平等的、开放的	在谈论"妈妈对小抹香鲸的爱"的环节，教师是先请幼儿发表观点之后，再共同谈论，表现出对幼儿的自主性的充分尊重。
探索的、创新的	鼓励幼儿带着问题自主阅读故事的后半段，给予幼儿充分的空间去探索。
活动的、操作的	用绘画的方式画出自己对问题的理解和不懂之处，之后再用语言表达出来，是一种非常适合幼儿的语言学习方式。

13. 变变变

设计意图

　　这是一本趣味性很强的书，很符合小班幼儿年龄的特点。整个活动教师通过变魔术游戏来贯穿，一页一页地翻，每一页都会出现不同的动物，而且还会和上一页重合,让幼儿在猜测过程中寻找快乐;再加入动作,幼儿能积极地投入到活动中,体验和同伴共同游戏的快乐。

活动目标

1. 根据图画内容进行想象、猜测动物,并大胆用语言表达出来。

2. 学说动词"跳、爬、扭、游",并用动作表现出来。

3. 积极参与到"变变变"的游戏中,体验和同伴共同游戏的乐趣。

活动准备

"绿宝宝"书一本。

活动过程

1. 以变魔术导入故事情境,激发幼儿学习兴趣,引导幼儿大胆猜测。

(1)出示图书,吸引幼儿注意。

指导语:小朋友们,你们喜欢看魔术吗? 今天老师要给你们变魔术,你们想不想看啊? 快把小眼睛闭上。变变变! 睁开小眼睛吧。看老师变出来什么啦? 原来啊,他叫绿宝宝,绿宝宝在跟你们问好!

(2)教师边讲故事边引导幼儿猜测。

指导语:今天天气真好,绿宝宝来到了山坡上(翻书),咦? 这是什么? 和它的颜色一样,也是绿色的! 你们猜猜它会变成什么啊?

到底变成谁了呢,我们把它变出来好不好? 变变变!(快快取下纸)

小青蛙,跳跳跳,小青蛙,跳跳跳,跳到池塘玩泥巴。(翻书)

小青蛙跳走了,绿宝宝又变了,(翻书)嗯,那会是什么呀?

猜了这么多,想不想知道到底是谁啊? 让我们一起说,变变变!

小乌龟,爬爬爬,小乌龟,爬爬爬,爬到沙滩晒太阳。(翻书)

啊? 小乌龟也爬走了,绿宝宝还会变成谁呢?(翻书)

那我们一起说什么? 变变变!(从左到右取下纸)是谁呀?

扭扭扭,我来啦,小朋友们好!

毛毛虫,扭扭扭,毛毛虫,扭扭扭,扭到树上吃树叶,咔吡,咔吡,咔吡咔吡咔吡,咔吡,咔吡,咔吡咔吡咔吡。

毛毛虫也扭走了,看,这里还有谁,到底会是谁呀?

想不想看一看,要说什么?

大鳄鱼看上去怎么样?

今天大鳄鱼笑眯眯的,跟小朋友们问好。

2. 教师引导幼儿学说"跳、爬、扭、游"等词。

指导语:绿宝宝这个小魔术师可真厉害,你们还记得绿宝宝刚刚都变成了哪些动物吗？它第一次变成谁啦？那小青蛙是怎么来到小山坡的呢？我们一起说。

指导语：小乌龟是怎么来的？我们大家一起说！

指导语：毛毛虫是怎么来的？请你说一说。

3. 幼儿模仿小动物进行游戏，进一步学说"跳、爬、扭、游"等词。

指导语：我们小朋友想不想当绿宝宝啊，那我们一起来玩"变变变"的游戏，好不好？绿宝宝第一个变的是谁呀？

指导语：那我说变变变，你们都变成小青蛙的样子，会不会？准备好了吗？变变变！我们一起说……

指导语：小青蛙跳走了，下面变谁啦？变变变。

指导语：变变变！一起说，小乌龟，爬爬爬，爬到沙滩晒太阳，暖暖的阳光照在身上感觉怎么样？

指导语：小乌龟爬走了，接下来变谁啦？变变变！毛毛虫，扭扭扭，扭到树上吃树叶，咔呲，咔呲，咔呲咔呲咔呲。

指导语：毛毛虫也扭走了，最后谁来了？（鳄鱼）

指导语：大鳄鱼，游游游，肚子空空吃小鱼，啊呜，啊呜，啊呜啊呜啊呜！

指导语：吃饱了吗？吃饱了游回自己位子上。

（案例提供：南京第一幼儿园）

案例分析	《变变变》
全语言理念体现域	具体体现
随时的、无处不在的	幼儿的语言学习无处不在、无时不在，教师应充分引导幼儿自主去说。
应用的、有需求的	整个活动教师通过变魔术游戏来贯穿，符合幼儿的内部需要，容易引发幼儿的学习兴趣。
平等的、开放的	让幼儿在猜测过程中寻找快乐，幼儿能积极地投入到活动中，体验和同伴共同游戏的快乐。
探索的、创新的	语言学习材料自身的创新性极大地满足了幼儿的好奇心与求知欲，幼儿在不断的猜测中探索语言。
活动的、操作的	根据图画内容进行想象、猜测动物，并大胆用语言表达出来，每一次猜想都是一次语言操作的真实体验。

14. 想吃苹果的鼠小弟

设计意图

绘本《想吃苹果的鼠小弟》融艺术性、知识性、趣味性于一体，综合性强，能较好地促进幼儿全面发展。首先,在这个愉快的故事中,出现了很多动物,每个动物都有它们的特长。孩子通过结合生活经验和观察画面不仅梳理了知识经验,而且同时在阅读中可以获得审美体验,知道"各有各的长处"。其次,绘本中简练重复的文字和句式能帮助幼儿很好地把握相关的语言点,其中省略号又给了孩子合理想象与表达的空间,促进幼儿语言和想象能力的发展。再次,画面中苹果数量的变化也能帮助孩子感知苹果数量的递减,建立数数和减法的初步概念。最后,鼠小弟与海狮摘苹果的过程中蕴含了合作、分享、谦让等优良品质,可以让幼儿通过故事体验这些美好的品质,促进幼儿的情商发展。

活动目标

1. 看看、想想、猜猜动物们摘苹果的方法,并乐意用自己的语言进行表达。
2. 通过模仿小动物们的动作,感受动词,丰富词汇。
3. 感受故事情景的趣味性,体验小伙伴间互相帮助的乐趣。

活动准备

相关动物图片、苹果树、大绘本。

活动过程

1. 导入活动:观察苹果树。

指导语:哇! 这儿有棵树! 一棵什么树? 一棵苹果树! 一棵结满果实的苹果树!

教师用手夸张地表现出苹果的多和大。

(1)引导幼儿用语言表达苹果的味道:香香的、甜甜的、脆脆的。

指导语:(摘一个苹果,闻一闻)好香啊! 请你们吃,啊呜! 啊呜! 苹果吃到嘴巴里什么味道?(香香的、甜甜的、脆脆的。)

(2)帮小老鼠想办法。

指导语:还有一个人他也想吃苹果,是谁呀? 他是一只小老鼠,他的名字叫鼠小弟。

指导语:哎呀! 你们瞧,苹果树那么高,鼠小弟那么小,他要怎么吃到苹果呀? 我们来帮帮鼠小弟吧!

师幼一起讨论帮助鼠小弟摘苹果,并尝试。

2. 展开故事情节。

边出示动态图片边讨论猴子、袋鼠、长颈鹿、大象是怎样摘苹果的。

指导语:还有一群小动物,他们也想吃苹果呢! 看看,有谁啊?

(1)你看到谁啦?(猴子)

你看到猴子的什么了?(手臂)

小猴子怎么摘苹果啊？

教师引导幼儿模仿猴子爬树摘苹果：把你们长长的手臂伸出来，伸长手臂爬爬爬，爬爬爬，摘一个苹果，啊呜啊呜！苹果什么味道？（香香的、甜甜的、脆脆的。）

（2）你看到谁啦？（袋鼠）

谁跟袋鼠妈妈在一起啊？

袋鼠怎么摘苹果啊？

我们也来跳一跳，站起来啦！跳跳跳，跳跳跳，摘到一个苹果，你们摘到没有？啊呜啊呜……

3. 还看到谁啦？（大象）

你怎么发现是大象的，还看到大象的什么了？

大象怎么摘苹果？

伸出你的长鼻子，伸长鼻子卷一卷，卷了一个苹果，卷到了吗？啊呜啊呜……

4. 还有长颈鹿呢，长颈鹿有……（长长的脖子）

你们的长脖子在哪儿啊，伸长脖子够一够，够了一个苹果，啊呜啊呜，香香的，甜甜的，脆脆的。

5. 欣赏故事片段。

（1）边听老师讲述故事片段，边欣赏绘本图片。

指导语：这么多小动物都摘到苹果了，鼠小弟也想自己摘苹果，他要怎样才能拿到苹果呢？老师这里有一本书，我们一起来看一看。

（2）讲述后讨论。

指导语：小老鼠，有没有摘到苹果呀？他怎么摘到的呀？

指导语：原来海狮会顶球，小老鼠蜷成一个球，海狮就像顶球一样把小老鼠顶了起来，小老鼠被越顶越高，最后就摘到了苹果。

原来，我们一个人没有办法做到的事，可以两个人或者更多的人一起帮忙就可以做到了。

6. 结束。

指导语：哎呀！那儿有棵苹果树，树上有许多红苹果，我们把它摘下来，送给鼠小弟吧！

请鼠小弟吃苹果……

附故事片段：

来了一只猴子，爬到树上摘了一个苹果，啊呜啊呜，香香的，甜甜的，脆脆的。

小老鼠想：要是我也会爬树那该多好呀……

来了一只袋鼠,跳到树上摘了一个苹果,啊呜啊呜,香香的,甜甜的,脆脆的。

小老鼠想:要是我也会跳那该多好呀……

来了一只大象,伸长了鼻子卷了一个苹果,啊呜啊呜,香香的,甜甜的,脆脆的。

小老鼠想:要是我也有长长的鼻子那该多好呀……

来了一只长颈鹿,伸长了脖子够了一个苹果,啊呜啊呜,香香的,甜甜的,脆脆的。

小老鼠想:要是我也有长长的脖子那该多好呀……

咦!这是谁呀?小海狮的本领是什么呀?他会怎么摘苹果呢?

我们一起来看——

海狮问:"鼠小弟,你怎么了?"

鼠小弟问他:你会爬树吗?你跳得高吗?你有长长的鼻子吗?你有长长的脖子吗?海狮回答说:

"这些我都不行,不过我有一个本领。"

……

(案例提供:南京第一幼儿园)

案例分析	《想吃苹果的鼠小弟》
全语言理念体现域	具体体现
整合的、渗透的	阅读文本中除了语言的学习还有数的概念的认知以及合作、分享等社会情感的体验,多个领域的内容相互渗透。
随时的、无处不在的	绘本中简练重复的文字和句式能帮助幼儿很好地把握相关的语言点,幼儿容易模仿。
整体的、平衡的	融艺术性、知识性、趣味性于一体,综合性强,能较好地促进幼儿全面发展,幼儿在其中不仅梳理了知识经验,而且在阅读中可以获得审美体验。
探索的、创新的	书中大量省略号的使用给了孩子合理想象与表达的空间,能促进幼儿语言和想象能力的发展。

15. 我爸爸和我

设计意图

打开绘本,一种轻柔的感觉就充盈我心,作者用柔软的笔触描绘出爸爸和孩子之间那份独特的爱意,父爱如山,其实,父爱也有温柔似水的时候。绘本画面的柔和美丽意境,让我们感受到安静、快乐。本活动可以让幼儿了解父爱和母爱的区别,知道爸爸的爱可以使我们更加勇敢、自信。细细地品读绘本,孩子的独白,道出了他和爸爸之间的那份默契,他对爸爸的信任。作品基调平和、温暖,让人有一种感动油然而生。看到这个作品,我就情不自禁地产生要和孩子分享这个故事的强烈愿望。

1. 感知、理解故事内容,学说"和爸爸在一起,我就会……",丰富词汇:搂、扛、荡。

2. 通过动作、语言描述,感受到小熊和爸爸在一起时,是一只最灵活、最高大、最快乐的小熊。

3. 体会熊爸爸和小熊之间相亲相爱的父子亲情。

活动准备

PPT、小熊。

活动过程

1. 出示小熊。

(1)指导语:我是小熊,小朋友好! 平时我最喜欢和我爸爸在一起了,你们呢? 我们来看看小朋友和爸爸都做了哪些事情。

(2)幼儿看幻灯片。

指导语:哎呀,这是什么动物啊? 这么高,我好怕哦! 你们害怕吗? 为什么呀? 原来和爸爸在一起我就很勇敢!

指导语:小朋友在和爸爸做什么呢,这么高兴? 原来,和爸爸在一起玩游戏,我就很高兴。

指导语:这个小朋友在哪里啊?

(3)指导语:你们想认识我爸爸吗?

2. 阅读文本。

(1)阅读封面。

指导语:谁是我爸爸啊? 我和我爸爸像不像? 哪里像? (分别观察脚、鼻子等的大与小。)

我和爸爸在干什么? 我看着爸爸,爸爸看着我,可真开心啊! 和爸爸在一起,我就会很开心,每天我都会和爸爸一起玩游戏,这天我们来到了……

(2)出示第 2 张幻灯片。

①指导语:我们来到了……我靠着爸爸,爸爸搂着我。(教师此刻做相应的动作)把我搂得紧紧的,我的心里觉得好开心。

②幼儿用动作感受。

指导语:你来试一试(请幼儿搂着小熊),爸爸紧紧搂着我,我觉得好幸福哦! 好温暖哦! 和爸爸在一起我就会很开心。

(3)出示第 3 张幻灯片。

①指导语:走累了,爸爸把我扛在了头上,一下子就看得很远,和爸爸在一起,

我就变得很高大。

②幼儿用动作感受。

指导语：谁来试一试，爸爸的力气可真大，一下子就把我扛到头上，我看到了远处有好吃的葡萄，还有小朋友在荡秋千。爸爸，我们也去荡秋千好不好？

（4）出示第4张幻灯片。

幼儿做动作。

指导语：我们一起来试一试，荡过来荡过去，和爸爸在一起，我就是很灵活。

（5）出示第5、6张幻灯片。

①指导语：和爸爸在一起玩游戏，我可真开心，我接着往前走，来到了……这条小河好危险哦！有没有桥啊？为什么说没有桥呢？因为不像我们平时过的桥，为什么说有桥呢？因为河里有石头，原来石头也可以当作桥啊！这个办法真好，可是石头尖尖的，滑滑的，可危险了！我怎么过桥啊？原来我把手伸平，一只脚踩到石头上就可以过。我好害怕哦，怎么办啊？谁来了呢？爸爸来了，爸爸怎么做的啊？他会怎么说呢？（小熊别害怕，小熊你真棒！）

②幼儿做动作感受过小桥。

指导语：爸爸，我要过小桥了，1、2、3，石头尖尖的，滑滑的，我站不稳啊！

（6）出示第7张幻灯片。

指导语：玩了一天了，我很累了，坐在草地上，我靠着爸爸，爸爸搂着我，我安静地睡着了。只要和爸爸在一起，我就会很安静，很安静。

（7）出示第8张幻灯片。

指导语：一天又一天，一年又一年，我和爸爸一起玩游戏，和爸爸在一起，我就很开心。

（8）出示第9张幻灯片。

指导语：晚上我搂着爸爸的脖子，对爸爸说："我爱你，爸爸。"

3. 幼儿看书，教师配乐讲故事。

（1）指导语：我和我爸爸还有一个好听的故事藏在小书里，我们一起边看小书边来听故事，好吗？

（2）故事：我爸爸和我。

4. 播放flash，教师再次讲故事。

（1）指导语：我这还有一个我和爸爸的动画片，我们一起来看看好吗？

（2）今天我说了我和我爸爸的故事，那回去以后你们也把你和你爸爸的故事讲给老师听好吗？

（案例提供：南京第一幼儿园）

案例分析	《我爸爸和我》
全语言理念体现域	具体体现
整合的、渗透的	将社会情感领域的内容渗透在语言领域的活动中,幼儿在语言学习的过程中体会爸爸的爱。
应用的、有需求的	我和爸爸是幼儿多么熟悉的一种关系,爸爸的爱是幼儿需要而且应该理解与体验的。
整体的、平衡的	熊是幼儿故事中经常出现的形象,幼儿对之并不陌生,因此不需要拿出过多的时间向幼儿描述。
活动的、操作的	教师应该抓住时机,在幼儿被故事感染的时候请幼儿大胆讲述自己和爸爸之间的故事,而不是放在课后讲。

16. 爱吃水果的牛

设计意图

牛也爱吃水果吗?不会吧,只有人才爱吃水果呢!但是在《爱吃水果的牛》这本书里,我们就看到了主人的牛爱吃西瓜、香蕉、草莓、苹果……吃下各种各样的、颜色鲜艳的水果,身子扭呀扭呀扭,就出来一杯西瓜牛奶、草莓牛奶、香蕉牛奶。最神奇的是,喝了这种水果奶,主人的感冒、邻居的感冒都好了,太神奇了。这样的故事,深深地吸引了小班的孩子们,他们在活动中,体验到了吃水果喝牛奶的快乐,还感受到了多吃水果多喝牛奶身体好的道理。

活动目标

1.通过阅读图书,知道水果、牛奶营养好,养成爱吃水果和喝牛奶的习惯。

2.通过动作模仿、角色扮演等活动,了解故事内容,积极参与活动,感知句式,大胆表述。

3.享受阅读的快乐,体验故事所带来的愉悦性、趣味性。

活动准备

教学 DVD,图片,水果实物。

活动过程

1.情境导入。

(1)活动导入。

唱歌:树上许多红苹果……

指导语:你们喜欢吃水果吗?喜欢吃什么水果?瞧,我这里有梨子、有苹果、还有香蕉……

(2)这个水果很特别,切开来,像什么啊?像星星一样的水果叫杨桃。

(3)小结:人都爱吃水果,吃了水果身体好!

有一个小动物也爱吃水果。

2. 重点阅读第20、21页,感受句式。

指导语:来看看小牛都吃了什么水果。

(1)教师引导幼儿观察图书:这么多的水果啊!

(2)指导语:啊呜啊呜,吃掉西瓜,挤啊挤啊挤出一杯什么牛奶?(西瓜牛奶)

喝下去,身体棒棒!

啊呜啊呜,吃掉香蕉,挤啊挤啊挤出一杯什么牛奶?(香蕉牛奶)

喝下去,身体棒棒!(重复)

3. 集体阅读大图书。

(1)欣赏封面。

指导语:今天我带来了一本大书:《爱吃水果的牛》。

(2)翻开扉页。

指导语:主人带我去吃水果了哦!

(3)逐页欣赏图书。

第1页:

指导语:在一个长满果树的森林里,住着一只爱吃水果的牛。爱吃水果的牛在哪里?它爱吃……

第2页:

指导语:主人每天都喂他许多好吃的水果。有……有……还有……(幼儿表述:西瓜)。

第3页:

指导语:有……(木瓜)

第4页:

指导语:还有像星星一样的杨桃。水果真好吃。

第5页:

指导语:呼呼,一天夜里,忽然刮起了一阵冷风。

第6页:

指导语:阿嚏,阿嚏。主人怎么了?

指导语:主人生病了?爱吃水果的牛呢?

第7页:

指导语:阿嚏,阿嚏,咳咳咳,邻居们也都怎么了?

第8页:

指导语:只有爱吃水果的牛没有生病,好奇怪,它为什么不生病呢?

啊呜啊呜。吃些草莓,挤啊挤啊挤出一杯草莓牛奶。

主人,请喝杯草莓牛奶吧!

第9页:

指导语:我们一起告诉主人,水果牛奶有营养,喝了就不生病了哦。

第10页:

指导语:还有什么牛奶?

指导语:也给邻居们喝杯水果牛奶吧。

引导幼儿一起说:请喝杯××牛奶。

第11页:

指导语:邻居们喝了水果牛奶也都不生病了。大家都变成了爱吃水果的人啦。

指导语:好棒啊,大家都变成了爱吃水果的牛了。

4. 观赏动画。

(1)指导语:我们把爱吃水果的牛请来了。爱吃水果的牛,你好!

大家一起观赏动画。

(2)第二遍观赏动画,到挤牛奶处停。

指导语:让我们一起变成水果牛帮助大家。

5. 再一次欣赏动画片,体验角色。

啊呜啊呜。吃草莓,挤啊挤啊挤出一杯草莓牛奶。

指导语:请你喝杯××牛奶。

指导语:让各位老师也变成爱吃水果牛奶的人吧。

每个小朋友送一杯综合水果牛奶给客人老师。并对她说:请喝杯××牛奶吧。

(案例提供:南京第一幼儿园)

案例分析	《爱吃水果的牛》
全语言理念体现域	具体体现
整合的、渗透的	将科学领域的知识渗透进语言领域中让幼儿在语言学习的同时了解水果对人的健康的好处。
应用的、有需求的	水果是幼儿很熟悉的事物,但是水果对人的身体健康的帮助是幼儿还不能理解的。《爱吃水果的牛》以幼儿可以接受的方式帮助幼儿很好地理解了这一点。
平等的、开放的	将图书以动画形式播放,使幼儿充分享受阅读的快乐,体验故事所带来的愉悦性、趣味性。
活动的、操作的	通过动作模仿、角色扮演等活动,了解故事内容,积极参与活动,感知句式,大胆表述。

17. 世界上最好的爸爸

设计意图

谁是世界上最好的爸爸？因为不满爸爸要自己冬眠，小熊便开始寻找世界上最好的爸爸。小朋友跟随小熊的脚步，通过观察画面中角色动作、表情的变化，感受故事的趣味性；通过与同伴及教师的讨论，逐渐了解熊爸爸对小熊的关爱，并迁移自身的经历，感受爸爸对自己的爱。

活动目标

1. 理解绘本内容，感受小熊寻找"最好爸爸"过程中的趣味性。
2. 欣赏绘本画面，理解想象部分的画面内容。
3. 感受爸爸对自己的爱，萌发对爸爸的喜爱。

活动准备

1. 经验准备：知道熊的基本习性特征。
2. 材料准备：鸟妈妈喂小鸟的图片、老鹰教小鹰飞翔的图片、猴爸爸教小猴爬树的图片、鸵鸟爸爸带着小鸵鸟飞奔的图片；删减过的绘本PPT。

活动过程

1. 讨论交流。

指导语：小朋友们，你的爸爸是怎么照顾你的呢？你喜欢爸爸吗？

2. 欣赏图片，了解故事中部分动物的特征。

指导语：小朋友的爸爸会照顾自己的宝宝，那小动物的爸爸会怎么照顾它的宝宝呢？

(1) 讨论小鸟爸爸是如何照顾小鸟的。

指导语：这是谁啊？它的爸爸是怎么照顾它的？

小结：小鸟爸爸捉虫子给小鸟吃。

(2) 讨论小鹰爸爸是如何照顾小鹰的。

指导语：这是谁啊？它的爸爸是怎么照顾它的？

小结：小鹰爸爸教小鹰怎么飞翔。

(3) 讨论小猴爸爸是怎么照顾小猴的。

指导语：这是谁啊？它的爸爸是怎么照顾它的？

小结：小猴子遇到危险的时候，爸爸会马上抓住它。

(4) 讨论鸵鸟爸爸是怎么照顾小鸵鸟的。

指导语：这是谁啊？它的爸爸是怎么照顾它的？

小结：鸵鸟爸爸会教小鸵鸟飞快地跑。

3.欣赏绘本PPT,感知故事内容。

(1)欣赏图书前3页。

指导语:有一只小熊,它的爸爸是怎么照顾它的呢?

第1页:冬天了,熊爸爸会带着小熊一直睡觉。

第2页:小熊愿意和爸爸一直睡觉吗?为什么呢?小熊会喜欢这个整天带着它睡觉的爸爸吗?

第3页:从床上爬下来,小熊现在心里面感觉怎么样?你怎么看出来的?小熊要去找一个世界上最好的爸爸。

(2)依次播放绘本中间部分的PPT。

指导语:小熊找到了谁?小鸟的爸爸是怎么照顾小鸟的?(出示对应图片)如果小鸟的爸爸也是这样照顾小熊,小熊会喜欢吗?你怎么知道的?(可以提示幼儿看小熊的表情)。

(3)依次播放PPT,并出示相关的图片,帮助幼儿理解绘本内容。

(4)播放绘本结尾部分的PPT。

指导语:跑得气喘吁吁的小熊正好一屁股坐在自己家门前,确这时,谁来了?爸爸带着累坏了的小熊去干什么?小熊答应了吗?熊爸爸答应小熊睡醒以后去干什么?小熊同意睡觉了吗?

(5)小熊找到世界上最好的爸爸了吗?是谁呢?为什么?

小结:每个爸爸照顾孩子的方法都不一样,但是每个爸爸都很爱自己的孩子。所以自己的爸爸就是世界上最好的爸爸!

活动建议

1.活动延伸:

在日常活动中,和同伴交流:家人是怎么照顾我的,我是怎么照顾其他家庭成员的。

2.区角活动:

在阅读区中,提供完整的绘本,供幼儿自主阅读。

附绘本文字部分:

世界上最好的爸爸

文/阿兰德·丹姆 图/亚历克斯·沃尔弗

"来,宝贝儿,该和爸爸睡觉去了!"

"为什么要睡觉?"

"因为冬天到了,整个冬天,所有的大熊和小熊都要睡大觉。"

"不要,我才不想睡觉呢,我想出去找小朋友玩儿。"

"嘘,安静! 从现在开始爸爸一个字也不想说了。"

"坏爸爸,我自己出去找小朋友了。"爸爸好像什么也没听见,他早就呼呼大睡啦。

"嗨,黑鸟,你的爸爸也这么烦吗?"

"烦? 才不呢,他总是给我带好吃的回来。"

"不要哟,我可不想吃那些东西。"

"你好呀,小狐狸! 你爸爸会做些什么呢?"

"如果我的毛脏了,爸爸会给我舔干净。"

"不要哟,我可不喜欢那样!"

"小蟾蜍,你们好啊! 你们的爸爸会做些什么呢?"

"我们想去哪里,爸爸就会带我们去哪里。"

"不要哟,我可不要那样!"

"你的爸爸会做些什么呢,小鹰?"

"我的爸爸正在教我怎么飞起来,你想学吗?"

"哎哟,我不要!"

"别摔下来呀,小猴。"

"没事,如果有危险,我爸爸会马上拽住我。"

"哦,这样啊,我可不要!"

"你们的爸爸会做些什么呢,小企鹅?"

"他会让我们暖暖乎乎,快快乐乐地长大。"

"哦,这样啊,我可不要!"

"小鸵鸟,你的爸爸会做些什么呢?"

"当然是快跑啦,我爸爸最擅长这个了。"

"不要不要,我可不要这个。"

"宝贝儿,你在外面干什么呢? 不是告诉你该睡觉了吗?"

"不要哟,我可不想!"

"宝贝儿,等我们睡醒了就一起去捉鱼!"

"耶,我就想要这个! 我的爸爸是世界上最好的爸爸!"

"乖乖睡!"

(注:教学务必使用绘本,因为本书关键信息蕴藏在图中。)

(案例提供:南京师范大学附属幼儿园)

案例分析	《世界上最好的爸爸》
全语言理念体现域	具体体现
整合的、渗透的	将社会情感领域的内容渗透在语言领域的活动中,幼儿在语言学习的过程中体会到爸爸对自己的爱以及自己对爸爸的爱。

案例分析	《世界上最好的爸爸》
应用的、有需求的	幼儿在日常生活中经常会与别的幼儿比一比自己的爸爸,同时也由于爸爸在生活中会有一些小缺点暴露在幼儿面前,会使幼儿对自己的爸爸有一些小小的抱怨,这都使得这节语言学习的内容十分有意义。
探索的、创新的	将组织幼儿讨论"你们爸爸是怎么照顾你的呢?你喜欢爸爸吗?"的部分放在小熊和爸爸的故事之后会取得更好的效果。
活动的、操作的	幼儿在与教师讨论小熊与它的爸爸时,会自然地迁移自身的经历,感受爸爸对自己的爱,鼓励幼儿用语言表达是很好的操作语言的机会。

18. 小蛇散步

设计意图

小蛇与大狗、狮子和大象在形象和力量上,有巨大的反差。当它们想从小蛇的背上走到对岸,小蛇会怎么做呢?小朋友们通过集体的阅读讨论,自主阅读画面细节,匹配三种动物走过去时小蛇身体不同变化的图片,感受故事里的小蛇乐于助人的品质和帮助他人的快乐。

活动目标

1. 欣赏、观察绘本画面,了解小蛇散步时发生的故事。

2. 迁移生活经验,通过观察画面、图片匹配,体验小动物们过"桥"时,小蛇负重的感觉。

3. 感受故事情节的趣味性,以及小蛇帮助他人的快乐。

活动准备

1. 《小蛇散步》绘本PPT,《小蛇散步》绘本幼儿人手一本。

2. 图片:大狗、狮子、大象各一个,小蛇三条(身体弓起的高度不同)。

活动过程

1. 幼儿猜谜语,引发对小蛇的兴趣。

指导语:"远看像小绳,有头没有颈。走路扭扭扭,没脚千里行。"你们猜猜它是谁呀?

2. 幼儿集体阅读绘本PPT第1~10页,了解故事发生的场景和情节的发展。

(1)欣赏绘本封面,激发阅读绘本的愿望。

指导语:小蛇要去散步,它散步的时候会发生什么事呢?我们一起来看一看。

(2)幼儿逐页阅读,观察、理解画面内容。

指导语:小蛇是什么样子的?它为什么张大嘴巴?小蛇会怎样过水坑呢?谁来帮它想想办法?

指导语:小蛇用什么方法过水坑的?

指导语:它正要收回自己的尾巴,忽然听到有人在喊"等一下"。谁来啦?小蚂蚁是什么样子的?我们来学一学?小蚂蚁想干什么?小蛇会同意吗?

指导语:还有哪些小动物来了?它们是怎么过去的?小蛇帮助了别人心情怎么样?你从哪里看出来的?

指导语:小动物过了河以后会怎么对小蛇说?小动物们为什么要感谢小蛇?

3. 幼儿完整地自主阅读绘本。

指导语:小蛇还帮助了其他的三个小动物呢?你们猜猜会是谁?请你完整地看一看这本书。

4. 理解、感受小蛇帮助大狗、狮子、大象的故事情节。

(1)简单回顾绘本内容。

指导语:小蛇散步的时候帮助了哪些朋友?

(2)集体阅读第11~16页。

指导语:嗒嗒嗒,谁来啦?小蛇是什么样的?为什么会张大嘴巴?大狗、狮子、大象从小蛇身上走过去的时候,小蛇是一样的吗?

(3)匹配小蛇和大狗、狮子、大象的图片。

指导语:大狗走过去的时候,小蛇是什么样的?狮子走过去,小蛇的身体有什么不一样?大象走过去,小蛇的身体又是什么样的?请你找找是哪张小蛇图片。

指导语:小蛇连大象这么大的动物都能帮助,你想对它说什么?

5. 集体阅读故事结尾部分。

指导语:小蛇现在怎么啦?怎么会变成这样呢?于是它做了什么?小蛇又去干吗了?

指导语:今天小蛇帮助了这么多的朋友心里真开心。我们也变成小蛇,一起去散散步吧!

活动延伸

教师可以组织幼儿分组扮演故事中的角色,表演绘本故事,进一步体验故事有趣、夸张的情节。

1. 区域活动:

美工区:教师提供直径约15厘米的圆形彩色卡纸片、剪刀、记号笔,幼儿尝试沿着圆形卡纸轮廓,螺旋形由外向内剪成小蛇状,并用笔添画小蛇的头、眼睛和身上的花纹。

2. 领域渗透:

教师组织幼儿开展"小蛇散步"的体育活动,幼儿模仿小蛇尝试在地垫上双手、双脚并拢,交替向前移动,练习爬行能力。

(案例提供:南京师范大学附属幼儿园)

案例分析	《小蛇散步》
全语言理念体现域	具体体现
整合的、渗透的	将社会情感领域的内容渗透在语言领域的活动中,幼儿在语言学习的过程中体会帮助别人的快乐。
平等的、开放的	整个绘本的夸张、诙谐的风格使幼儿沉浸在一个轻松幽默的语言学习氛围中,幼儿自然产生表达的意愿。
探索的、创新的	教师用提问的方式引导幼儿的思路,幼儿跟随老师的问题思考猜测、组织答案、表述答案,都是一种探索语言的实践。
活动的、操作的	可以增加角色扮演的活动,让幼儿亲自体验作为小蛇负重之后的感受,并请幼儿用语言表达出来。

19. 盲人摸象

设计意图

　　这是一个非常著名的中国古代寓言故事,对于中班年龄段的幼儿来说,如何能够理解这个故事是本节课的重点。我们在活动中通过游戏、猜谜等方法,重点帮助幼儿体验到为什么盲人会只说出大象的一部分,如果自己把眼睛闭上,再来探索周围的事物会有什么样的感觉。让幼儿在有了自己的实践经验、切身体会的基础上再来进行阅读,从而更好地理解故事的内容。

活动目标

1. 了解"盲人摸象"的寓意,丰富词汇量,如:"盲人""簸箕"等。

2. 通过观察、倾听、猜测等策略,理解故事内容,知道这是成语故事。

3. 活动中愿意表达自己的想法和观点,感受阅读活动中带来的乐趣。

活动准备

故事幻灯片、操作图片、每人一本书。

活动过程

1. 游戏导入活动。

(1)老师与幼儿玩"盲人摸象"游戏。

(2)教师总结。

2. 拼图游戏揭秘。

(1)出示大象拼图,幼儿根据选择来猜测是什么动物。

指导语:老师今天带来了一个动物,每个数字后面只有它的一部分,谁来猜一

猜是什么动物？你看到了什么？你觉得它会是什么动物？为什么？

（2）揭秘——大象。

（3）知道看东西不能只看一部分，而要全面了解。

3. 集体阅读。

（1）《盲人摸象》这本书讲了，有几个盲人，他们不知道大象长得什么样，他们就用手去摸，然后猜测大象的样子。请你们仔细看一看，书里面这些盲人摸到的大象是什么样子的？等会儿讲给我们听一听。

（2）幼儿一边看书，一边和老师、同伴讨论书中的内容。丰富相应的词语："盲人""簸箕"。

（3）完整地阅读图书，知道"盲人摸象"的寓意。

4. 进行"盲人摸象"游戏。

一个幼儿扮演盲人，蒙上眼睛站在中间，随意走到小朋友面前去摸摸是谁，并说出理由。

（案例提供：南京第一幼儿园）

案例分析	《盲人摸象》
全语言理念体现域	具体体现
应用的、有需求的	语言学习内容的多样性对幼儿的语言学习至关重要，古代寓言故事中充满古代人民的智慧，是幼儿应该接触的一种文学样式。
整体的、平衡的	幼儿在这个寓言故事中同时能够学习到丰富的书面语言，如："盲人""簸箕"等词语，同时对成语有了一个初步的认识。
平等的、开放的	我们通过游戏、猜谜等活动帮助幼儿了解一个寓意深刻的寓言故事，充分考虑到幼儿的认知和理解水平，体现了以幼儿为学习主体的观念。
探索的、创新的	幼儿扮演盲人是一个很不错的创意，但是幼儿摸小朋友猜测是谁和盲人摸象是两件完全不同的事情，这样的设计反而会弄巧成拙，混淆了幼儿对成语的理解。
活动的、操作的	成语故事是一种颇有新意的语言学习材料，一则简短的小故事中蕴含一个深刻的道理，同时会引发幼儿的各种思考，这是一种很好的语言操作的形式。

20. 借你一把伞

设计意图

早期阅读的关键在于培养幼儿的自主阅读，是让幼儿看得懂，并用自己的语言来进行描述。《借你一把伞》绘本故事结构重复、语言简洁、充满童趣、易模仿，同时内容积极，动物们由小到大地出场借伞给娜娜，让幼儿逐步感受到故事所渲染的温暖的友情。故事充满了幽默的氛围，给幼儿带来轻松愉快的体验。本活动结合故事内容，绘制教学图片，让幼儿通过帮助小动物来选择自己的伞，运用自己的语言来描述自己对事物的观点，并通过倾听故事来进行验证，培养幼儿自主判断、推理与讲述的能力。

活动目标

1. 通过观察图片、倾听故事，欣赏并感知故事情节。
2. 通过小动物与树叶、小雨滴的匹配，学习用不同的声音表现故事中的对话。
3. 初步知道"适合自己的，才是最好的"。

活动准备

1. 故事背景大图一张。
2. 与故事情节有关的不同大小的"伞"及动物、女孩图片。
3. 绘本人手一本。

活动过程

1. 认知树叶图片并配对，引出故事。

(1)出示树叶图片引导幼儿观察并迁移已有经验：小朋友们见过这些树叶吗？它们是什么样子的？像什么？你在哪里见过这样的叶子？

(2)出示故事中的动物图片：有一天，有四个小动物一起出来玩，我们来看看是谁呢？

噢！是小蚂蚁、小青蛙、小兔、大熊。他们是怎么走路的呢？我们来学一学。

(3)导入故事情节。

指导语：这群小动物走着走着，突然下起雨来了，怎么办呢？

引导幼儿讨论小动物们可以用树叶当伞。

指导语：小蚂蚁、小青蛙、小兔、大熊分别打哪把伞比较合适呢？为什么？

引导幼儿根据自己的生活经验进行推理与讲述，并根据幼儿的讲述选择相应的"雨伞"与小动物进行匹配。

2. 欣赏故事，初步感知故事情节。

(1)出示小姑娘图片，引导下文：有一个小姑娘，名字叫娜娜。你们看，她有伞吗？那娜娜怎么办呢？

指导语：让我们一起来听听故事，听完这个故事你就会知道了。

(2)教师有表情地讲述故事，讲到"大熊慢吞吞地走过来，说：'借你一把伞。'"

（3）讲述后提问：

①故事叫什么名字？

②娜娜没有伞，谁来帮助她的？怎么说的？

③小蚂蚁、小青蛙、小兔、大熊的声音是怎样的？学一学，用大小、粗细不同的声音表示小动物们的特征。

④小动物们的伞借给娜娜合适吗？为什么？

⑤娜娜的伞到底在哪里呢？我们一起来帮她找一找吧！

（4）完整欣赏故事一遍，教师一边讲述一边在雨伞上方贴上一个小雨滴对话框。

3. 学习故事中的对话。

（1）指导语：娜娜的伞在哪里呀？是谁帮助了她？这把伞合适吗？为什么？

（2）教师指着小雨滴问：咦！这是什么呀？你知道上面写的是什么吗？请小朋友们猜一猜、说一说。在这儿放个小雨滴是什么意思呢？对话框，表示小动物们说的话。

（3）还有两个小雨滴是谁在说话？说的什么呢？我们一起来学学吧！

4. 欣赏绘本：边看图书，边听老师有感情地讲述故事。

（1）激发阅读兴趣：

指导语：其实这个好听的故事是根据一本很美的图画书改编的，你们想不想看看这本书？

（2）引导幼儿仔细观察图书的封面。

指导语：这是书的什么？上面有什么？我们一起来看看吧！

5. 阅读后讨论：还有谁没有伞呢？我们怎么帮助它？

活动延伸

自由阅读《借你一把伞》；用各种材料制作"伞"。

（案例提供：南京第一幼儿园）

附绘本文字部分：

借你一把伞

下雨了，真糟糕，娜娜没有伞。小蚂蚁爬过来了，说："借你一把伞。"咦！小蚂蚁的伞真小。小青蛙跳过来了，说："借你一把伞。"噢！小青蛙的伞是漏斗伞。小兔子蹦过来了，说："借你一把伞。"嗯！小兔子的伞会漏雨。啊！雨水漫出来了。大熊慢吞吞地走过来，说："借你一把伞。"哇！大熊的伞好大好重啊！这时候，小狗强强带着伞跑过来了。啊！这就是娜娜的伞嘛！下雨天，大家一起撑着伞排排走。还有谁没有伞呢？

案例分析	《借你一把伞》
全语言理念体现域	具体体现
整合的、渗透的	将社会情感领域的内容渗透在语言领域的活动中,幼儿在语言学习的过程中体会到朋友之间的友情。
随时的、无处不在的	故事结构重复、语言简洁、充满童趣、易模仿,有助于语言学习的自然发生。
应用的、有需求的	幼儿在日常生活中会发现每个人都会遇见困难,如何寻求帮助,如何帮助别人解决困难,这些都是幼儿应该而且需要学习的。
活动的、操作的	阅读后的讨论能够帮助幼儿巩固、消化所学的内容,同时可以锻炼幼儿的语言表达。

附　录

附录1:《幼儿园教育指导纲要(试行)》的"语言"部分

(一)总则部分

一、《幼儿园教育指导纲要》以《中华人民共和国教育法》和《幼儿园教育条例》、《幼儿园工作规程》为依据制定。

二、幼儿教育是基础教育的组成部分,是学校教育和终身教育的起始阶段。幼儿教育应为幼儿的近期和终身发展奠定良好的素质基础。

三、幼儿园应与家庭、社会密切配合,共同为幼儿创造一个良好的成长环境。

四、幼儿园应为幼儿提供健康、丰富的生活和活动环境,满足他们多方面发展的需要,使他们度过快乐而有意义的童年。

五、幼儿园教育应尊重幼儿身心发展的规律和学习特点,充分关注幼儿的经验,引导幼儿在生活和活动中生动、活泼、主动地学习。

六、幼儿园教育应重视幼儿的个别差异,为每一个幼儿提供发挥潜能,并在已有水平上得到进一步发展的机会和条件。

(二)教育目标与内容要求部分

一、幼儿园教育应当贯彻国家的教育方针,坚持保育与教育相结合的原则,对幼儿实施体、智、德、美诸方面全面发展的教育,全面落实《幼儿园工作规程》所提出的保育教育目标。

二、幼儿园教育的内容是广泛的、启蒙性的,可按照幼儿学习活动的范畴相对划分为健康、社会、科学、语言、艺术等五个方面,还可按其他方式做不同的划分。各方面的内容都应发展幼儿的知识、技能、能力、情感等。

三、幼儿的学习是综合的、整体的。在教育过程中应依据幼儿已有经验和学习的兴趣与特点,灵活、综合地组织和安排各方面的教育内容,使幼儿获得相对完整的经验。

(三)语言部分

(一)目标

1.喜欢与人谈话、交流;

2.注意倾听并能理解对方的话;

3.能清楚地说出自己想说的事;

4.喜欢听故事、看图书。

(二)教育要求

1.创造一个自由、宽松的语言交往环境,支持、鼓励、吸引幼儿与教师、同伴交谈,体验语言交流的乐趣。

2.养成幼儿注意倾听的习惯,发展语言理解能力;

3.鼓励幼儿用清晰的语言表达自己的思想和感受,发展语言表达能力;

4.教育幼儿使用礼貌语言与人交往,养成文明交往的习惯;

5.引导幼儿接触优秀的儿童文学作品,使之感受语言的丰富和优美;

6.培养幼儿对生活中常见的简单标记和文字符号的兴趣;

7.利用图书和绘画,引发幼儿对阅读和书写的兴趣,培养前阅读和前书写技能;

8.提供普通话的语言环境,帮助幼儿熟悉、听懂并学说普通话。少数民族地区还应帮助幼儿学习本民族语言。

(三)指导要点

1.幼儿的语言是通过在生活中积极主动地运用而发展起来的,单靠教师直接的"教"是难以掌握的。教师应充分利用各种机会,引导幼儿积极运用语言进行交往。

2.语言学习具有个别化的特点,教师应重视与幼儿的个别交流和幼儿之间的自由交谈。

3.语言能力是一种综合能力,幼儿语言的发展与其情感、思维、社会参与水平、交流技能、知识经验等方面的发展是不可分割地联系在一起的,语言教育应当渗透在所有的活动中。

附录 2:《3—6 岁儿童学习与发展指南》的"语言"部分

　　语言是交流和思维的工具。幼儿期是语言发展,特别是口语发展的重要时期。幼儿语言的发展贯穿于各个领域,也对其他领域的学习与发展有着重要的影响:幼儿在运用语言进行交流的同时,也在发展着人际交往能力、理解他人和判断交往情境的能力、组织自己思想的能力。通过语言获取信息,幼儿的学习逐步超越个体的直接感知。

　　幼儿的语言能力是在交流和运用的过程中发展起来的。应为幼儿创设自由、宽松的语言交往环境,鼓励和支持幼儿与成人、同伴交流,让幼儿想说、敢说、喜欢说并能得到积极回应。为幼儿提供丰富、适宜的低幼读物,经常和幼儿一起看图书、讲故事,丰富其语言表达能力,培养阅读兴趣和良好的阅读习惯,进一步拓展学习经验。

　　幼儿的语言学习需要相应的社会经验支持,应通过多种活动扩展幼儿的生活经验,丰富语言的内容,增强理解和表达能力。应在生活情境和阅读活动中引导幼儿自然而然地产生对文字的兴趣,用机械记忆和强化训练的方式让幼儿过早识字不符合其学习特点和接受能力。

(一)倾听与表达

目标 1　认真听并能听懂常用语言

3~4 岁	4~5 岁	5~6 岁
1. 别人对自己说话时能注意听并做出回应。 2. 能听懂日常会话。	1. 在群体中能有意识地听与自己有关的信息。 2. 能结合情境感受到不同语气、语调所表达的不同意思。 3. 方言地区和少数民族幼儿能基本听懂普通话。	1. 在集体中能注意听老师或其他人讲话。 2. 听不懂或有疑问时能主动提问。 3. 能结合情境理解一些表示因果、假设等相对复杂的句子。

【教育建议】

　　1. 多给幼儿提供倾听和交谈的机会。如:经常和幼儿一起谈论他感兴趣的话题,或一起看图书、讲故事。

　　2. 引导幼儿学会认真倾听。如:

　　• 成人要耐心倾听别人(包括幼儿)的讲话,等别人讲完再表达自己的观点。

• 与幼儿交谈时,要用幼儿能听得懂的语言。

• 对幼儿提要求和布置任务时要求他注意听,鼓励他主动提问。

3. 对幼儿讲话时,注意结合情境使用丰富的语言,以便于幼儿理解。如:

• 说话时注意语气、语调,让幼儿感受语气、语调的作用。如对幼儿的不合理要求以比较坚定的语气表示不同意;讲故事时,尽量把故事人物高兴、悲伤的心情用不同的语气、语调表现出来。

• 根据幼儿的理解水平有意识地使用一些反映因果、假设、条件等关系的句子。

目标2　愿意讲话并能清楚地表达

3～4岁	4～5岁	5～6岁
1. 愿意在熟悉的人面前说话,能大方地与人打招呼。 2. 基本会说本民族或本地区的语言。 3. 愿意表达自己的需要和想法,必要时能配以手势动作。 4. 能口齿清楚地说儿歌、童谣或复述简短的故事。	1. 愿意与他人交谈,喜欢谈论自己感兴趣的话题。 2. 会说本民族或本地区的语言,基本会说普通话。少数民族聚居地区幼儿会用普通话进行日常会话。 3. 能基本完整地讲述自己的所见所闻和经历的事情。 4. 讲述比较连贯。	1. 愿意与他人讨论问题,敢在众人面前说话。 2. 会说本民族或本地区的语言和普通话,发音正确清晰。少数民族聚居地区幼儿基本会说普通话。 3. 能有序、连贯、清楚地讲述一件事情。 4. 讲述时能使用常见的形容词、同义词等,语言比较生动。

【教育建议】

1. 为幼儿创造说话的机会并体验语言交往的乐趣。

• 每天有足够的时间与幼儿交谈。如谈论他感兴趣的话题,询问和听取他对自己事情的意见等。

• 尊重和接纳幼儿的说话方式,无论幼儿的表达水平如何,都应认真地倾听并给予积极的回应。

• 鼓励和支持幼儿与同伴一起玩耍、交谈,相互讲述见闻、趣事或看过的图书、动画片等。

• 方言和少数民族地区应积极为幼儿创设用普通话交流的语言环境。

2. 引导幼儿清楚地表达。如:

• 和幼儿讲话时,成人自身的语言要清楚、简洁。

• 当幼儿因为急于表达而说不清楚的时候,提醒他不要着急,慢慢说;同时要耐心倾听,给予必要的补充,帮助他理清思路并清晰地说出来。

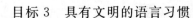

目标3　具有文明的语言习惯

3～4岁	4～5岁	5～6岁
1. 与别人讲话时知道眼睛要看着对方。 2. 说话自然，声音大小适中。 3. 能在成人的提醒下使用恰当的礼貌用语。	1. 别人对自己讲话时能回应。 2. 能根据场合调节自己说话声音的大小。 3. 能主动使用礼貌用语，不说脏话、粗话。	1. 别人讲话时能积极主动地回应。 2. 能根据谈话对象和需要，调整说话的语气。 3. 懂得按次序轮流讲话，不随意打断别人。 4. 能依据所处情境使用恰当的语言。如在别人难过时会用恰当的语言表示安慰。

【教育建议】

1. 成人注意语言文明，为幼儿做出表率。如：

• 与他人交谈时，认真倾听，使用礼貌用语。

• 在公共场合不大声说话，不说脏话、粗话。

• 幼儿表达意见时，成人可蹲下来，眼睛平视幼儿，耐心听他把话说完。

2. 帮助幼儿养成良好的语言行为习惯。如：

• 结合情境提醒幼儿一些必要的交流礼节。如对长辈说话要有礼貌，客人来访时要打招呼，得到帮助时要说谢谢等。

• 提醒幼儿遵守集体生活的语言规则，如轮流发言，不随意打断别人讲话等。

• 提醒幼儿注意公共场所的语言文明，如不大声喧哗。

(二)阅读与书写准备

目标1　喜欢听故事，看图书

3～4岁	4～5岁	5～6岁
1. 主动要求成人讲故事、读图书。 2. 喜欢跟读韵律感强的儿歌、童谣。 3. 爱护图书，不乱撕、乱扔。	1. 反复看自己喜欢的图书。 2. 喜欢把听过的故事或看过的图书讲给别人听。 3. 对生活中常见的标识、符号感兴趣，知道它们表示一定的意义。	1. 专注地阅读图书。 2. 喜欢与他人一起谈论图书和故事的有关内容。 3. 对图书和生活情境中的文字符号感兴趣，知道文字表示一定的意义。

【教育建议】

1. 为幼儿提供良好的阅读环境和条件。如：

• 提供一定数量、符合幼儿年龄特点、富有童趣的图画书。

• 提供相对安静的地方，尽量减少干扰，保证幼儿自主阅读。

2. 激发幼儿的阅读兴趣,培养阅读习惯。如:

• 经常抽时间与幼儿一起看图书、讲故事。

• 提供童谣、故事和诗歌等不同体裁的儿童文学作品,让幼儿自主选择和阅读。

• 当幼儿遇到感兴趣的事物或问题时,和他一起查阅图书资料,让他感受图书的作用,体会通过阅读获取信息的乐趣。

3. 引导幼儿体会标识、文字符号的用途。如:

• 向幼儿介绍医院、公用电话等生活中的常见标识,让他知道标识可以代表具体事物。

• 结合生活实际,帮助幼儿体会文字的用途。如买来新玩具时,把说明书上的文字念给幼儿听,了解玩具的玩法。

目标2　具有初步的阅读理解能力

3～4岁	4～5岁	5～6岁
1. 能听懂短小的儿歌或故事。 2. 会看画面,能根据画面说出图中有什么,发生了什么事等。 3. 能理解图书上的文字是和画面对应的,是用来表达画面意义的。	1. 能大体讲出所听故事的主要内容。 2. 能根据连续画面提供的信息,大致说出故事的情节。 3. 能随着作品的展开产生喜悦、担忧等相应的情绪反应,体会作品所表达的情绪情感。	1. 能说出所阅读的幼儿文学作品的主要内容。 2. 能根据故事的部分情节或图书画面的线索猜想故事情节的发展,或续编、创编故事。 3. 对看过的图书、听过的故事能说出自己的看法。 4. 能初步感受文学语言的美。

【教育建议】

1. 经常和幼儿一起阅读,引导他以自己的经验为基础理解图书的内容。如:

• 引导幼儿仔细观察画面,结合画面讨论故事内容,学习建立画面与故事内容的联系。

• 和幼儿一起讨论或回忆书中的故事情节,引导他有条理地说出故事的大致内容。

• 在给幼儿读书或讲故事时,可先不告诉名字,让幼儿听完后自己命名,并说出这样命名的理由。

• 鼓励幼儿自主阅读,并与他人讨论自己在阅读中的发现、体会和想法。

2. 在阅读中发展幼儿的想象和创造能力。如:

• 鼓励幼儿依据画面线索讲述故事,大胆推测、想象故事情节的发展,改编故事部分情节或续编故事结尾。

• 鼓励幼儿用故事表演、绘画等不同的方式表达自己对图书和故事的理解。

• 鼓励和支持幼儿自编故事,并为自编的故事配上图画,制成图画书。

3. 引导幼儿感受文学作品的美。如:

• 有意识地引导幼儿欣赏或模仿文学作品的语言节奏和韵律。

• 给幼儿读书时,通过表情、动作和抑扬顿挫的声音传达书中的情绪情感,让幼儿体会作品的感染力和表现力。

目标 3　具有书面表达的愿望和初步技能

3～4 岁	4～5 岁	5～6 岁
喜欢用涂涂画画表达一定的意思。	1. 愿意用图画和符号表达自己的愿望和想法。 2. 在成人提醒下,写写画画时姿势正确。	1. 愿意用图画和符号表现事物或故事。 2. 会正确书写自己的名字。 3. 写画时姿势正确。

【教育建议】

1. 让幼儿在写写画画的过程中体验文字符号的功能,培养书写兴趣。如:

• 准备供幼儿随时取放的纸、笔等材料,也可利用沙地、树枝等自然材料,满足幼儿自由涂画的需要。

• 鼓励幼儿将自己感兴趣的事情或故事画下来并讲给别人听,让幼儿体会写写画画的方式可以表达自己的想法和情感。

• 把幼儿讲过的事情用文字记录下来,并念给他听,使幼儿知道说的话可以用文字记录下来,从中体会文字的用途。

2. 在绘画和游戏中做必要的书写准备,如:

• 通过把虚线画出的图形轮廓连成实线等游戏,促进手眼协调,同时帮助幼儿学习由上至下、由左至右的运笔技能。

• 鼓励幼儿学习书写自己的名字。

• 提醒幼儿写画时保持正确姿势。

主要参考文献

周兢,余珍有著:《幼儿园语言教育》,人民教育出版社,2004年版。

周兢,程晓樵编:《幼儿园语言活动设计与组织》,人民教育出版社,1996年版。

周兢编:《学前儿童语言教育》,南京师范大学出版社,2001年版。

周兢编:《幼儿园语言教育活动指导》,人民教育出版社,2008年版。

周兢编:《早期阅读发展与教育研究》,教育科学出版社,2007年版。

张明红著:《幼儿园语言教育与活动设计》,高等教育出版社,2010年版。

张明红编著:《学前儿童语言教育》,华东师范大学出版社,2006年版。

唐淑,孔起英编:《幼儿园语言与科学教育》,南京师范大学出版社,2010年版。

陈丹辉编:《幼儿园语言教育活动指导》,高等教育出版社,2011年版。

张加蓉,卢伟主编:《学前儿童语言教育活动指导》,复旦大学出版社,2009年版。

古德曼著:《全语言"全"在哪里》,南京师范大学出版社,2005年版。

华希颖:《幼儿园全语言课程建构的叙事研究》,2012年南京师范大学博士论文。

中国学前教育网 http://web.preschool.net.cn

上海学前教育网 http://www.age06.com

中国学前教育研究会 http://www.cnsece.com

257

后 记

　　本套教材的编写集合了上世纪末本世纪初从南京师范大学学前教育专业毕业的一大批年轻的大学教师和长期在幼儿教育第一线工作成绩斐然的优秀幼儿园教师。

　　南京师范大学教授、博士生导师许卓娅担任主编,并与严仲连、袁宗金、田燕、王银玲、吴巍莹和张玉敏六位博士分别承担各分册的编写工作。语言分册主编是张玉敏博士。

　　担任语言分册案例编写的幼儿园团队有:南京第一幼儿园、南京市游府西街幼儿园、南京师范大学幼儿园。

　　具体负责组稿和统稿的是:幼儿园特级教师贾宗萍、周联;幼儿园高级教师倪琳、易娟、陈一平、周洁、范蓓、刘娟、陈薇薇。

　　具体参与编写的幼儿园教师是:南京师范大学附属幼儿园:安旻、范蓓;游府西街幼儿园:付海霞、周瑾;南京第一幼儿园:凌峤、汪莉、王莉莉、王佩、王耘、谢宁。

　　具体负责语言分册案例分析的是徐付晓硕士。

　　在此一并表示感谢!

南京师范大学教育科学学院

许卓娅

2013 年 8 月 31 日